부자 되는 책 읽기

책벌레 아빠의 쌍둥이 딸 돈 공부

부자 되는 책 읽기
책벌레 아빠의 쌍둥이 딸 돈 공부

발행	2021년 11월 15일
지은이	오인환
펴낸이	박국용
북디자인	design54
펴낸 곳	도서출판 금토
	경기도 용인시 수지구 태봉로 17 한양수자인 205동 302호
전화	070-4202-6252
팩스	031-264-6254
이메일	kumtokr@hanmail.net

1996년 3월 6일 출판등록 제16-1273호
ISBN 979-11-90064-095 (03320)
값 15,000원

부자 되는 책 읽기

책벌레 아빠의 쌍둥이 딸 돈 공부

오인환 지음

차례

제2장 세상의 눈부신 변화를 앞에서 보라

제3장 인간을 배우면 돈의 미래가 보인다

돈은
세상을 움직이는
혈액이다

　그리스 철학자 소크라테스와 중국 사상가 장자(莊子)는 책을 많이 읽지 말라고 가르쳤다. 소크라테스는 문자로 읽는 것보다 말로 직접 들어야 한다고 했고, 장자는 읽기만 하고 행동하지 않는 독서는 위험하다고 했다. 아는 깃보다 실천하는 것이 더 중요하다는 뜻이다.

　기억 실험을 개척한 독일 심리학자 헤르만 에빙하우스의 연구 결과를 들지 않더라도 일정 시간이 지나면 사람의 기억력은 서서히 망각한다. 어제 읽은 것조차 얼른 기억하지 못하는데, 몇 달 전 읽은 책이 머리에 남아 있을 리 없다.

　하지만 망각할 것조차 아예 없는 상태보다는 꾸준하게 망각해가는 상태가 조금이라도 낫지 않을까? 망각해가는 매 순간을 아쉬워하며 재빨리 활용하는 때도 있을 것이고.

　창조는 모방이다. 창조했다고 믿는 모든 것들은 타인의 수많은 경험과 생각으로 만들어진 복합적인 모방체일 뿐이다. 뉴턴의 만유인력은 독일 천문학자 요하네스 케플러가 없었다면 존재할 수 없었고, 케플러의 타원 법칙은 스승인 티코 브라헤가 당대 최고의 천문관측 기록을 남긴 덕분이다.

세상은 '타고난' 사람들에 의해 이끌려 간다. 그들은 다른 사람이 노력으로 따라잡을 수 없는 엄청난 능력을 부여받은 경우가 많다. 역사 속의 그런 천재들은 자신들의 이야기를 책에 담아두었다. 그 책을 열면 누구나 그들의 천재성을 모방할 수 있다.

책을 많이 읽고 사색하면 정보는 기억에서 사라지더라도 감각은 무의식 속에 저장되어 일생 무의식적으로 작동한다.

대한민국은 자본주의 국가다. 자본주의는 개인 재산에 바탕을 두고 이윤추구를 위해 상품 생산과 소비가 이루어지는 경제체제다. 자본이 주인인 체제다. 근로자가 아니라 자본가가 이끌어가는 사회다.

자본주의 사회에서는 돈에 대한 교육이 필수적이다. 그런데 지금 의무교육을 시행하는 어느 학교에서 돈에 대한 과목을 가르치는가? 중고등학생들이 다니는 어느 학원에서 돈을 배울 수 있나?

자본주의 사회의 주인인 자본가가 되는 방법이나 창업을 위한 창의력은 어디서도 가르쳐주지 않는다. 가정과 책에서밖에 배울 수 없다.

한국인은 세계 어느 나라 국민보다 머리가 좋고 성실하며 근면하다고 한다. 2019년 통계청 발표에 의하면 한국 근로자는 미국과 일본 근로자보다 연간 200시간을 더 일한다. 그런데도 OECD

국가 중에 노인 빈곤율 1위, 노인 자살률 1위다.

"돈에 대해 배우지 않았기 때문이다. 자본주의 사회에 살고 있으면서도 자본이 일하게 하는 시스템을 이해하지 못하고, 돈과 멀어지는 삶을 살아왔기 때문이다. 경제적 자유를 얻으려는 노력은 건강한 신체를 유지하기 위한 노력과 비슷하다. 날마다 운동을 해야 건강한 신체를 유지할 수 있는 것처럼 날마다 부자가 되는 생활 습관을 유지해야 가능한 일이다."

한국에 '동학개미운동'을 불붙이고, '동학 의병장'에 오른 메리츠자산운용 이정복 대표의 주장이다. 그는 아이들의 사교육비 지출을 당장 멈추고, 그 돈을 아이의 경제독립을 위해 주식으로 전환해, 자본가의 길을 갈 수 있도록 만들어야 한다고 강조한다.

자본가는 쉽게 돈을 버는 것 같지만 끝없는 공부가 필요하고, 어려운 상황을 이겨낼 심리적 토양이 튼튼해야 한다. 자신에게 많이 투자해서, 많이 읽고 많이 배워야 자신을 지키고 성장할 수 있다.

일반 회사들의 임금상승률은 인플레이션에 미치지 못하는 경우가 많다. 특히 근래와 같이 저금리에 양적 완화라는 쌍두마차로 시장에 돈이 마구 풀린 이후의 세계는 더욱 명확해진다. 앞으로 '심각한 양극화 위기'가 올 것이다. 그런 위기에 살아남기 위해서라도 우리와 후세들은 더욱 돈에 대해 배워야 한다.

돈은 세상을 움직이는 혈액이다. 돈을 공부하는 것은 세상을 공부하는 것이다. 세상을 공부하기 위해서는 이 세상을 구성하는 모든 분야에 관심이 필요하다.

돈의 미래를 알기 위해서는 세계 경제가 나아가는 흐름을 알아야 한다. 경제와 역사, 인문, 사회, 심리 등을 고루 이해하고, 세계 산업의 미래를 예견해서 모든 것을 융합할 수 있어야 돈의 흐름을 알고, 앞서서 그 위에 올라탈 수 있다.

돈은 작게는 한 개인의 생존이자 세상을 버티는 수단이고 인생의 목적이지만, 크게 보면 세상이 움직이는 방향이다. 개울의 흐름에 절대적인 영향을 받는 송사리들은 자신이 나아갈 수 있는 방향과 거리 안에 한정되어 살아간다. 그러나 바다의 큰 흐름을 알고 있는 고래나 상어는 개울의 작은 흐름 따위에 연연하지 않는다.

책을 읽는다고 저절로 부자가 되는 것은 아니다. 하지만 부자들은 모두 책을 읽는다, 그것도 아주 지독하게. 그 이유는 분명하다. 세상의 앞날을 알기 위해서다. 5년 후, 10년 후 세상을 알고, 경제의 흐름을 이해하기 위해서다.

돈을 버는 감각은 타고나는 것이 아니라 길러지는 것이다. 돈의 감각을 기르는 가장 빠른 길은 '책 읽기'다.

미국의 최고 부자 중 하나인 마이크로소프트의 빌 게이츠는 어린 시절부터 매일 방에 틀어박혀 책만 읽었다. 열 살이 되기 전에 이미 백과사전 한 권을 다 읽고, 집 근처 공립도서관에서 열린 독서경진대회에서 아동부 1등과 전체 1등을 차지했다.

"어릴 적 나에겐 정말 꿈이 많았다. 그 꿈의 대부분은 많은 책을 읽을 기회가 있었기에 가능했다."

다시 강조하건대 자본주의 사회를 살아가기 위해서는 가장 중요한 것이 자본이다. 자본은 곧 돈이다. 돈이 있어야 무엇이든 할 수 있다. 돈이 없으면 아무것도 할 수 없다. 인간의 행복은 돈과 관련이 없다는 말이 아무리 옳다 하더라도 자본주의 사회에서는 자본이 없으면 모든 게 불가능하다. 그러므로 돈 없이도 행복할 수 있다는 말은 거짓이다.

이 책은 돈에 관한 책뿐 아니라 역사, 인문, 심리, 뇌과학, 4차 산업혁명, 바이오산업 등 전 분야를 망라해, 부자의 길을 가려면 꼭 알아야 할 책 이야기를 들려준다. 돈은 경제학만으로는 실체를 알 수 없고, 인간과 자연, 문화, 기술, 과학 등 다양한 분야를 터득해야 제대로 파악할 수 있다.

"돈 공부는 인터넷과 유튜브로도 할 수 있지만, 가장 좋은 방법은 활자를 통해서다. 책으로 하는 공부는 인터넷으로 할 때보다 훨씬 체계적이고 깊이가 있다. 읽으면서 생각하고 정리할 수 있으며, 더 궁금한 점은 인터넷을 찾아서 살아 있는 지식으로 바꿀 수 있다."

《슈퍼리치들에게 배우는 돈 공부》의 저자 신진상이 책에서 힘주어 말한다.

> 책 속에서 이 책의 지은이는 '필자'로,
> 이 책에 등장하는 책(텍스트)들을 지은이는
> '저자'로 표기했으니 혼동이 없기를 바랍니다.

제1장

유익한 사람에게 돈이 모여든다

"돈의 역사는 인플레이션의 역사다.
인플레이션 아래서는 돈을 쥐고 가만히
있으면 가난해질 수밖에 없다.
조금이라도 성장하려면 좋은 생산
설비에 투자해야 한다. 가장 손해 보지
않는 투자는 바로 '자신에 대한 투자'다.
자신에게 적극적으로 투자해서, 많이
읽고, 많이 배워야 인플레이션에서
자신을 지키고 성장할 수 있다."

하노 벡
독일 포르츠하임대학교 경제학 교수,
《인플레이션》 저자

먼저,
부자의 운을 담을
그릇이 되어라

사이토 히토리 《부자의 행동습관》

첫째, 가난한 집에서 태어난 것.

둘째, 초등학교를 중퇴해 남들보다 학력이 부족한 것.

셋째, 몸이 병약한 것.

보통사람이라면 이 세 가지는 '성공하지 못한 이유'로 여겨질 것이다. 하지만 일본에서 '경영의 신'으로 불린 마쓰시타 전기산업의 창업자 마쓰시타 고노스케는 이 세 가지를 자신의 성공 비결이라고 대답했다.

그는 9세 때 초등학교를 중퇴하고 남의 집에 얹혀살다가 전등 공장에 들어가 기술을 배운 후 직접 개량 소켓을 만들어 팔았다. 독특한 경영 방식으로 사업을 급속하게 발전시켜 1935년 '마쓰시타 전기산업'을 세우고, 14개의 대기업군을 거느리며 세계 40개 국에 진출해, '나쇼날', '파나소닉' 등의 브랜드로 이름을 날렸다.

1980년대에는 미국 제너럴 일렉트릭과 더불어 세계 최대 가전 기업이 되었고, 1990년대까지도 일본 최대 가전업체였다. '유니버설 픽처스'의 모회사인 MCA를 인수해 할리우드까지 진출하기도 했다.

또 일본의 젊은 지도자들을 양성하는 개인 교육기관인 '마쓰시타 정경숙'을 설립해, 일본 총리를 비롯해 국가의 많은 대들보를 길러냈다.

1. 안전을 의식하지 않는 모험심.

2. 자신이 몸담아 보지 않은 미지의 세계에 대한 호기심과 개척 욕망.

3. 남들이 하지 않는 일에 대한 도전.

이 세 가지는 보통사람이라면 '성공을 위한 필수조건'으로 받아들일 것이다. 하지만 이는 반대로 실패를 위한 필수조건이 될 수도 있다. 세상은 마음먹기 나름이다.

이처럼 모든 것은 '결과 편향적'이다. 그러함에도 성공의 중요한 요인 중에 공감되는 이야기가 있다.

《부자의 행동습관》 저자 사이토 히토리는 부자가 되기 위해 중요한 요인으로 '운'을 꼽았다. 노력과 실력은 성공의 필요충분조건이 아니다. 필요조건은 될 수 있어도 충분조건은 될 수 없다. 성공한 사람들에게는 가장 중요한 것이 운이었다. 운 말고 '가난한 집안 사정'이나 '부족한 학력', '병약한 몸' 같은 것은 아무런 장애도 될 수 없었다.

마찬가지로 노력과 끈기, 인내심도 성공의 열쇠는 아니다. 노력과 실력이라는 두 가지 필요조건을 충족시키고 있을 때 운이 돌아와 기회가 만들어지면 부자가 되는 것이다.

지금은 고인이 된 가수 신해철은 서강대 철학과 출신으로 한국 컴퓨터 음악의 선구자이자 개척자다. 싸이, 서태지 등도 그에게 각종 장비 사용법을 배웠다고 한다.

신해철은 어느 강연에서 인생의 비밀을 이야기하면서 '성공은 운'이라고 단정했다.

"실력을 갖추고 열심히 노력하면 무조건 된다는 식의 사고를 경계해야 한다. 안 될 때와 될 때, 두 가지를 다 설계해야 한다. 운은 노력을 통해 만들어지는 것이 아니라 우연히 나를 스치고 지나가는 것이다."

운이 우연히 나를 스치고 지나갈 때, 내가 그 운을 담을 수 있을 만큼 깊이 있는 그릇이 되어있느냐가 성공의 열쇠라고 했다.

하지만 내 그릇에 운을 담지 못한다 해도 그런 훌륭한 그릇이 되어있다면 그릇 자체만으로도 높은 가치가 있다. 그는 간송미술관에 소장되어있는 국보 제68호 '청자상감운학문매병'을 예로 들었다.

고려청자를 말할 때면 가장 먼저 소개되는 이 그릇은 속에 아무것도 채우지 않아도 그 자체만으로 예술이 되어 1000억 원 이상의 가치를 가진다고 했다. 실제로 이 청자는 1935년 간송(澗松) 전형필 선생이 일본인 골동품상에게 기와집 20채 값의 거액을 주고 사들인 것이다.

세종대왕이 꿈꾸던 '만백성을 위한 글'인 한글은 세종이 살아

있던 당대에는 결코 번영하지 못했다. 500년이 지난 현대에 와서야 대왕의 꿈은 이루어졌다. 실학을 바탕으로 조선의 혁신을 꿈꾸던 다산 정약용도 살아 있던 당대에는 끝내 꿈이 이루어지지 못했다.

통일된 한반도의 문화강국을 꿈꾸던 김구 선생 또한 당대에는 꿈이 이루어지지 못했고, 안창호, 안중근 등의 독립운동가들이 목표한 바도 그들 생애에서는 이루어지지 못했다. 그러함에도 그들 모두는 스스로 훌륭한 그릇이 되어, '운'과 '성공'보다 더 크고 넓은 것을 담아냈다.

결과에 집착하지 말라는 것은 현실성 없는 조언이다. 하지만 결과에 집착하다가는 성공하지 못할 가능성이 상당한 확률로 커진다. 결과에 집착하면 실패했을 때, 그 좌절감이 너무나 커서 과도한 에너지를 소비하게 되기 때문이다.

스스로 그릇을 키워가는 과정에 중심을 두는 사람은 자연스럽게 실패에 집착하지 않게 된다. 그런 마음가짐은 같은 도전을 수 번, 수십 번 더하게 하고, 실패하더라도 커다란 좌절감 없이 다시 새로운 도전을 할 수 있게 만든다.

운은 확률과도 같아서, 주사위에서 3이 나올 확률처럼 단순하게 계산되기도 한다. 단 한 번의 기회로 3이 나오기는 몹시 어렵다. 그러나 도전 기회를 여러 번 늘릴수록 가능성은 커진다.

이처럼 여러 번의 실패에도 포기하지 않고 다시 일어서서 도전할 수 있는 사고방식과 태도는 운을 만날 기회를 몇 차례나 더 늘려준다. 이렇게 운이 들어올 가능성을 여러 차례로 늘릴 수 있는 사고방식과 행동이 바로 부자로 나아가는 핵심 열쇠다.

그러나 '부자가 되겠다', '돈을 많이 벌겠다' 같은 목표는 결과에 집착하게 될 여지가 크다. 몇 차례의 도전으로 몇 번의 좌절을 맛볼 것이며, 한 번 실패할 때마다 매우 무거운 좌절감을 겪을 것이다. 그래서 도전의욕이 꺾일 것이다. 그런 심리적 상처는 우리에게서 주사위를 여러 번 굴려볼 기회를 앗아간다.

돈은 에너지다. 풍요와 빈곤은 유동적으로 움직이며 때에 따라 들어가기도 하고 나가기도 한다. 생각과 자세는 그래서 중요하다.

얼마를 투자하고 얼마를 벌 수 있는지, 얼마에 팔아서 몇 개를 팔 수 있는지보다 중요한 것은, 이 에너지가 어떤 작용을 통해 움직이고 내가 그것을 담아낼 수 있는 그릇이 맞는지 확인하는 것이다. 그것이 가장 중요하다.

누군가는 자기 그릇의 크기도 확인하지 않고 막연하게 커다란 운이 들어오기를 바랄 때가 있다. 수십억의 복권 당첨자들이 얼마 뒤 빚쟁이가 되고 절도죄를 짓는 일을 심심찮게 보게 된다. 그러므로 우리에게 아무 때나 커다란 운이 들어오지 않는 것이 행운일 수도 있다.

뷔페를 가면 각자 먹고 싶은 만큼 마음껏 먹을 기회를 얻는다. 하지만 많은 사람이 자신이 낸 금액에 미치지 못하는 만큼만 먹고 돌아온다고 한다. 그런 것처럼 운은 나에게 얼마가 주어졌느냐가 중요한 것이 아니라 내가 얼마나 그것을 수용할 수 있는지가 중요하다.

어쩌면 어제와 오늘 하루도 우리에게 커다란 행운이 들어왔는데 그것을 알아채지조차 못했을지도 모른다. 과녁의 화살을 정확히 맞추려면 그 과녁에 10점짜리 표적이 있느냐가 아니라, 스스로 그것을 정확히 맞춰낼 훈련이 되어있느냐가 중요하다.

주식투자기법이나 어려운 경제 용어, 마케팅 기술이 없어도 어떻게 하면 부자가 될 수 있는지는 이 책을 보며 공부할 수 있다.

사이토 히토리는 1948년 도쿄 출생으로 화장품과 건강식품 판매 회사 '긴자마루칸'과 '일본한방연구소' 창업자다. 일본에서 유일하게 1993년부터 2005년까지 12년간 '사업소득 전국 고액납세자 총합 순위 10위' 안에 들었다. 토지나 주식 등은 전혀 없이 납세액이 전부 사업소득이어서 더욱 관심을 끌었다.

학력은 중학교 졸업이 전부인 그는 언론에 얼굴이나 자세한 신상이 한 번도 공개되지 않은 '괴짜 부자'다. 그러면서 즐거운 마음과 정신적 풍요를 키우기 위해 여러 권의 저서를 냈다.

국내에 나온 책은 《부자의 운》, 《부자의 인간관계》, 《철들지 않은 인생이 즐겁다》, 《돈의 진리》, 《상위 1% 부자의 통찰력》 등이 있다.

"이 세상은 풍요롭다고 생각하고 행동할 때 부의 에너지가 생긴다!"

그가 '성공'을 '대성공'으로 이어지게 할 수 있었던 비결이다.

많은 사람은 말로는 부자가 되고 싶다, 돈을 많이 벌고 싶다고 하지만 뒤돌아서면 '내가 정말 부자가 될 수 있겠어?'라고 자신을 의심하며 부자가 되는 첫걸음조차 떼지 않는다.

입버릇처럼 말하는 이런 작은 에너지는 부자가 되는 기운을 빼앗는다. 부자와 가난한 사람의 행동 차이는 이미 여기서부터 갈린다는 것이다.

저자는 부자가 되기 전에 먼저 돈의 속성부터 파악하는 게 중요하다고 강조한다. 돈을 모으지 못하는 사람들은 '돈은 곧 에너지'라는 사실을 모른다. 에너지는 인간 활동의 근원인 힘을 뜻한다. 자신의 마음을 잘 살펴서 그 마음을 어떻게 쓸지에 따라 부자가 될 가능성이 커진다.

돈을 부르는 행동의 첫 단계는 자신이 가진 생각과 잠재의식을 통해 진심으로 부자가 되고 싶은지, 돈을 존중하고 잘 다룰 마음의 준비가 되어있는지부터 확인하는 것이다. 그렇지 않으면 아무리 부자가 되고 싶어도 돈이 따르지 않고, 돈을 모으고 부자가 되더라도 쉽게 무너져 버린다.

부자들은 생각을 재빨리 행동으로 옮긴다. 실패가 두려워도 먼저 행동에 나서고, 바로잡음을 반복해 목표를 이루기 위해 끊임없이 노력한다. 실패를 패배로 보지 않고 하나의 과정으로 인식하기 때문이다.

주변에 부자가 된 사람들을 유심히 살펴보라. 그들이 자신의 잠재력과 기회를 통해 성공을 만드는 데에는 이런 인생의 원리가 숨어 있다.

"생각에는 엄청난 힘이 숨겨져 있다. 마음속의 신을 불러내면 기적이 이루어진다. 생각이 가난하면 결코 부자가 될 수 없다. 사람은 자신이 뿌린 대로 거둔다. 사랑이 부족한 이유는 사랑을 뿌리지 않았기 때문이다. 일하는 방식을 바꾸면 즐거워진다. '쩨쩨하게' 생각하면 '쩨쩨한' 일만 일어난다. '궁상의 씨앗'을 뿌리면 '궁상맞은 변명'만 하게 된다. 행복을 옆 사람들에게 나누어 주면 주변까지 밝아진다."

저자가 말하는 이 책의 포인트 중 일부다.

거대한 칼날 위를 달리는 인플레이션

하노 벡, 우르반 바허, 마르코 헤르만 《인플레이션》

'돈이 최고다!'

이 말이 바로 자본주의라고 생각하는 사람들이 많다. 사전적 의미로 보면 자본주의는 '사유재산제에 바탕을 두고 이윤 획득을 위해 상품의 생산과 소비가 이루어지는 경제체제(두산백과)'다.

현대에는 지극히 당연해 보이는 이 경제체제의 핵심도 역사적으로는 결단코 당연하지 않았다. 조선 시대에는 '암거래를 하거나 경계를 넘어온 자는 사형으로 다스린다'라는 글이 새겨진 약조제찰비를 부산에 있는 왜관 앞에 세우기도 했다. 실제로 이 비가 세워진 뒤 한 일본인이 인삼을 밀무역하다 사형당한 일도 있다.

국가나 공동체 이념이 개인의 자유와 권리보다 더 중요시되던 중세시대에 국가는 왕조를 중심으로 한 전체주의 형태였다. 국가는 권력의 핵심인 군사력과 경제력의 사유화를 절대 인정하지 않았다. 전체주의에서 경제 활동은 모두 국가의 몫이었고, 이를 조금이라도 침범하는 것은 '반란'과 같은 의미로 엄하게 다스렸다.

자본주의에서 생산의 핵심은 노동력이 아니라 생산수단이다. 일 잘하는 근로자보다 '사유화된 생산수단'이 더 중요하다. 회사를 위해 오래 일해 온 근로자보다 단 하루라도 회사 주식을 소유한 자가 회사의 소유주가 되는 권리를 가진다.

현대와 같은 자본주의가 이루어지기까지 어떤 과정들이 있었을까. 자본주의는 사회와 문화의 여러 요소가 오랫동안 복합적으로 축적되어 이루어진 현상이다. 개인의 소유를 인정받은 기업들이 자유롭게 생산과 판매 활동을 하며, 이를 허가해 준 국가에 '세금'을 내는 지금의 형태에 이르기까지 숱한 곡절이 있었다.

자본주의는 인간의 탐욕에 기반을 두고 있다는 사실을 알 수 있다. 지폐의 역사를 보아도 그렇다. 지폐는 아무 가치도 없는 작은 종이에 불과하다. 이런 작은 종이가 어떻게 재화와 교환하는 가치를 얻게 되었을까. 이는 황금을 향한 인간의 탐욕에서 출발했다.

황금을 아무리 좋아한다고 해도 자유롭게 소유하기는 쉽지 않은 일이었다. 보관도 어렵고, 거래도 어려우며, 휴대는 더욱 어려웠다. 그래서 사람들은 금 세공업자를 이용하기 시작했다. 금을 세공업자에게 맡겨놓고, 보관증을 받아서 이것을 금 대신 소유한 것이다.

이 보관증은 언제든 금을 찾아 사용할 수 있는 권리를 지니고 있었다. 사람들은 금을 직접 거래하기보다 편리하게 보관증을 거래하기 시작했다. 이렇게 해서 인류 최초의 은행과 지폐가 생겨났다.

보관증을 은행으로 가지고 가면 언제든 금으로 바꿔주는 '금태환제도'는 상당히 오랜 기간 통용되었다. 이런 금본위제는 2차 세계대전 때까지 유지되다가 1944년 미국 뉴햄프셔주의 브레턴우즈에서 열린 '브레턴우즈 협정'을 통해 막을 내렸다.

이 국제통화제도 협정은 44개국이 참가한 연합국 통화금융회의에서 탄생했다. 이 협정에 따라 국제통화기금(IMF)과 국제부흥개발은행(IBRD)이 설립되었다.

브레턴우즈 협정을 통해 금에 고정되어 있던 화폐 가치는 유동성을 지니게 되었다. 이런 유동성은 '환율'이라는 형태로 다른 나라들과 가치 관계를 정립했다. 실질 가치가 없는 지폐가 브레턴우즈에서 금으로부터 독립할 수 있었던 것은 성숙한 자본주의의 힘이었다.

이 무렵 인간의 탐욕은 아무런 생산 활동을 하지 못하는 '반짝이는 광물'이 아니라 '불타는 지하자원'인 석유로 옮겨졌다. 석유는 금과 다르게 꾸준히 소비되며 수요를 발생시켰다. 수요가 많아지자 생산품 가격이 올라갔다.

생산품이 꾸준히 소비되면 수요와 공급이 적정 수준에서 조절된다. 이런 수요공급 곡선에 의해 적정 가격이 형성되고, 다시 생산량 증가와 소비 증가가 거듭되면 인플레이션이 발생한다. 인플레이션은 물가가 큰 폭으로 오르는 것을 말한다.

필자는 인플레이션의 요인은 인구증가라고 생각한다. 산업혁명으로 폭발한 생산력을 더 폭발적인 인구증가가 흡수할 수 있었다. 인구가 증가하고 시장이 넓어지면 수요가 많아지고, 공급보다 수요가 많아지면 물가가 상승한다. 자본주의는 소비를 기반으로 성장한다. 소비하지 않으면 물가는 상승하지 않는다.

20세기 초 서구 열강들은 어느 나라나 식민지를 두고 있었다. 식민지는 저렴한 자원과 노동력을 지원할 수 있는 공급처이자, 생산된 물품을 판매할 수 있는 소비시장이었다.

꾸준한 소비가 자본주의를 지탱하던 시기에 식민지 쟁탈은 국가의 당연한 필수 과제였는지도 모른다. 이런 식민지 쟁탈은 세계 1차 대전을 불러일으켰다. 서구 열강들은 어떻게든 명분을 내세워 식민지 쟁탈 전쟁을 벌였고, 여기서 독일이 항복하면서 해외 식민지를 모두 포기하고 막대한 배상금을 부과받았다.

독일이 국내 경제를 지탱하던 식민지를 잃고 배상을 위해 화폐를 무분별하게 찍어내자 엄청난 초인플레이션이 닥쳐왔다. 살인적인 초인플레이션과 재정 파탄, 통화위기, 대량실업에 시달리다 못해 이를 타개하기 위해 독일에 나치가 등장했다.

나치에게는 일자리 창출과 화폐 회수가 절대적인 목표였다. 나치는 유대인을 학살해 일자리를 빼앗고 재산을 몰수했다. 이때 희생된 유대인의 수가 600만 명이고, 몰수한 재산이 1인당 6000~7000만 원 정도였다고 하니, 유대인을 탄압할수록 독일 경제가 일어서게 되는 것이었다.

이렇게 보면 유럽의 근현대사는 인플레이션의 역사라고도 할 수 있다. 이런 인플레이션의 핵심을 안다면 근로자보다는 자본가가 될 수밖에 없다. 우리는 걸어온 길을 모르고는 걸어갈 길을 알 수 없다.

자본주의의 구조상 임금상승이 인플레이션을 초월할 수는 없다. 임금을 받아 돈을 모아둔다면 틀림없이 화폐 가치 하락에 따른 손해를 보게 될 것이다. 임금상승률이 언제나 물가 상승률에 미치지 못한다고 세상을 탓하지만, 자본주의의 역사를 안다면 이것은 당연한 일인지도 모른다.

이 책은 필자가 성인이 되어 읽은 책 중에서 최상위로 여기는 몇 안 되는 책 중 하나다. 역사, 문화, 경제를 비롯해 많은 분야를 다루고 있는데, 후반부로 가면 자기계발 영역까지 나온다.

아무것도 하지 않고 가만히 있으면 가난해질 수밖에 없는 인플레이션 구조 속에서 조금이라도 성장하기 위해서는 좋은 생산설비에 투자해야 한다. 이 중에 가장 손해를 보지 않는 투자는 바로 '자신에 대한 투자'라고 저자는 조언한다. 자신에게 많이 투자해서, 많이 읽고 많이 배워야 인플레이션 속에서 자신을 지키고 성장할 수 있다.

이 책은 부자들이 인플레이션으로부터 돈을 보호하는 법, 저금리 시대에 수익성 있게 투자하는 법, 위기의 노후를 현명하게 설계하는 법까지 소개한다. 지난 2000년간의 세계 경제 흐름부터 오늘날 소시민들의 가계 경제에까지 영향을 미쳐온 인플레이션에 대한 거대하고 놀라운 통찰이 펼쳐진다.

현대를 살아가려면, 특히 생활에 여유를 가지고 잘 살아가려면 반드시 읽어야 할 책이다.

저자 하노 벡은 독일의 투자가, 은행가, 경제 기자, 경제학 교수로 활동하는 경제학자로 마인츠 대학교를 졸업하고 그곳에서 박사 학위를 받았다. 독일 최고 일간지 <프랑크푸르터 알게마이네 차이퉁>에서 8년간 경제 전문기자를 거쳐, 포르츠하임대학교 경제학과 교수로 재직 중이다.

중요한 경제 이슈가 생길 때마다 독일 유명 신문과 방송이 가장 먼저 찾는 경제학자인데, 그리스 금융위기 때 '질서 있는 디폴트'와 'EU의 구조조정'을 주장해 더욱 위상이 높아졌다.

인플레이션은 나라 전체를 파멸로 모는 것은 물론 세계 경제의 큰 흐름을 뒤바꾸는 파괴력을 지니고 있다. 연간 인플레이션 720%를 기록한 베네수엘라의 비극, 1일 인플레이션 207%를 기록하며 15시간마다 2배씩 물가가 뛰었던 헝가리, 최악의 인플레이션에서 독일 경제를 황금기로 뒤바꾼 화폐개혁까지, 인플레이션은 소시민의 일상은 말할 것도 없고 한 국가의 흥망성쇠를 좌우해왔다.

저자는 빈털터리가 된 후에야 사람들이 인플레이션의 존재를 깨닫는 이유는 '숫자의 위력'을 우습게 생각하기 때문이라고 지적한다. 인플레이션이 일으키는 '기하급수적 증가' 뒤에 도사린 엄청난 파급력을 모르기 때문이라는 것이다. 인플레이션이 연간 2%만 상승해도 당장 개인의 지갑에 돌풍이 불고, 연간 4%씩 상승하면 노후준비가 힘들어진다.

"인플레이션은 거대한 면도칼 위를 달리는 것과 같다."

저자는 단기적인 경기 활성화에 의한 인플레이션이 소시민의 삶을 얼마나 피폐하게 만들 수 있는지 역사를 통해 경고한다. 그런 만큼, 경제를 활성화한다는 명목으로 인플레이션을 조장하려는 정책과 정치인, 권력가들의 움직임을 국민은 매섭게 지켜보아야 한다는 것이다.

일시적으로 화폐를 풀어 경기를 활성화하는 처방은 '마약과 같이 위험하다'라고 단언한다. 이 마약을 끊었을 때 세계 금융시장이 차질 없이 돌아갈 수 있겠는가?

"돈의 역사는 인플레이션의 역사다. '인플레이션이 끝났다'라는 말을 쉽게 믿어서는 안 된다. 물가가 하락하는 디플레이션의 조짐이 보인다 해도 인플레이션에 대한 경계 태세를 절대로 소홀히 해서는 안 된다. 통화를 붕괴시킬 수 있는 세력들의 움직임이 보이기 때문이다. 언뜻 보기에는 통화 붕괴 작전의 각본이 조금 다를 수 있으나 시대를 막론하고 화폐가 파괴되는 데는 일정한 패턴이 있었다. 국가가 부채를 처리할 때도 인플레이션만큼 매력적인 방법은 없다. 이러한 폐단을 막기 위해 중앙은행의 독립성을 보장해야 한다는 주장이 등장한 것이다."

남을 위하는 사람이 더 큰 부자가 된다

리처드 도킨스 《이기적 유전자》 vs 매트 리들리 《이타적 유전자》

인간의 욕망이 작동하는 기본 원리는 '이기심'이다. 《이기적 유전자》의 저자, 영국 옥스퍼드대학교 진화생물학자 리처드 도킨스의 논리에 의하면 인간의 존재 이유 중 가장 중요한 것은 자신의 유전자를 후대에 전하는 일이다. 그의 논리가 옳다면 현재 인류에게 남아 있는 유전자는 모두 이 목표에 충실했던 승리자들의 후손이다.

"사람을 비롯한 모든 생물은 유전자가 만들어 낸 기계다. 우리 유전자는 치열한 경쟁 속에서 때로는 수백만 년 동안이나 생존해 왔다. 이런 유전자에 대해 우리가 기대할 수 있는 성질 중 가장 중요한 것은 '비정한 이기주의'라는 것이다. 그중에는 개체 수준에 한정된 이타주의를 보임으로써 자신의 이기적 목표를 가장 잘 달성하는 특별한 유전자도 있다."

우리 조상의 생존에 가장 큰 영향을 준 기본 원리가 이기심이었다면 그 후손 유전자에도 당연히 이기심이 가득 채워져 있을 것이다. 이런 방식으로 세대가 거듭되면서 이기적 유전자는 생존 확률이 높아지고, 타인을 위해 희생하던 '이타적 유전자'는 모두 희생되어 찾아볼 수 없게 되었다.

사람이 이기심투성이라면 세상은 얼마나 삭막한 곳인가? 그런데도 현대 사회의 골격을 이루는 '자본주의'는 이런 이기심의 바탕 위에서 발전해왔다. 이기심을 부정하고 공동사회를 통해 유토피아를 구상하려던 사회주의나 공산주의는 이론적으로는 훌륭했으나 인간의 이런 본능에 부합되지 않아 도태되고 말았다.

그런데 이 '이기적 유전자'에 대한 반론이 출현하기 시작했다. 리처드 도킨스의 옥스퍼드대학교 후배로 동물학박사인 저널리스트 매트 리들리의 저서 《이타적 유전자》가 대표적이다. 그는 책에서 강력한 질문을 던진다.

"생존의 본성이 경쟁이라면 인간사회에 그토록 많은 협동이 존재하는 이유는 무엇인가? 인간은 왜 그처럼 협력에 열을 올리는가? 인류는 본능적으로 사회적 동물인가 아니면 반사회적 동물인가?"

이 질문은 원래 러시아의 귀족 출신 무정부주의자 표트르 크로포트킨의 책 《만물은 서로 돕는다》에서 시작되었다. 크로포트킨은 1876년 차르 감옥에서 동료와 지인들의 도움을 받아 극적으로 탈옥했다. 오랜 세월이 흐른 후에도 그는 그때 자신의 탈옥을 도와준 사람들을 잊지 않았다.

"손목시계를 넣어준 여자와 바이올린을 연주해준 여자, 마차를

몬 동료와 마차 뒤에 앉아 있던 여자, 그리고 마차가 도주하는 동안 길이 막히지 않게 도와준 여러 친구의 용기 덕택이었다."

인간의 신뢰와 협력에 대해 깊은 인상을 심어 준 이 기억은 그의 머릿속에 뚜렷이 남아 인간의 진화에 관한 새로운 이론을 정립하게 되었다.

매트 리들리는 한 걸음 더 나아가 인간사회의 뿌리는 크로포트킨이 생각하는 것보다 훨씬 깊은 곳에 존재한다고 생각했다. 협동적 사회는 이성이 고안한 것이 아니라 인간 본성의 일부로서 진화되어왔다는 것이다. 사회는 인체와 마찬가지로 인간 유전자의 진화로 이루어진 산물이라고 주장하면서 각종 이론과 논리로 그것을 입증하려고 노력했다.

그는 인간이 자연에서 살아남은 최고의 힘은 '협력'이라는 주장을 결단코 굽히지 않는다. 인간의 본성을 어떻게 보느냐에 따라 개인과 사회, 국가의 의미와 형태가 달라지기 때문이다.

매트 리들리는 20세기를 관통한 경제학에서 주장한 '이기적 인간론'이 인간이 지켜온 믿음과 상호 부조, 호혜주의의 전통을 모두 무너뜨리고 말았다고 비판하며, 인간의 본능에 깃들어 있는 이러한 덕성은 다시 회복되어야 한다고 선언한다. 이런 본능을 계발할 수 있는 제도를 만들어, 조화와 미덕이 이끄는 사회를 실현해야 한다는 것이다.

"인간의 정신은 이기적 유전자가 만들었다 해도, 실제로 인간은 사회성과 협동성, 상호신뢰를 지향한다. 그것은 이타심이 인간의 또 다른 본성이기 때문이다. 인간의 유전자는 이기적인 동시에 이타적이며, 도덕과 사회성은 이타적 유전자의 명령이다."

매트 리들리의 관점이다.

"사람들은 왜 서로 선물을 주는가? 상대에게 호의를 베풀기 위한 것이고, 아량 있는 사람이라는 평판을 받기 위한 것이며, 선물 받는 사람을 '보답'이라는 의무감에 묶어 놓기 위한 것이다. 선물과 뇌물 간에는 큰 차이가 없다."

"어떤 사람에게 자갈밭의 소유권을 양도해보라. 그는 곧 그곳을 정원으로 바꿔놓을 것이다. 같은 사람에게 그 정원을 9년간 임대해 보라. 그는 그곳을 사막으로 바꿔놓을 것이다. 소유권이라는 마력은 모래를 황금으로 변화시킨다."

매트 리들리의 논리가 얼마나 설득력이 있었던지 리처드 도킨스도 이 책을 추천했다.

"《이기적 유전자》의 인간을 위한 제2권이 있다면, 바로 이 책이어야 한다."

매트 리들리는 리처드 도킨스가 이루지 못한 '인간을 위한 이기적 유전자 이론'을 완성해냈다는 평가를 받았다.

이 이타적 유전자는 '어떻게 하면 물건을 많이 팔까?' 혹은 '어떻게 하면 하고 싶은 말을 많이 할 수 있을까?' 하는 고민은 하지 않는다. 그들이 생각하는 것은 '사람들은 어떤 걸 필요로 할까?', '사람들은 어떤 이야기를 듣고 싶어 할까?' 하는 것이다.

그러므로 이런 이타적인 심리구조를 가진 사람은 이기적인 다수로부터 환영받게 된다. 손해를 보지 않기 위해 남의 이익을 빼앗으려는 이기적인 다수는 이득을 볼 수 있는 상황을 절대 놓치려 하지 않는다. 내가 사고 싶은 것을 내놓는 사람이나 내가 듣고 싶은 말을 하는 사람에게 기쁜 마음으로 달려가 대가를 지급한다.

부자가 되고 싶다거나 물건을 많이 팔고 싶은 마음을 가졌다면, 세상을 바꾼 위대한 천재 '스티브 잡스'는 존재하지 않았을 것이다.

어린 시절 스티브 잡스는 교회를 다녔는데, 13세 때 한 잡지에서 기아에 시달리는 아이들 사진을 보고 충격을 받았다. 이 문제로 목사와 이야기를 나누다가 이런 말을 들었다.

"하느님은 이 모든 것을 알고 계신다."

그 말을 들은 후 잡스는 자신의 내부에서 그들을 돕고 싶은 마음이 열광적으로 끓어오르는 것을 느꼈다. 자신과 아무 상관도 없는 사람들에 대한 연민의 정을 깨달으면서 그는 타인을 도우면서 살겠다는 꿈을 품게 되었다.

타고난 성격 탓에 내면적 평온이나 심리적 안정을 찾지 못하던 그는 대인 관계가 원만하지 못했다. 작은 부분에서는 이기적이고 큰 부분에서는 이타적이었다.

그러다가 1960년 미국 샌프란시스코에 선불교 열풍이 불어닥쳤다. 이 열풍을 보고 그는 자신의 성품을 교정하고 깨달음을 얻기 위해 1974년 인도 순례를 떠났다. 이 과정에서 동양철학을 깊이 있게 접하게 되었다.

스티브 잡스는 원래 공부에는 취미가 없었는데, 철학을 접한 후 180도 달라졌다고 스탠퍼드대학교 졸업식 축하 연설에서 고백

했다. 동양철학, 특히 인도 철학을 접한 이후부터 철학을 근간으로 한 대담한 상상력과 창의력을 지니게 되었다는 것이다.

인도 철학이란 고대와 현대, 힌두와 비 힌두, 유신론과 무신론을 모두 포함하는 전체 사상가들의 철학적 사색을 집대성하는 것이다. 다른 학파들끼리 공존하면서, 오랫동안 숙고와 토론을 통해 공통점을 찾아간다.

스티브 잡스는 강조했다.

"무엇을 하지 않을지 결정하는 것은 무엇을 할지 결정하는 것만큼이나 중요하다. 회사에 대해서도 그렇고, 제품에 대해서도 그렇다. 이것은 배움에 대해서도 똑같이 말할 수 있다."

사람은 다른 사람의 이기심을 경계한다. 이익의 제로섬에서 이익을 얻으려면 다른 누군가는 손해를 보아야 하기 때문이다. 그래서 자신이 이익을 얻지 못하더라도 타인이 이익을 얻는 것을 끝없이 경계한다.

성공한 연예인이나 유명인들에게 달리는 악플은 이런 이기심의 발로라고 할 수 있다. 성공이라는 제로섬 게임에서 자신이 갖지 못한 것을 상대가 가지고 있을 때, 이처럼 철저하게 경계하려는 본능은 인류가 존재하는 한 사라지지 않을 것이다.

사람은 공짜를 좋아한다. 그 공짜를 제공하기 위해 다른 사람이 어떤 손해를 보는지에는 아무 관심도 없다. 공짜라면 무조건 소유하려 하며, 뒤로는 제공자를 바보 취급하기도 한다. 이들은 하이에나처럼 제공자에게 덤벼들어 뜯어갈 수 있는 것은 모두 뜯어간다.

그러나 사실은 공짜를 제공한 사람은 이로 인해 더 많은 기회를 얻게 된다. 그에게는 더 많은 사람이 줄을 선다. 실제로 승리하는 쪽은 적절한 이타심을 표방하며 더 많이 뜯기는 사람이다. 그들은 이기적인 다수로부터 꽤 합리적인 보상을 받을 수 있다.

여기서 포인트는 다수에게 베풀 수 있는 이타심을 준비하고, 스스로 무너지지 않을 이기적 본능을 갖추는 것이다.

미국의 전설적인 처세술 작가 데일 카네기는 《인간관계론》에서 강조한다.

"어떤 사람의 관심을 끌려면 먼저 그에게 관심을 가져라."

상대의 말을 주의 깊게 들어야 말을 잘할 수 있다. 상대의 마음을 열기 위해서는 내 입이 아니라 내 귀를 열어야 한다.

대표적으로 방송인 유재석은 자신의 이야기를 잘 하지 않는 것으로 유명하다. 다른 사람의 이야기를 들어주고, 다른 패널들을 빛내주는 플랫폼 역할만으로 그는 한국 최고의 자리를 얻게 되었다.

다른 사람이 버리고 싶어 하는 것을 가지고 싶어 하는 사람은 많지 않다. 누군가가 어떤 것을 빨리 소비하려고 한다면, 이를 알아챈 다른 사람들은 모두 그를 경계하며 관심을 거두어들이고 호주머니를 닫을 것이다.

요리사라면 더 많은 음식을 만들어 팔 생각이 아니라 어떻게 하면 더 값싸고 맛있는 음식을 만들 수 있을지 고민해야 하고, 사업가라면 돈을 더 많이 벌 생각이 아니라 어떻게 하면 고객이 더 많은 이익을 얻고 효율을 볼지 고민해야 한다. 가수라면 더 많은 청중을 불러모을 것을 생각할 게 아니라 어떻게 하면 더 많은 사람에게 감동을 줄 수 있을지 고민해야 한다.

세월이 지나면서 오히려 인기가 더해지는 가수 나훈아도 말했다.

"누구나 대중의 스타가 될 수는 있지만 오래도록 유지하기는 어렵습니다. 30년이 넘도록 제가 인기를 잃지 않을 수 있었던 비결은 독서의 힘입니다. 독서를 통한 지식이 스스로 자신을 거르는 체가 되었습니다. 세상을 사는 지혜가 담겨 있는 책에서 자기관리의 방법을 배웠습니다."

시청률 29%의 놀라운 인기를 기록한 KBS 2TV '2020 한가위 대기획' 나훈아 단독 콘서트에서 김동건 아나운서와 대담 중에 나훈아가 정부의 훈장 수여를 사양했다는 사실이 알려졌다. 왜 훈장을 사양했느냐는 질문에 그는 이렇게 대답했다.

"가수라는 직업의 무게도 무거운데, 훈장 무게를 어떻게 견딥니까? 우리 같은 직업을 가진 사람은 영혼이 자유로워야 합니다. 훈장을 받으면 어떻게 삽니까? 술도 한잔 마시고 쓸데없는 얘기도 하고 이러고 살아야 하는데, 훈장을 받으면 그 값을 해야 하지 않습니까? 그 무게를 못 견딥니다."

요식업에서 레시피는 대단한 비밀이다. 그런데도 요식업 스타 백종원은 자신만의 레시피 공개를 망설이지 않는다. 숨겨야 할 레시피와 영업비밀을 공중파 방송에서 서슴없이 공개하고, 개인 유튜브 채널에서 무료로 알려준다.

스티브 잡스 또한 여러 대학과 강당을 다니며 성공의 비밀인

기술과 사고방식을 알리는 데 열심이었다. 지금도 스티브 잡스나 알리바바의 마윈, 마이크로소프트의 빌 게이츠 등의 강연은 언제나 공짜로 시청할 수 있다. 이들은 대중들에게 자신의 성공 비법을 알려주는 것에 관대하다.

페이스북 창업자 마크 주커버그는 말했다.

"우리는 이익을 내기 위해 서비스를 만드는 것이 아니라, 더 좋은 서비스를 개발하기 위해 이익을 내는 것이다."

이처럼 남을 위하는 마음으로 베푸는 것이 바로 착한 유전자가 성공하는 법칙이다. 자본주의가 시작되기 이전에 경쟁력 있는 다수의 착한 유전자는 이미 사라져버렸다. 그러므로 우리가 착한 유전자를 보유하고 있다면 반드시 자본주의 세상에서 적절한 승리를 거둘 수 있을 것이다.

5년간 40여 개 기업에 투자하며 탄탄한 실적을 쌓은 벤처캐피털 업계의 젊은 유망주, 캡스톤파트너스 이사 오종욱은 자신이 생각하는 훌륭한 스타트업 창업가에 대해 말했다.

"우선 세상을 바꾸려는 선한 의지가 있어야 한다. 불편한 것을 편하게 만들고, 좋은 방향으로 바꿔보겠다는 의지가 명확하고, 거기에 온 인생을 쏟을 만큼 열정적이어야 한다. 또, 자신의 판단이 틀릴 수 있다는 것을 인정할 줄 알아야 한다. 그런 사람들은 사업에 대해 치열하게 고민하지만, 시장이 변하거나 자신이 틀렸다는 생각이 들면 재빨리 방향을 바꿀 줄도 안다."

책을 많이 읽으면
세상의 흐름을
안다

김영익, 홍춘욱, 김한진, 염승환 《투자의 신세계》

주식투자에 성공하려면 무슨 책을 읽어야 할까. 코로나 19로 전 세계 주식 시장이 요동치고, 대규모 양적 완화와 막대한 코로나 지원금이 풀리자 많은 사람이 주식투자에 관심을 보이기 시작했다. 가정주부와 중학생, 심지어 초등학생까지 증권 계좌를 개설하는 투자 붐이 일었다.

TV 예능에까지 주식 전문가들이 출연하기 시작하고 경제 전문 유튜버와 채널들이 우후죽순으로 나타났다. 누구나 그래프나 주식 호가 창을 띄워 놓고, 내일의 주식 가격을 알아맞히는 고수 행세를 한다.

주변 여기저기서 주식으로 돈을 벌었다는 사람들이 생겨나자 초기 증시에 참여하지 않은 이들은 '상대적 빈곤감'이 늘어났고, 뒤늦게 주식 시장에 뛰어든 이들은 역대 최고가에 배팅하면서 코스피 가격을 급상승시켰다.

그러다가 코로나가 '이슈'에서 '생활'이 되면서 역동적이었던 주식 시장은 좀 조용해졌다. 역사상 최고가에서 옆걸음을 치는데도 많은 투자자는 꿈쩍도 하지 않는 자신의 종목을 바라보며 주식 정보를 찾아다닌다.

한국 최고 전문가이자 베스트셀러 저자 4인이 불안한 주식 시장을 헤쳐 나가기 위해 다시 책으로 돌아왔다.

가장 신뢰받는 애널리스트로 평가되는 EAR 리서치 대표 홍춘욱, 5년 연속 베스트 애널리스트로 선정된 서강대 경제대학원 교수 김영익, 베스트 애널리스트상 최다 수상 기록 보유자인 KTB 투자증권 리서치본부 수석연구위원 김한진, 개인투자자들의 절대 지지를 받는 이베스트투자증권 E-Biz 영업부장 염승환이 공동 저서 《투자의 신세계》로 함께 돌아온 것이다.

홍춘욱은 100여 년에 걸친 주식 시장의 과거를 되돌아보며 실패하지 않는 투자의 길을 알려준다. 김영익은 세계 경제의 성장축이 어떻게 미국에서 아시아로 이동하는지 그 과정을 분석하고 대책을 내놓는다.

김한진은 개인 주식 투자자가 꾸준히 계속하며 실력까지 향상할 수 있는 투자 방법을 소개한다. 염승환은 팬데믹 이후 미래 세계를 예상하고 어디에 어떻게 투자할 것인지 구체적으로 설명한다.

우리가 주식 시장의 역사를 공부해야 하는 이유는 무엇일까? 이 책의 첫 번째 질문이다.

"실패하지 않는 투자의 길을 가기 위해서!"

홍춘욱 저자의 대답이다.

지난 100여 년에 걸친 주식 시장의 역사를 되돌아보면 앞으로 실수를 줄일 수 있다. 그는 금본위제에서부터 채권과 주식의 관계, 대공황, 브레턴우즈 체제 등 근대 이후 자본주의 사회의 흐름을 상세히 설명한다.

제2차 세계대전 이후 주식 수익률이 여타 채권보다 높아지게 된 이유로 금본위제 폐지와 정보 통신 혁명, 세계화의 진전 등을 꼽는다. 그래서 인플레가 억제되고 저금리 환경이 장기화하자 주식 시장이 강세를 보이게 되었다는 것이다.

그러나 이런 환경에서도 1990년대 일본 자산시장 붕괴와 2008년 글로벌 금융 위기가 이어졌다. 글로벌 금융 위기는 정책 당국이 경기 순환을 통제할 능력을 지니지 못했음을 여실히 보여주었다. 이로 인해 중앙은행에 대한 신뢰가 급히 추락했으나 2020년 코로나 쇼크와 일련의 대처 덕분에 영향력이 상당 부분 회복되었다.

두 번째 질문은 이것이다. 미·중 패권전쟁이 한창인 지금 우리는 어떻게 투자해야 할까?

"다가오는 위기를 부를 늘릴 새로운 기회로 만들어야 한다!"

김영익 저자의 대답이다.

지난 500년 역사를 돌아보면 중국에서 스페인, 네덜란드, 영국 순으로 세계 패권국 자리가 이동했고, 제2차 세계대전 이후에는 미국으로 넘어갔다. 그러나 현재 세계 경제에서 미국이 차지하는 비중은 상대적으로 축소되고 있으며, 2030년 전후로는 중국

GDP가 미국을 넘어설 전망이다.

세계 경제의 패권이 바뀌는 과정에서 위기가 찾아오겠지만 우리는 그것을 부를 늘릴 기회로 활용해야 한다. 앞으로 1~2년 안에 거품이 붕괴하면서 성장의 한계가 드러날 것이다. 이런 위기는 다른 측면에서는 부를 늘릴 기회가 될 수 있다. 그 기회는 중국 등 아시아에서 비롯될 것이다.

"증권사 리서치센터와 민간 경제연구소에서 20여 년 동안 이코노미스트로 일하면서 큰 부를 축적한 분들을 많이 만났다. 그들의 공통점은 시대의 흐름에 대한 통찰력을 갖추었다는 것이다. 이번에는 독자들과 함께 우리가 시대의 흐름 중 어느 위치에 있는가를 살펴보고 싶었다. 각국의 정책 당국이 과감한 재정 정책과 통화 정책으로 2008년 글로벌 금융 위기를 극복했고, 또 2020년 코로나 19 경제 위기를 이겨내고 있다. 전 세계가 탄소 제로 시대로 가면서 전기 자동차 등 친환경 산업이 매우 빠른 속도로 성장할 가능성도 크다. 헬스케어 산업도 계속 성장할 전망이다."

세 번째 질문은 이것이다. 꾸준하게 실천할 수 있고 실력까지 늘 수 있는 투자법은 무엇인가?

"시장 앞에 겸손할 것! 주식을 성실하게 대하는 태도가 무엇보다 중요하다!"

김한진 저자의 대답이다.

개인 주식 투자자가 꾸준히 지속할 수 있고, 따라 하다 보면 투자 실력이 늘게 될 방법을 설명한다.

그러면서 '끝날 때까지는 끝난 게 아니다'라는 유명한 말을 남긴 뉴욕 양키스의 전설적인 포수 요기 베라의 말을 인용한다.

"야구는 90%가 정신력이고, 나머지의 반은 몸이다."

너무 긴장하거나 해이해지지 말 것을 당부한다. 조급한 마음, 과욕, 상실감, 도취감 등이 투자자를 실패로 이끈다. 그러므로 자신의 처지와 형편에 맞게 지혜로운 투자 생활을 즐기기를 권한다.

"필자가 아는 현명한 투자자들은 강세장과 약세장이 보이는 패턴과 생리를 잘 이해하고, 시장 앞에 겸손하며 유연한 태도로 대응한다. 타고난 직관력이 있는데도 주식을 대하는 태도가 매우 성실하다. 그들은 종목 찾기에 집요하고, 침착하며, 지나친 탐욕을 자제하는 공통점이 있다. 생각을 많이 하되 한번 결정한 것은 소신 있게 끝까지 밀고 나가는 스타일이다."

마지막 질문이다. 우리는 어디에 투자해야 할까?

"주식투자에서 성공하기 위해서는 반드시 다가올 미래에 투자하라!"

염승환 저자의 대답이다.

'염블리'라는 애칭으로 많은 투자자에게 절대적인 사랑을 받는 저자는 팬데믹 이후 어떻게 투자할 것인가에 대해 구체적으로 설명한다.

"코로나 19 이후 어떤 산업이 세상을 바꾸고 주식 시장을 주도할지 많은 시간 고민해보았다. 고민 끝에 다가올 5개의 미래(5N)를 예측해보았다. 5N은 친환경(New Energy), 유럽의 부활(New EU), 새로운 공간(New Space), 새로운 세계(New Universe), 새로운 소비(New Consumption)다."

코로나 19로 인해 대부분의 지구촌 국가는 경제 봉쇄 정책을 펼칠 수밖에 없었다. 경제 활동이 막히고 실업자가 급증하자 당연히 주식 시장은 급락했다. 2008년 금융위기 이후 10년 만에 세계 경기가 최악의 상황이 된 것이다.

하지만 1년 반 정도가 지난 지금 글로벌 주식 시장은 사상 최고치를 기록했고, 한국도 수출이 2020년 11월부터 계속 증가세를 보였다. 글로벌 경제가 코로나 19에 적응을 마치고 '포스트 코로나 19'를 준비하는 것이다.

"미국에서 인플레이션과 금리 상승으로 자산의 가격 거품이 붕괴하고 부채에 의한 성장의 한계가 드러날 것이다. 그러면 세계 경제는 2020년 못지않게 다시 극심한 침체에 빠질 가능성이 크다. 가계와 기업의 부채가 매우 높은 수준에서는 금리를 내리고 돈을 푼다 해도 소비와 투자가 별로 늘어나지 않을 것이다. 통화 정책의 효과가 크지 않을 것이다."

'동학 의병장'의
금융 문맹
퇴치법

존 리《부자 되기 습관》

우리는 아직도 주식 거래를 도박 보듯 하는 사회 분위기를 면하지 못했다. 왜 그럴까? 오르락내리락 시시각각 변해가는 주가의 짧은 사이클에 맞추어 '홀짝 게임'을 하는 도박꾼들이 많았기 때문일까? 한때는 운에 맡기고 재빨리 시세 차익을 얻고 빠지려는 투기꾼들이 모여들던 곳이어서 그런 인식을 털어내지 못한 것일까?

주식은 주식회사의 자본이다. 주식회사는 분산출자를 바탕으로 성립한 회사고, 주식은 그 회사의 자본을 이루는 단위다. 주식을 소유하는 것은 회사의 자본을 소유하는 것이다. 자본이 지배하는 자본주의 체제에서 자본을 소유하는 것은 경제체제의 주인이 되는 것이다.

그렇다면 우리가 주식을 소유할 때는 어떻게 해야 할까? 우리는 삶의 터전인 아파트를 살 때는 이모저모 매우 꼼꼼하게 살피고 따진다. 주변에 상가는 잘 형성되어 있는지, 교통은 편리한지, 실내 구조는 잘 되어있는지, 누수는 되지 않는지, 창은 어떻게 되어있는지 등등.

그런데 자기가 주인이 될 회사를 살 때는 크게 신경 쓰지 않는다. 누가 샀다더라, 인터넷을 보니 유망하다더라, 등으로 쉽게 결정한다. 왜 그럴까?

이 책은 너무나 유명하다. 책을 읽는데도 얼마 걸리지 않는다. 필자는 책을 펼치고 처음부터 마지막까지 무릎을 치며 공감했다. 그렇다. 아이들의 사교육비 지출을 당장 멈추고, 그 돈을 아이의 경제독립을 위해 주식으로 전환해 주어야 한다.

이 책의 저자 존 리는 메리츠자산운용 CEO 이정복 대표다. 그는 연세대 경제학과 2학년 때 가족과 함께 미국으로 가서 뉴욕대 회계학과를 졸업했다. 1984년에 미국의 100년 역사를 가진 세계 최초 자산운용사 '스커더 스티븐스 앤드 클락'에 들어가 한국에 투자한 최초의 뮤추얼펀드인 '코리아펀드'를 운용하며 월가의 스타 펀드매니저로 떠올랐다. 저평가된 한국 주식에 장기 투자해 자산 600억 원을 1조5000억 원으로 키웠다.

2014년 미국 생활을 접고 귀국해 수익률 최하위인 메리츠자산운용을 맡아서 2년 만에 선두그룹으로 올려놓았다.

그가 한국으로 돌아와 목격한 현실은 금융 문맹국 그대로였다. 금융회사 직원들조차 노후준비가 되어있지 않았다. TV 드라마에는 주식투자로 망한 사람이 단골로 등장하고, 대학의 주식투자 동아리는 투자 공부는 하지 않고 스펙만 쌓는 곳이었다. 투자전문가들이 '손절매'를 이야기하는 이상한 나라였다.

그는 한국의 금융 문맹 퇴치를 결심하고 토요일마다 '전 국민 경제독립'을 위한 무료 강연을 시작했다. 버스로 전국을 돌며 5년 간 1000여 회 강연을 통해 4만여 명을 만났다. 딱 2명만 참석한 강연도 있었고, 학생들을 위해 담임 선생님이 초청한 강연회가 교장 선생님에 의해 무산되기도 했다.

하지만 그의 강연을 들은 후 사교육비를 끊고, 아이가 엄마와 관계가 좋아지면서 공부에 훨씬 더 몰입하게 되었다는 어머니, 손 자에게 펀드를 선물로 남겨주었다는 할머니 등 금융 문맹에서 벗 어나 부자의 길로 나아가기 시작한 여러 사례가 너무 고마웠다. 그의 이런 노력으로 한국에 '동학개미운동'이 불붙었고, 그는 '동 학 의병장'이 되었다.

금융 문맹을 벗어나는 것은 개인뿐 아니라 국가적으로도 시 급하다고 생각하는 존 리는 지금도 버스 투어 강연을 계속하고 있다.

필자는 살아온 인생이 아직 길지 않지만, 때로는 인생이 별거 아니라는 생각이 들곤 한다. 자신을 구속하는 많은 것들로부터 해방되어 자유롭고 주체적인 삶을 살 수 있으면 그만이라는 생각 이다.

나 자신은 그토록 남에게 구속당하기를 싫어하면서, 내 아이들 은 구속이 심한 학교에서 힘겹게 학업을 마치고, 다시 남에게 구 속받으며 살아가게 할 수는 없지 않은가. 혹시 아이가 그런 삶을 원한다면 또 모르겠으나, 그렇더라도 최소한 경제적 자유를 얻을 기회는 열어주어야 하지 않겠는가?

우리나라와 같이 좋은 근로자만을 양성하기 위한 교육체계에서는 누구도 자본가가 되는 방법이나 창업을 위한 창의력은 가르쳐주지 않는다. 윗사람의 지시를 제시간 안에 얼마나 정확하게 실행하는지에 대한 능력이나 가르치고 평가하는 교육제도는 철저하게 근로자 중심일 뿐이다.

자본가 처지에서는 좋은 근로자가 많을수록 좋다. 모든 사람이 사장이 될 수도 없고 부자가 될 수도 없다. 사람들이 모두 창업만 하게 된다면 창업에 필요한 근로자는 어디서 구하겠는가. 자본가가 있으면 근로자도 반드시 있어야 한다.

나무는 나무대로 필요하고, 바위는 바위대로 필요하다. 여러 가지가 공평하게 조화를 이루는 것이 자연이다. 나무가 가득한 과수원에 바위는 불필요하다고 한다면 자연의 섭리를 위반하는 것이다.

자신의 가치관에 따라 근로자를 원하는 사람이 있고, 자본가에 어울리는 사람이 있다. 어떻게든 자기 뜻대로 움직이고 싶어 하는 사람이 있고, 상부의 지시를 받아 자신의 책임을 덜고 안전하게 살고 싶어 하는 사람이 있다.

그러나 자기가 다니던 회사가 자기 잘못이 아닌 다른 사람의 잘못으로 하루아침에 문을 닫고 실업자 신세가 된다면 어떻겠는가?

필자는 20대 초반 서울의 한 기업 인사부에서 근무할 때, 경력사원 채용 면접을 진행한 적이 있다. 아버지뻘 되는 분들이 많이 지원했는데, 하나같이 이력이 훌륭해서 중소기업 임원부터 대기업 부장까지 고급 인력이었다.

전 직장의 퇴사 이유가 자신에게 있는 사람은 당연히 채용 대상에서 걸러졌다. '직장 상사가 맘에 들지 않아서'라거나 '조직 생활이 맞지 않아서' 같은 사람을 다 제외하고 보니, 다른 이유로 퇴사한 사람들만 남았는데 모두 비슷했다.

"나는 계속 열심히 일해왔는데 회사 사정이 좋지 않게 되었다."

일생을 바쳐 열심히 일한 회사가 어렵게 되어 결국 책임이 자신에게 돌아왔다는 것이다. 다행스럽게 20대나 30대에 부도가 나면 그래도 탈출구가 있겠지만, 20년이나 30년을 몸 바친 회사가 그렇게 된다면 상황은 어찌 될 것인가, 아찔했다.

필자는 면접 과정을 모두 마무리한 후 바로 회사에 사직서를 제출했다. 이런 식의 근로자는 되지 말아야 한다고 다짐했다. 망하더라도 내 잘못으로 망해야 하고, 잘되더라도 내 노력으로 잘되어야 한다. 그래야 망하든 잘되든 그 경험이 내 안에 자산으로 남을 수 있다.

필자는 배낭 하나 둘러메고 유학을 갔던 뉴질랜드로 다시 돌아갔다. 처음에 뉴질랜드에 유학을 갔던 이유는 농업과 경제를 공부하기 위해서였다. 그곳에서 과수 농업과 축산 유통 공부를 마저 마치고 직장을 다니다 돌아왔다. 그리고 제주도에서 공급 과잉 상태에 들어선 감귤의 외국 수출을 시작했다.

이런 경험이 있는 필자는 아이들에게 '훌륭한 근로자'가 되라고 가르치고 싶지 않다. 학교나 학원이 이끄는 방향대로 잘 자라서 회사라는 울타리 안에서 상사의 지시에 순종하는 근로자가 되라고 권하지 않을 것이다. 내가 학비를 내면서 그런 교육에 내 아이를 밀어 넣을 수는 없다.

저자 존 리는 철저한 자본가의 관점에서 권고한다. 아이를 학원에 보내 근로자가 될 기회를 만들어주지 말고, 학원비를 주식에 투자해 아이를 자본가로 키우라고.

필자는 저자의 입장에 완전히 공감한다. 얼핏 자본가는 쉽게 돈을 버는 것 같지만 끝없는 공부가 필요하고, 불안한 미래를 맞이할 심리적 토양이 튼튼해야 한다. 어느 쪽도 쉽지 않다.

KB국민은행의 통계를 보면 1999년 1월부터 2019년 11월까지 20년 동안 전국의 아파트 가격은 168% 상승하고, 서울의 아파트 가격은 252% 상승했다. 반면 코스피 지수는 568% 상승하고, 삼성전자는 3354%나 상승했다.

필자가 '인생 책'으로 여기는 독일 최고의 경제학자 하노 백의 저서 《인플레이션》에서도 강조하듯이, 우리는 시장 인플레이션 때문에 가만히 머물러 있으면 돈의 가치가 상실되어 저절로 가난하게 된다. 그래서 반드시 돈은 굴려야 한다. 어디에 투자해 어떻게 굴려야 할까?

존 리는 말한다.

"내가 일하던 뉴욕의 회사에서 높은 연봉을 받는 동료들도 뉴욕에 사는 사람들은 대부분 차가 없다. 자동차는 사는 순간부터 감가상각이 시작되기 때문에 큰 손해다. 꼭 필요한 상황이 아니면 자가용에 들어갈 돈을 가치가 오를 주식에 투자하는 것이 훨씬 현명하다. 이것이 우리가 아는 세계적인 부자, 워런 버핏의 자동차 철학이다. 돈이 없고 월급이 적다고 불평하면서도 조금만 돈이 모이면 해외여행을 가서 모두 써버리고, 신용카드로 빚을 지면서까지 해외여행을 한다. 그런 한국에서 '삼포시대', '헬조선', '흙수저', '소확행', '욜로' 같은 말이 유행하고 있다. 어차피 부자가 될 수 없으니 실컷 쓰고 즐기고 말겠다는 생각일까? 금융 문맹은 악성 전염병이다. 한 사람의 경제 상황을 망치는 것을 넘어 주변 사람들을 가난에 빠뜨리고, 급기야 국가경쟁력까지 갉아먹는 전염병이다. 이것이 금융 문맹에 처한 한국의 현주소다."

"대표님은 돈이 그렇게 좋으세요?"

존 리가 유명 대학에서 강연을 끝냈을 때, 한 학생에게 들은 질문이다. 그는 가슴이 아팠다고 한다. 자신이 돈의 노예로 오해받아서가 아니라 돈을 중요시하지 않으면 돈의 노예가 된다는 현실을 자각하지 못하는 명문대 학생이 안타까워서였다. 소비를 최대한 줄이라는 이야기를, 돈을 위해 행복을 포기하라는 말로 오해하면 안 된다.

존 리는 책에서 주장한다.

"경제독립을 이루려면 금융 문맹의 늪에서 벗어나지 못하는 사람들과는 정반대의 길을 가는 용기가 필요하다. 좀 더 많은 이들이 노후준비를 제대로 하고 경제적 자유를 얻는다면 한국은 새롭게 도약할 수 있다. 한국이 경제 대국이 되려면 세 가지가 필요하다. 창업가 정신과 여성 인력 활용, 금융교육이다."

한국 기업인 최초, 아시아 금융권 최초로 하버드대학교 MBA

기업가정신 연구사례로 선정된 박현주 미래에셋 회장의 성공투자 철학에는 이런 내용이 있다.

1. 공부에 투자하라.

그는 지금도 1년에 3000~5000쪽의 책을 읽으며 공부한다. 학습을 통해 투자에 필요한 전반적인 경제 환경, 철학을 이해하는 게 무엇보다 중요하다.

2. 분산 투자하라.

주식투자의 위험을 줄이고, 투자 수익을 극대화하기 위해서는 여러 곳에 나누어 투자하는 수밖에 없다.

3. 길게 투자하라.

단기 투자에 매달리면 날마다 주식 변동률에 집착하게 된다. 과도한 정보를 접하면 귀가 얇아져서 실수할 확률이 높다.

4. '혁신'에 투자하라.

'혁신'이 업종과 종목 선택의 주요 기준이 되어야 한다. 유행이 아니라 산업의 성장성과 기업의 미래가치를 따져 진짜 혁신 기업을 찾아야 한다.

　　박현주 회장은 청년들에게 조언한다.

　　"청년들은 살아가면서 좋은 사람을 많이 만나야 한다. 인터넷만 보지 말고 동아리를 만들어 <이코노미스트>나 <파이낸셜타임스> 등 경제지의 중요한 부분을 읽고 토론하는 모임을 공유할 필요가 있다. 책 읽기는 고수와의 대화다. 나는 책 읽기를 통해 많은 전략을 수립하고 1년에 약 200~300개의 거래에 대해 의사결정을 내린다. 책을 읽다가 자기 생각과 다르더라도 엉터리 책이라고 하지 말고 다시 생각해 볼 필요가 있다. 까칠한 사람이 되지 말고 개방적이어야 한다. 저자와 대화하듯 책을 읽어라."

풍요가 인간을
억압에서
풀어준다

저우신위에 《심리학이 돈을 말하다》

자신 있게 말할 수 있다. 돈은 좋은 것이다. 동양 여러 나라에서 금기어로 여기던 '돈이 좋다'는 말은 이제 자신 있게 하고 다녀도 괜찮다.

지금까지 동양에서는 '돈을 받지 않고 하는 일'을 선행으로 여겨왔다. 하지만 대가 없는 선행이 좋다는 생각은 편견이다. 돈은 남에게서 받은 재화나 서비스에 대해 감사를 표현하는 수단이다. 그 대가가 들어있지 않은 게 '선(善)'이라고 할 수 없다. 공짜를 강요하는 '열정페이'는 사회적 문제가 되기도 한다.

사람들은 기본적으로 이기적이다. 누구도 손해 보기를 싫어한다. 그런데도 스스로 호주머니를 열어 돈을 내준다는 것은 손해보다 이득이 크기 때문이다.

'부는 곧 악(惡)'이라는 생각은 오래된 유교적 가르침이다. 세상이 돈 없는 선행으로 움직인다면 이상적일 것 같지만 그렇지 않다. 만일 우리 목숨을 구해준 경찰이나 소방관들에게 이렇게 말한다면 손가락질받아 마땅하다.

"그거 다 본인들이 월급 받고 하는 일이니 고마워할 것 없어!"

경제 거래의 원칙은 필요한 도움에 대해 정당한 대가를 지급하는 것이다. 여기서 주목해야 할 것은 '필요성'이다. 누군가에게 필요한 것을 쉽고 빠르게 제공하는 일은 선행에 속한다. 많은 사람에게 편의를 제공하고 그 대가로 돈을 번 부자라면 편의라는 선행을 제공한 '선한 사람'으로 보아야 한다.

아무 일도 하지 않고 아무런 대가도 받지 않는 삶보다는 무엇이라도 하고 무언가를 받는 행위가 더 고귀하다. 우리 사회는 더 많은 사람이 더 많은 대가를 받고 더 많은 선행을 할 수 있도록 '부자 되기'를 권장해야 한다.

우리는 페이스북이나 인스타그램으로 많은 사람과 소통하고 삼성전자의 핸드폰으로 많은 일을 한다. 여기에는 당연히 고마운 마음이 따라야 한다.

'다 자기들 돈 벌려고 하는 일인데.'

이런 생각은 올바르지 못하다.

필자가 전에 식당에 갔다가 음식을 날라주는 직원에게 습관적으로 '감사합니다'라고 말했더니, 앞에 앉아 있던 일행이 언짢다는 듯 한마디 했다.

"우리가 돈 내고 먹는 건데 특별히 감사할 건 뭐람."

실제로 돈의 가치는 생각보다 적다. 우리는 진실로 원하는 것을 얻기 위해 돈을 내놓는다. 머리를 다듬기 위해 지갑에서 돈을 꺼내 주고, 집을 사기 위해 통장에서 목돈을 내놓는다.

우리가 진짜 원하는 것은 돈이 아니라 돈으로 교환 가능한 서비스나 물건이다. 돈은 우리가 얻으려는 것과 비교하면 아무런 가치가 없다.

스티브 잡스는 말했다.

"쉬지 않고 돈만 좇는 것은 탐욕스럽고 재미없는 사람을 만든다."

그러나 생각해보면 매일같이 늘어나는 카드값과 비어있는 계좌를 확인하며 끊임없이 돈에 관심을 보이는 것은 부자보다 가난한 사람 쪽에서 더 많이 하는 일이다.

2010년 스페인 UPI대학교 조르디 쿠아드박 교수팀은 '돈이 사람을 행복하게 만드는가'를 주제로 연구했다. 결과는 간단하다.

'돈이 행복의 한 부분을 차지한다는 사실은 분명하지만, 돈의 많고 적음이 행복에 큰 영향을 주지는 않는다.'

돈은 우리 삶에 많은 이득을 주지만 또한 많은 부작용을 발생시키므로 경계해야 한다고 쿠아드박 교수는 저서 《행복한 사람들은 무엇이 다른가》에서 조언한다.

"돈이 가져다주는 이득은 비교적 쉽게 예상하면서도 그것이 가져오는 부작용은 예상하지 못하기 때문에 돈은 한 손으로는 이득을 주고, 다른 한 손으로는 일상의 소소한 기쁨을 앗아가면서 부작용을 발생시킨다."

그러므로 결국, 행복하려면 주변의 소박한 것들을 즐기며 그 기쁨을 이웃들과 나누라는 것이다.

영국의 유명 심리학자 폴 웨블리는 돈이 마약과도 같지만 동시에 치료 약과도 같다면서, 돈을 세는 것만으로도 진통 효과가 있다고 했다.

돈이 좋은 것은 당연하다. 하지만 돈은 사회가 만들어 낸 일종의 상상이다. 이런 관념적인 돈이 말하고자 하는 바는 바로 '풍요'다.

동양철학의 대표적인 사상으로 음양오행이 있다. 모든 것에는 음과 양이 있고, 풍요의 반대쪽에는 빈곤이 있다. 누구도 빈곤이 '양'을 뜻한다고 생각하지는 않는다. 긍정과 부정, 풍요와 빈곤, 겉과 속, 위와 아래. 우리는 보이지 않는 '풍요'를 '돈'이라는 가시적인 매체로 변경했을 뿐이다.

물질적 풍요로움은 자유를 준다. 책에서 언급한 대로 행복한 일 중 80%는 돈과 별다른 관계가 없지만, 비극의 80%는 돈 때문에 일어난다.

한국에서 2020년에 직장에서 일하다 사고로 죽은 '산재 사고 사망자'는 882명이었다. 2012년에 타인에게 살해당한 사람은 169명이었고, 2011년에 1만 6000명 정도가 자살로 목숨을 끊었다. 이 모든 것의 원인은 돈과 연결되어 있었다.

그만큼 돈은 지나치게 많을 필요는 없지만 그렇다고 빈곤해야 할 이유는 없다.

유럽에서 '돈 철학자'로 불리는 유대계 헝가리인 투자가 앙드레 코스톨라니는 이렇게 정의했다.

"자기가 하고 싶지 않은 일을 하지 않도록 해줄 정도의 재산을 가진 사람이라면 부자다."

돈은 사회를 움직이는 혈액과 같아서 사회 이곳과 저곳을 돌아다니며 활력을 준다. 일본 기업인이자 작가인 사이토 히토리가 쓴 여러 책에 나오는 대부분의 이야기는 돈을 벌기 위한 것이 아니라 인생을 사는 지혜와 연결되어 있다. 사실 돈을 벌기 위해 그런 지혜가 필요하다기보다 그런 지혜가 있는 사람에게 돈이 옮겨가는 것으로 생각된다.

대단한 거부인 사이토 히토리는 지갑 속에 돈이 깔끔하게 정리되어있는 것을 매우 중요하게 생각한다. 깨끗한 지폐와 더러운 지폐는 사람의 탐욕과 이기심에 다른 영향을 준다는 것이다.

좋은 지갑을 사용하거나 지갑 속 돈을 같은 방향으로 잘 정리해야 마음이 놓인다는 생각은 모두 삶을 대하는 방식 중 하나일 것이다.

이 책《심리학이 돈을 말하다》의 저자는 중국 저장대학교 경영학 교수로 돈을 도구로 사용해 인간 심리를 연구하는 학계의 선두주자다. 이 책에는 다양한 실험과 사례로 돈과 인간 심리의 세계를 들여다본다.

돈은 인간의 심리를 조종한다. 인간의 심리는 돈을 통해 외부 세계로 나타난다. 한 사람이 돈을 어떻게 사용하는지를 보면 그의 인성을 확인할 수 있다. 이것이 바로 저자가 사용하는 '돈을 이용한 독심술'이다.

인간은 돈이 '교환 도구' 이상을 의미하는 시대에 살고 있다. 급변하는 시대에 발맞추어 등장한 '돈의 심리학'은 돈과 사람의 정서, 인간관계, 행동 그리고 각종 경제 전략이 인간에게 미치는 영향 등을 연구한다.

오랜 기간 이 학문을 탐구해 온 저자는 수많은 실험과 연구를 통해 돈과 관련된 현상을 분석하고 그 뒤에 숨겨진 인간의 본성을 보여 준다. 그리하여 자기 자신을 더 잘 이해하고, 돈의 주인이자 자신의 주인이 될 수 있는 길을 찾게 해준다.

"사람은 신념에 따라 행동한다. 신념은 자기 자신이 되고 어떤 마음으로 살아갈지 결정한다. 돈은 이런 자기중심적 경향을 더 강력하게 만든다. 성격이 좋지 않은 사람이라면 돈은 그 사람의 성격을 더 망친다. 자기애가 넘치는 사람이라면 돈은 자기애를 더 넘치게 한다. 하지만 심성이 바르고 착한 사람이라면 돈은 더 착한 사람으로 만든다."

부자는
태어나지 않고
길러진다

신진상 《슈퍼리치들에게 배우는 돈 공부》

저금리, 양적 완화, 코로나 19로 인한 비대면 사회, 세계는 급변하기에 너무나 완벽한 조건들이 2중, 3중 겹쳐서 갖추어지면서 대규모 인플레이션을 피할 수 없게 되었다.

형태가 다른 자산들의 가치가 오르고 내리기를 반복하면서 자본주의는 성장한다. 금의 가치가 오르기도 하고, 달러의 가치가 오르기도 한다. 원유가 오르기도 하고, 주식이 오르기도 하고, 부동산이 오르기도 한다. 우리처럼 집값이 끝을 모르고 오르기도 한다.

이처럼 자산의 가치가 오르고 내리는 시기를 정확하게 맞추어 인플레이션이 만들어 내는 흐름 위에 올라타는 것이 바로 투자다.

우리는 어떤 시기에 어떤 자산의 가치가 오를지 예측하기 어렵다. 다만 공급이 수요를 넘어서면 가치가 떨어지고, 수요가 공급을 넘어서면 가치가 올라간다는 간단한 '시장 논리'를 이용하면 어느 정도의 대응은 가능할 것이다.

시장에 화폐가 많아지면 당연히 화폐 가치는 떨어진다. 지금 우리는 시장에서 화폐 가치가 떨어질 시기다. 앞서 말한 저금리, 양적 완화 등으로 인해 떨어져야 할 화폐 가치는 그러나 아직은 크게 변동이 없다. 그 이유 중 하나는 주식 시장이 스펀지처럼 화폐를 흡수해버렸기 때문이다. 왜 화폐가 주식 시장으로 흘러 들어갔을까?

2017년 미국에서 공화당의 트럼프 대통령이 당선됐을 때, 주식 시장은 전문가들의 예측과는 반대로 상승하기 시작했다. 미·중 무역갈등과 코로나 19의 확대를 겪으면서도 잠시 주춤한 후 바로 상승을 이어갔다.

그 이유 중 하나는 공화당과 트럼프의 주요 정책인 '법인세 인하' 때문이다. 미국의 주가 중 가장 큰 비중을 차지하는 주요 거대 IT 기업 애플이 법인세 인하로 인해 주가가 상승했고, 그 때문에 주가 흐름이 변하지 않은 것이다.

애플이라는 한 기업의 시가총액이 한국과 이탈리아의 GDP를 넘어서는 것을 보면서 '현대판 동인도회사' 같은 느낌이 들었다.

동인도회사는 17세기 초 네덜란드와 영국, 프랑스 등 각국이 동인도에 거점을 두고 아시아에서 강제로 끌어모은 특산품, 후추와 커피, 설탕, 쪽, 면직물 등을 휩쓸어 가져가 웬만한 국가 규모를 넘어서는 막대한 이익을 거둔 독점 상업조직이었다.

동인도회사는 자본주의 역사에서 중요한 하나의 얼굴이다. 다른 형식의 자본주의로 발전하는 단계에서 이런 거품은 일어날 수밖에 없었다. 그렇다면 그다음은 무엇일까? 부풀어 오른 거품이 터지면서 자본주의는 항상 새로운 방향으로 발전해 간다. 우리가 앞으로 마주하게 될 자본주의는 어떤 모습일까?

돈의 미래를 알기 위해서는 세계 경제가 나아가는 흐름을 알아야 한다. 이것은 역사와 인문학을 비롯해 사회학, 심리학 등 몇 가지 분야만 공부하는 것으로는 알기 어려운 일이다.

이때 필요한 것이 바로 '융합'이다. 경제와 역사, 인문학, 사회학, 심리학 등을 고루 이해하고, 세계 산업의 미래를 예견해서 모든 것을 융합할 수 있어야 돈의 흐름에 올라탈 수 있다. 이런 거대한 흐름에 대한 확신을 지니기 위해서는 평소에 끊임없는 공부가 필요하다. 꽃들이 꽃샘추위에도 봄을 준비하는 것처럼.

당장 10만 원을 벌기 위해 어떤 선택을 하느냐와 10년 뒤를 위해 어떤 선택을 하느냐는 분명히 모든 개인의 문제다. 당장 눈앞의 일당을 벌기 위해 움직이면서, 10년 뒤의 세상을 알기 위해 책한 권 읽는 것이 시간 낭비라고 생각하는 사람이라면 다시 생각해 보아야 한다.

증권분석의 창시자이자 아버지로 불리며 가치투자 이론을 창출한 벤저민 그레이엄은 투자에 관해 이야기하면서 경고했다.

"상식 밖의 숫자를 너무 좋아하지 마라."

우리가 세계적인 투자자라고 부르는 사람들의 투자 수익은 대부분 연평균 30% 정도. 하지만 우리가 바라는 투자 수익은 2배는 기본이요, 10배까지 보고 있지 않은가. 최근 비트코인 사례처럼 말이다.

그런 투자 이익을 얻는 사람이 전혀 없는가 하면, 그렇지는 않다. 극히 일부의 사람은 적은 금액으로 10배 혹은 100배 이상의 이익을 얻기도 한다. 하지만 그것은 능력이 아니라 행운에 가깝다. 우리는 그런 영웅을 바라보기 때문에 매 순간 일희일비하게 된다.

실제로 투자에서 가장 오랫동안 해야 할 일은 투자하는 행위보다 기다리는 행위다. 기다리는 행위가 9할은 넘어서야 수익을 맛보곤 한다. 하지만 대부분 사람은 그런 진득한 투자 수익보다 상식 밖의 숫자가 운 좋게 다가와 주기를 바란다. 실력이 아니라 행운에 자산을 걸어 놓고 있다면 그것은 투자가 아니라 도박이다.

부자들이 열심히 책을 읽는 이유는 분명하다. 세상의 앞날을 알기 위해서다. 꼭 경제에 관한 책이 아니라도 인문, 역사, 사회 등 다양한 분야에 관심을 가져야 한다.

필자는 좋은 책이라는 소문을 듣고 읽었음에도 좋지 못했던 경우가 있고, 아무도 찾지 않는 책이지만 매우 자극을 주는 책들도 있었다.

좋은 책을 만나는 것은 솔직히 8할은 운이라고 해야겠다. 좋은 책과 나쁜 책은 현재의 내 관심사와 지적 능력에 상관되기 때문에 다른 누군가의 추천보다 막상 내가 읽어봐야 아는 경우가 많다.

만약 한 달에 두어 권의 책을 읽는다면 좋은 책을 만날 가능성이 매우 낮지만 한 달에 십수 권을 읽으면 좋은 책을 만날 가능성이 커질 것이다.

1년에 10권의 책을 읽는데, 그중 5권이 좋지 못했다면 실제로 내게 도움을 주는 책은 5권밖에 되지 않는다. 30년을 읽는다고 해도 내게 좋은 영향을 주는 책은 150권에 불과하다. 그러면 30년간 나를 가르친 스승은 150명 남짓이다.

하지만 많이 읽어서 한 달 20권 중 10권이 좋은 책이라면 1년 3개월이면 150권 읽은 이들이 평생에 만나게 되는 좋은 스승을 모두 만나보게 되는 셈이다.

돈을 버는 감각은 타고나는 것이 아니라 길러지는 것이다. 돈 감각을 기르는 가장 빠른 길은 '독서'다. 가만히 앉아서 책이나 읽던 책상물림 샌님이 행동력이 없으면 별 볼 일 없는 책벌레로 끝날뿐이다. 그러나 그 책벌레가 행동력을 갖게 되면 어떤 큰 자산을 물려받은 부호보다 세상을 더 많이 바꿀 부자가 될 수 있다.

지금도 매년 50권 이상의 책을 읽는다는 빌 게이츠의 서재에는 5000여 권의 책이 있다고 한다. 그는 <타임>지 인터뷰에서 말했다.

"나의 성공에는 독서가 절대적인 힘이었다. 오늘의 나를 만든 것은 마을 도서관이다. 지금 멀티미디어 시스템이 정보 전달과정에서 영상과 음향을 사용하지만, 문자 텍스트는 여전히 상세한 내용을 전달하는 최선의 방식이다. 나는 최소한 평일에는 매일 1시간, 주말에는 3~4시간의 독서시간을 가지려고 노력한다. 이런 독서가 내 생각을 깊고 넓게 만든다."

영화 <베스트 키즈>에는 중국으로 이사 간 주인공이 중국인 친구들로부터 따돌림을 받고 무술에 관심을 보여 유명한 청룽에게 무술을 배우는 이야기가 나온다. 주인공은 하루라도 빨리 멋있는 무술을 배우고 싶어 청룽에게 조르지만, 청룽은 땅에 떨어진 재킷을 주워 옷걸이에 거는 것 같은 하찮은 일만 시킨다.

그런 일만 무한 반복하던 주인공은 참다못해 무술 배우기를 그만두겠다고 말한다. 그제야 청룽은 옷을 주워 거는 행위를 바탕으로 멋있는 무술 동작을 보여 준다.

복싱 학원에서는 기본 훈련으로 줄넘기만 계속하고, 검도 도장에서는 목검을 내려치며 뛰는 동작만 수백 번 반복한다. 모든 운동에는 기초체력이 필수적이다. 아무리 발기술이 뛰어난 축구선수라도 운동장에서 오래 뛸 수 있는 체력이 없으면 주전으로 뛰기 어렵다.

정리되지 않은 자갈밭에는 아무리 씨앗을 뿌려도 풍작이 이루어지지 않는다. 농사의 시작은 씨앗 파종이 아니라 토양 관리부터다. 모든 일은 밑바탕이 제대로 이루어지지 않으면 성공할 수 없다.

"부자들은 인간이 돈과 경주하면 절대로 이길 수 없다는 걸 잘 안다. 그래서 노련한 낚시꾼들은 물고기를 잡기 위해 바다로 뛰어들지 않듯이, 부자들은 돈이 다니는 길목에 그물을 던지고 낚싯줄을 드리운다."

신문기자 출신에, 대치동 논술 강사로 이름 높았던 저자의 넓은 경험과 지식이 이 책에 집약되어 있다.

인식 1g 바꾸려면
교육 1t
필요하다

로버트 기요사키 《부자 아빠의 자녀교육법》

"가난은 나라님도 구제할 수 없다."

우리 속담 중 하나다. 어째서 가난은 나라님도 구제하지 못할까.

지금 최고 주가를 달리고 있는 외식업계의 큰손 백종원 대표는 한때 빚이 17억 원이 넘었다. 애플에서 쫓겨난 스티브 잡스는 어떻게 다시 픽사를 운영하며 재기에 성공할 수 있었을까?

우리는 한때 성공한 사람들이 재기했다는 이야기를 종종 듣는다. 한 사람이 평생 한 번도 이루지 못하는 커다란 성공을 그들은 두 번, 세 번 되풀이한다.

필자는 이런 기적 같은 일이 발생하는 이유는 단순히 '배경이나 운' 따위가 아닌 '무언가 다른 사고'의 작동이라고 믿는다.

"될 놈은 무얼 해도 된다."

우리가 흔히 하는 이 말은 단순히 운의 작동이 아니라, 어떤 정해진 방향으로 이끌고 가는 동력이 있다는 말로 들린다. 그것은 그 사람의 환경일 수도 있고, 그 사람 안에 저장된 가치관일 수도 있고, 습관일 수도 있다.

이런 현상은 개인에게만 일어나는 일이 아니라 국가에서도 볼 수 있다. 완전 패망에 이른 독일은 어째서 두 차례나 엄청난 경제 성장을 일으켜 세계 경제 강국이 될 수 있었고, 형편없이 패망했던 일본과 한국은 어떻게 해서 다시 경제 강국으로 발돋움할 수 있었을까.

오스트레일리아와 뉴질랜드는 유럽인들이 오세아니아로 이주해 세운, 역사가 오래지 않은 나라들이다. 그런데 미국과 캐나다를 포함해 이런 나라들은 어떻게 새로운 바탕에서 커다란 부를 축적할 수 있었는가. 한 곳에 오랫동안 터를 잡고 살아온 나라들도 후진국 지위를 벗어나지 못하는 나라가 많지 않은가.

여기에는 많은 이유가 있을 것이다. 하지만 한 가지 공통점은 성공할 수밖에 없는 잠재적 구조를 지녔다는 것이다. 이런 나라들에서 실패는 잠시일 뿐이고, 재기는 시간문제일 뿐이다. 그래서 '될 놈은 언제나 되는 것'이다.

미국 유명 방송인 오프라 윈프리가 가장 존경한다는 명상가 마이클 싱어는 저서 《될 일은 된다》에서 말한다.

"명상의 길을 걸으면서 내 삶의 흐름을 무조건 신뢰하겠다고 결심한 이후 펼쳐진 40년간은 경이로운 여정이었다. 무심코 행한 일들, 대가를 바라지 않고 열정을 쏟은 일들, 겁이 났으나 명상 수행의 일환이라 여기고 부딪혀본 일들이 마치 누가 각본이라도 짜둔 것처럼 맞물리며 나를 연 매출 수억 달러에 달하는 회사의

CEO 자리에 올려놓았다."

그는 1970년대 초 플로리다대학교에서 경제학 박사과정을 공부하던 중에 우연히 깊은 내면적 체험을 하게 되어 세속적인 생활을 접고 은둔해 요가와 명상에 몰두했다. 명상 요가 센터를 세우고 사람들에게 내적 평화의 체험을 전하기 시작했다.

대중 앞에 나서기를 꺼려, 얼굴 없는 저자로 알려진 그는 오프라 윈프리의 간곡한 부탁을 거절하지 못해 2012년 '슈퍼 소울 선데이'라는 프로에 출연했고, 곤경에 처해서도 자유로워지는 법을 전해주어 폭발적인 호응을 받았다.

방송 후 그의 책 《상처받지 않는 영혼》은 <뉴욕타임스> 베스트셀러 1위에 올랐고, 한국을 비롯해 전 세계에 화제가 되었다.

"삶이 우리에게 주려는 것이 우리가 애써 얻어내려고 하는 것보다 더 많을 수도 있지 않을까?"

그의 '내맡기기' 실험은 이런 간단한 질문에서 시작되었다. 그리하여 내가 원하는 바를 내려놓고, 우주를 창조해낸 힘을 믿으며 온전히 내맡겨야 한다는 것을 깨달았다.

"몸의 만능 언어는 고통이고, 마음의 만능 언어는 두려움이다. 우리는 왜 늘 자신을 걱정만 해야 할까? 마음이 편안하지 않고, 좀 더 나은 기분이 되려고 애쓰기 때문이다. 당신이 마음의 평안을 염려하는 유일한 이유는 마음이 매우 오랫동안 편치 않게 지내왔기 때문이다. 그러므로 마음이 편안해지려면 자신의 마음이 편안하지 않다는 사실을 먼저 깨닫고, 앞으로는 그럴 필요가 없다는 것을 인식해야 한다. 그러면 건강하고 온전한 마음이 될 수 있다."

우리가 살아가는 이 세상은 긍정적인 눈으로 보면 모두 '선순환 구조'로 이루어져 있다고 한다. 회사를 예로 들면 어떤 업무의 결과가 후속 업무에 긍정적인 효과를 미쳐서 시너지 효과가 발생하는 구조다. 매출이 늘어나 이익이 커지면 설비를 증설해야 하고, 그에 따라 투자가 늘어나면 생산량이 증가해서, 다시 매출이 늘어나고 이익이 커지는 형태다

그러나 부정적인 눈으로 보면 모두 '악순환 구조'로 되어있어서 갈수록 어려워진다. 물과 기름처럼, 잘되는 사람과 안되는 사람은 명확히 구분되어 그들만의 리그에서 치열하게 싸운다.

여기서 무엇보다 중요한 것은 '이기는 습관'을 만드는 것이다. 공부든 운동이든 사업이든 한 번 이겨본 사람은 계속해서 이길 수 있다.

잘 나가던 사람이 어쩌다 실패해서 주저앉았다가 다시 벌떡 일어나 다시 예전과 비슷한 위치를 되찾는다면, 주변에 그런 사람이 있다면 그에게 잘해주는 것이 좋다. 그는 그런 선순환 구조를 타고 앞으로 더 높은 곳으로 올라갈 가망이 있는 사람이다.

'나는 무얼 해도 된다'는 말에는 얼핏 오만함이 비칠 수도 있다. 그러나 그것은 오만함이라기보다 자신감으로 보아주는 것이 좋다. 그런 자신감과 신념이 있어야 무엇을 해도 잘될 수 있다.

외람되지만 필자는 남들이 어렵다는 해외 취업이나 해외 사업, 강연 등 새로운 일을 할 때마다 이상하게 좋은 결과를 얻곤 했다. 그런 경험이 되풀이되자 어떤 일도 잘할 수 있다는 자신감이 생

기면서 새로운 세계에 대한 의구심이 줄어들었다. 인터넷에 오랫동안 올리고 있는 글도 차츰 영향력이 커져 공유하는 분들이 늘어나고 있다.

이런 자신감 또한 아이들에게 줄 수 있는 교육의 하나라고 생각한다. 실한 열매를 맺고 싶다면, 이미 성장을 시작한 열매에서 가까운 토양과 뿌리에 잘 스며들 수 있는 영양분을 골라서 공급해야 하지 않을까.

독점하는 사람이 이기는 모노폴리 게임에서 가장 중요한 것은 초반에 얼마나 많은 영향력을 키우느냐에 달려 있다. 최대한 빨리 자산을 형성하고 나면 게임 중반 이후에는 휴양지에서 세 판쯤 쉬고 있어도 필요한 돈을 벌 수 있다. 자본주의가 그렇다.

필자의 친구 중에 시력이 굉장히 안 좋은 친구가 있었다. 그는 아주 어린 시절부터 안경을 쓰고 있었는데, 언젠가 말했다.

"나는 지금까지 모든 사람이 세상을 흐릿하게 보면서 살아가는 줄 알았어."

실제로 사람들은 다른 사람들도 모두 자신이 알고 있는 모습대로 살며 생각한다고 믿는다.

'발라드의 황태자'로 불리는 가수 테이는 연예계에서 대식가로 유명하다. 남들보다 많이 먹는 식습관을 가진 그는 자취할 때 라면을 한 번에 5봉지씩 먹었다고 한다. 하지만 그는 오랫동안 자신이 대식가라는 사실을 몰라, 다른 사람들도 다 그만큼 먹는다고 알고 있었다는 것이다. 알고 보니 그의 가족은 모두 대식가였다.

이처럼 우리는 사실을 잘 모른다. 남들도 나와 비슷한 생각을 하며 비슷하게 살아간다고 믿는다. 그러므로 더욱 환경이 중요하다.

부자의 자녀가 부자가 되고, 고학력자의 자녀가 고학력자가 되는 것은 DNA의 문제가 아니라 '환경'과 '습관'이 만들어 낸 학습의 문제다. 아이를 부자로 키우고 싶으면 부자들이 가진 환경을 조성해 주어야 한다.

노무현재단 전 이사장 유시민 작가는 거실에서 TV를 없앤 뒤 아이들이 책 읽는 시간이 늘었다고 한다. 아버지와 함께 거실에서 책을 읽은 자녀들은 아버지를 따라 모두 서울대학교를 나왔다. 유 작가 말고도 많은 집안의 자녀들은 학력이 부모와 그리 차이가 나지 않고, 재력도 크게 뒤떨어지지 않는다.

인간은 모든 환경에 적응하고 진화해 가는 유기체다. 물고기는 물에 살기 위해 지느러미를 발전시켜왔고, 새들은 하늘을 날기 위해 날개를 진화시켜왔다. 멀리 갈 것도 없이 우리는 여름이 되면 자연스럽게 반 팔 옷을 입고, 겨울이 되면 자연스럽게 팔이 긴 옷을 입는다.

환경은 이처럼 우리를 변하게 만든다. 아이들이 성장하면서 가장 오랜 기간 노출되는 환경은 가정과 학교다. 학교의 역할 중에 가장 중요한 것은 '가르침'이고 그다음은 '평가'다. 그런데 지금 우리 학교는 일방적인 하향식 가르침 뒤에 냉정한 평가를 가한다.

가정은 다르다. 가정의 역할은 훈육과 습관을 통해 자녀의 사고방식과 생활 유형을 만들어 내는 곳이다. 가정에서 만들어진 사고방식과 생활 유형에 의해 자녀는 일생을 살아가게 된다.

오래된 베스트셀러 《부자 아빠 가난한 아빠》의 저자인 일본계 미국인 로버트 기요사키가 지은 이 책은 전편만큼 충격적인 내용이 담기지는 않았다. 같은 이야기가 지루하게 반복되기도 한다. 하지만 그의 주장은 아직도 큰 영향을 미칠 만하다.

여기서 가장 주목할 것은 '빚'에 관한 내용이다. 최대한 빨리 빚을 갚아야 한다는 일반인들과 다르게 그는 '빚을 갚을 생각이 없다'하고 단정한다. 자동차를 빚내서 사거나 현금으로 사거나 차를 타고 다니는 것은 모두 마찬가지다.

"빚을 져라."

이렇게 권할 수는 없지만 모든 빚은 좋은 면과 나쁜 면이 함께한다. 생전에 한국 최고 부자였던 정주영 회장은 한국에서 가장 빚이 많은 사람이기도 했다. 자산을 형성하며 빚이 생기는 일은 거의 필연적이다. 여기서 포인트는 자산 증식이다. 빚은 자산을 복리로 증식시키는 힘을 가지고 있다.

다음으로 주목할 것은 자녀교육이다. 아이를 잘 키우기 위해서는 일차적으로 부모가 성장해야 한다. 우리 아이를 똑똑한 아이로 키우기 위해서는 부모가 먼저 공부해야 한다.

아이를 부자로 만들기 위해서는 부모가 먼저 부자가 되어야 한다. 꾸준한 공부와 연구를 통해 실제로 부모가 부자가 되어, 그 만들어 낸 성과를 아이에게 보여 주고 믿음을 주어야 한다. 그렇게 하면 굳이 어떻게 해야 한다는 말을 하지 않아도 아이는 부모의 모습을 따라가게 될 것이다.

저자는 말한다.

"나는 호기심과 흥분감 없이 성장하기를 배우는 아기를 본 적이 없다. 말하기나 걷기를 배우라는 말을 들어야만 그것을 배우는 아기를 본 적이 없다. 뒤뚱뒤뚱 혼자 걷기를 배우다가 넘어질 때 다시 일어나지 않고 바닥에 그냥 엎드려 있는 아기를 본 적이 없다. 내가 본 아기들은 섰다가 넘어지고, 섰다가 넘어지고, 또 섰다가 넘어지다가 마침내 서서 걷기 시작하고, 나중에는 달리는 아기들뿐이었다."

부자는 기회를 보고,
빈자는
장애물을 본다

하브 에커 《백만장자 시크릿》

'부'의 대물림은 재물의 대물림뿐 아니라 생물학적 대물림이고 문화적 대물림이라는 생각이 든다.

"백 프로 정확한 건 아니지만, 부자와 가난한 사람들의 생각은 전혀 달라."

직접 낳아준 아버지가 아닌 아버지로부터 돈에 대해 가르침을 듣고 자란 《부자 아빠 가난한 아빠》의 저자 로버트 기요사키라면 부자 유전자는 후천적이라고 볼 수 있다. 이 책 《백만장자 시크릿》의 서문과 같이 아버지로부터 재산을 물려받는 것보다 부자가 되는 생각과 행동의 유전자를 물려받는 것이 더 좋다.

빌 게이츠는 세 자녀에게 100억 원씩 물려줄 것을 약속했다. 100억 원은 꽤 큰돈이지만 그의 재산이 100조 원이 넘는 것을 생각하면 많이 물려주었다고 볼 수 없다.

약물 중독으로 일찍 죽은 영화배우 필립 세이모어 호프만의 유산은 360억 원 정도였다. 하지만 세 자녀는 한 푼도 받지 못했다. 그는 유산을 자녀가 아닌 부인에게 물려주었다. 그러면서 아들은 미국의 대도시에서 양육되어야 하고, 도시 환경이 제공하는 문화와 예술, 건축을 접해야 한다는 특별 조항을 유언에 넣었다.

그 외에 워런 버핏, 마크 저커버그, 영국의 록스타 스팅 등 슈퍼리치들도 자녀들에게 막대한 유산을 남기지 않겠다고 공언했다. 그 이유는 그들이 이미 자녀들에게 엄청난 무형의 유산을 남겼기 때문이다.

고기를 잡아주는 아버지보다 고기 잡는 법을 가르쳐주는 아버지가 아들에게는 더 필요하다고 한다. 잡은 고기는 부패하거나 빼앗길지도 모르지만 고기 잡는 법은 그럴 염려도 없다.

선물옵션거래는 어떻게 진행하는지? 어떻게 하면 좋은 직장에 취업하는지? 명문대학 졸업장은 어떻게 따는지? 이런 헛된 방법을 알려주는 부모들은 다시 생각해 보아야 할 것이다.

또 어떤 주식 종목에 투자해야 부자가 되는지 궁금한 청년들은 이 책을 읽을 필요가 없다. 어떻게 하면 남의 생선을 얻어먹을지 눈치만 보는 이들은 정작 자신이 고기 잡는 법을 배우려 하지 않기 때문이다.

성공한 사람들의 회고록에는 모두 뼈가 저릴 만큼 처절하게 실패한 경험들이 들어있다. 그렇게 망하고 바닥까지 내려간 이들이 어떻게 해서 다시 정점으로 치고 올라갈 수 있었을까?

그것은 그 비법이 외부가 아니라 그들 내부에 저장되어 있었기 때문이다. 밥을 많이 먹으려면 들고 있는 밥그릇이 아니라 배 안에 있는 위가 커야 한다.

돈을 행운과 탐욕의 산물로만 보면 안 된다. 잘 알려진 부자들의 재산은 한낱 재물로만 볼 수 없다. 그들이 이룬 '부'는 그것을 이루게 해준 공부와 노력과 열정의 산물이다.

부자들은 많은 사람에게 공헌하고 정당한 대가를 받은 사람들이다. 그들은 세상이 돌아가는 바탕과 사람들의 마음을 얻을 수 있는 법을 안다.

'부'는 욕심이 아니라 풍요의 산물이다. 풍요는 긍정의 에너지다. 사람들은 유명한 부자들에 대해 그들의 성공과 재산만 생각할지 모르지만, 그들에게서 얻은 이익이 그들에게 지급한 돈보다 적다면 사람들은 1원도 내주려 하지 않았을 것이다. 그들의 '부'는 그들이 사람들에게 공헌한 대가다.

부자들을 시샘의 눈으로만 보면 절대로 부자가 될 수 없다. 남의 것을 조금이라도 더 얻어가려고 눈에 불을 켠다면 작은 부자는 될 수 있을지 모른다. 그러나 존경받는 훌륭한 부자가 되려면 사람들에게서 얻는 것보다 몇 배의 이득을 주어야 한다.

인간은 소수의 능동적인 부류와 다수의 수동적인 부류가 있다. 어린 시절부터 남이 시키는 일만 하는 것에 익숙한 아이는 수동적인 부류다. 이런 아이로 키우는 것은 위험하다.

세상을 부자와 가난한 사람으로 나눈다면 부자는 능동적이고, 가난한 사람은 수동적이라고 할 수 있다. 학교에서도 비슷하다. 초등학교 때 한 학급을 이끄는 반장 경험이 있는 학생은 중학교나 고등학교에서도 그런 역할을 할 가능성이 크다.

능동적으로 생각하고 행동하는 사람은 타인에게 끌려가기를 싫어한다. 이들은 학교 성적과 상관없이 자율적 의사를 행동으로 옮기는 일에 빠르다. 그들은 성공하든 실패하든 사업가가 될 가능성이 크다.

이 책의 저자 하브 에커는 무일푼에서 2년 반 만에 백만장자가 된 전설적인 사업가다. 그러나 그도 처음에는 2000달러를 대출받아 첫 사업을 시작해서, 지분의 절반을 대기업에 팔아 큰돈을 벌었으나 잘못된 투자와 씀씀이로 순식간에 빈털터리가 되었다.

이때 그는 독특한 이론을 개발했다. 돈과 무의식, 부를 이루는 심리 과정을 발견한 것이다. 그리고 자신의 내부에 프로그래밍이 되어있던 무의식을 성공으로 향하도록 세팅해서 현재의 성공을 이루었다.

이 책에서 그는 그 방법을 명확하게 제시한다. 개인의 경제적인 운명을 결정하는 '경제 청사진'을 새롭게 그리는 방법과 함께 백만장자의 마인드와 행동지침을 보여 주는 것이다.

성공의 결정적인 요인인 '경제 청사진'은 우리 무의식의 가장 깊은 곳에 가장 단단하게 깔려있다. 그 이면에는 가족이 존재한다. 가족은 과거 경험을 구성하는 요소에서 가장 큰 비중을 차지한다.

어린 시절 어떤 말을 듣고 자랐는지, 누구를 보고 자랐는지, 어떤 특별한 경험을 했는지에 따라 우리의 무의식이 형성된다.

이 책의 저자는 자신을 옭아매던 아버지의 생각에서 벗어난 후 돈을 벌기 시작했다고 말한다. 이런 식으로 '경제 청사진'을 하나씩 수정해 나가면 경제적 자유에 도달할 수 있다는 것이다.

그는 돈 관리를 소홀히 하는 사람은 부자가 될 수 없다고 단언한다. 그것은 알고 있으나 돈이 없으니 관리를 할 필요가 없다고 말하는 것은, 살을 빼고 난 후 다이어트를 시작하겠다는 것과 다름없다는 것이다.

또 현재 상황을 직시해야 한다고 말한다. 현재 상황을 자신이 직접 판단하고 그에 대처해야 한다는 것이다.

그리고 어떤 것을 좋아할 때, 그것과 가까워질 수 있다고 말한다. 꽃을 좋아하면 꽃을 곁에 두게 되고, 여행을 좋아하면 여행을 자주 가는 것처럼 부자를 가까이하면 부자가 될 확률이 커진다는 말이다.

"또 하나의 핵심 원칙은 부자는 원하는 것에 집중하는데, 가난한 사람은 원하지 않는 것에 집중한다는 점이다. 부자는 어디서나 기회를 찾기 때문에 그들에게는 기회가 너무 많다. 엄청나게 벌 기회들을 다 어떻게 처리하느냐가 문제일 뿐이다. 가난한 사람은 어디서나 장애물을 찾기 때문에 그들에게는 장애물이 너무 많다. 그 많은 장애물을 어떻게 처리해야 하는가가 가장 큰 문제다."

저자는 자신이 직접 겪은 경험에서 많은 교훈을 얻었다고 한다.

"똑같은 사업인데 왜 다른 사람들은 성공하고 나는 계속 실패할까? 나의 잠재력은 어디서 뭘 하고 있는가? 나는 진지하게 나의 내면을 탐색하기 시작했다. 나에게 박혀 있는 믿음과 사고방식을 점검한 결과, 내가 입버릇처럼 부자가 되고 싶다고 말하면서도 실은 불안과 걱정이 항상 마음 한구석에 도사리고 있는 것을 깨달았다. 실패할까 두려웠고, 성공하더라도 그 후에 일이 틀어져 모두 잃게 될까 두려웠다."

"인간이 습관의 동물이라는 것은 익히 아는 사실이다. 그런데 습관의 종류가 두 가지라는 점은 잘 모르는 것 같다. '하는 습관' 과 '하지 않는 습관'이다. '하지 않는 습관'을 '하는 습관'으로 바꾸려면 행동하는 수밖에 없다. 책을 읽는 것도 좋지만 단순히 읽는 것과 그 내용을 행동으로 옮기는 것은 전혀 다른 차원이다. 진심으로 성공하고 싶거든 행동하라!"

"부자들은 서로 대치된 듯 보이는 두 가지 상황에서도 조금만 머리를 쓰면 양쪽 다 가질 방법이 있을 거라고 믿는다. '둘 다 가질 방법이 무엇일까?' 이 질문이 당신의 인생을 바꾼다. 부족하고 한정된 세상에서 벗어나 많은 기회를 얻고 가능성의 우주로 나가게 된다. 이런 사고방식은 삶의 모든 분야에 적용할 수 있다."

행운에서도
불운에서도
품위를 잃지 말라

나심 니콜라스 탈레브 《행운에 속지 마라》

어떤 괴짜 재벌이 러시안룰렛을 해서 살아남으면 1000만 달러를 주겠다고 제안한다. 러시안룰렛은 6발의 총알을 장전할 수 있는 회전식 연발 권총이다.

이 권총에 총알 한 발만 넣고 머리에 총을 겨누어 방아쇠를 당겨서 총알이 나가는지 아닌지를 겨루는, 목숨이 위태로운 게임이다. 이 게임에는 어떤 규칙이나 기법도 없다. 6분의 1인 확률밖에 없는 단순한 운이 좌우하는 게임이다.

누군가가 이 게임에서 이겨 1000만 달러를 얻는다면 대중의 영웅이 될 것이다. 언론은 그를 찬양하며 생존의 철학과 기법을 대서특필할 것이다.

한 사람이 이 러시안룰렛 게임을 계속하고도 살아남아 지속적인 수익을 올릴 확률은 극히 드물다. 하지만 수천, 수만 명이 이 게임을 한다고 가정해보자. 우리는 꽤 많은 영웅을 만나게 될 것이다. 그러나 이들이 영웅이 된 것은 오롯이 확률과 운에 의존한 것이었을 뿐이다. 그 어떤 기법이나 철학이 있을 리 없다.

대중 언론과 유튜브 등에서 우리는 엄청난 부를 축적한 사람들을 만날 수 있다. 그들 모두가 운이 좋아서 부자가 되었다고 말할 수는 없지만 많은 사람이 운의 작용으로 부자가 되었다.

우리가 읽는 많은 성공 이야기는 주인공이 확고하게 어떤 목표를 가지고 힘들게 노력해서 그것을 달성한 것으로 그려진다. 그러나 실제로는 결과를 기준점으로 삼아, 일이 이루어진 이후에 지나간 과정을 재구성한 경우가 대부분이다.

심리학에서는 이런 일을 '사후확신편향(hindsight bias)'이라고 부른다. 미국 카네기멜런대 공학공공정책학부 교수 바루크 피쇼프가 1975년에 발표한 논문에서 처음 제시한 말인데, 그 논문의 제목은 '나는 그 일이 일어날 줄 알았다'였다.

사람들은 성공한 사람의 모든 행동과 생각이 지금의 결과를 만들기 위한 초석이 되었다고 믿는다. 그런 믿음을 통해, 위대한 사람들의 위대한 생각과 철학을 설명하려고 한다. 이런 심리로 우리는 보통사람이 감히 범접할 수 없는 위인들의 선견지명이나 혜안을 칭송한다.

역사를 살펴보면 반드시 결정적인 상황에서 패배한 쪽은 '절대 악'이 되고, 승리자는 '절대 선'으로 그려진다. '삼천궁녀'로 유명한 백제의 의자왕이 그렇고, 이성계의 '위화도 회군'도 마찬가지다.

영국의 존 워커라는 화학자는 여러 가지 실험 도중에 염소산칼

륨과 황화안티모니를 아라비아고무와 풀로 반죽해서 천에 바르고 잠을 잤다. 그런데 그 옆에 있는 난로에 닿지도 않았는데 천에서 불이 일어났다. 이것이 최초의 성냥을 만들게 된 계기였다.

영국 미생물학자 알렉산더 플레밍이 '페니실린'을 찾아낸 위대한 발견도 그의 어설픈 실험 습관이 빚은 행운 때문이었다. 휴가를 가면서 포도상구균을 넣은 배양 용기를 배양기에 넣지 않고 실험대 위에 그냥 놓아둔 실수 탓에 페니실린을 발견하고, 1945년 공동 연구자들과 함께 노벨 생리의학상을 받은 것이다.

위대한 업적에는 위대한 철학이 있을 것이라는 착각은 가뭄 때 하늘을 바라보며 비가 내리지 않는 이유가 '하늘의 뜻' 때문이라고 믿었던 고대 샤머니즘의 토대이기도 하다.

인간은 스스로 매우 영리하다고 믿지만, 자신이 범접할 수 없는 비범함을 가진 이에게는 '이해'보다 먼저 '숭배'의 시선으로 다가간다. 이런 접근은 '후광효과'를 만들어 그가 하는 다른 생각과 일에도 찬양하는 마음을 가지게 한다.

세상의 모든 성공이 실력은 전혀 관계없이 운만 작용했다고 볼 수는 없다. 하지만 모든 것이 다 처음부터 세워진 계획과 전략 때문이었다는 과도한 추측은 반드시 맹신을 낳게 된다.

김혜수와 유아인이 출연한 영화 <국가 부도의 날>에는 국가가 망해가는 과정에서 달러와 부동산을 사들여 엄청난 부자가 되는 주인공이 등장한다. IMF라는 국가 부도 사태가 터졌을 당시에는 어떤 사람도 이 사태가 곧 극복되어 더 나은 경제로 이어질 것이라고 믿기가 불가능했다. 그것은 오랜 시간이 지난 뒤에나 가능한 추론이었다.

그런데도 마치 그렇게 되리라는 것을 미리 예견한 젊은이가 그 예견으로 부자가 된다는 것은 그야말로 '영화 이야기'에 지나지 않는 허구다. 실제로 이런 인물이 있었다 하더라도 그는 6발 중 한 발이 실탄인 러시안룰렛을 순전히 운으로 5발까지 모면했을 가능성이 크다고 해야 할 것이다.

우리는 항상 초월적인 존재를 기다린다. 대중의 이러한 심리는 영웅을 만들기도 하고, 사기꾼을 만들기도 한다. 오늘도 많은 영웅이 대중의 인기를 통해 '혜안을 가진 선구자'로 포장되고 있다.

이 책의 저자 나심 니콜라스 탈레브는 레바논계 미국인이다. 그의 할아버지와 증조부는 레바논 부총리를 지냈다. 그는 파리 제9 대학에서 과학 학사와 석사를, 펜실베이니아대학교 와튼스쿨에서 MBA를, 다시 파리 제9 대학에서 파생상품 가격 계산에 대한 논문으로 박사 학위를 받았다.

이후 월가의 파생상품 투자자로 활동하며 현대 금융 시스템은 전혀 정교하지 않아서 시한폭탄처럼 위험하다고 생각하고, 그 주장을 담은 저서 《블랙 스완》을 출간해 베스트셀러가 되었다. 책이 출간되고 얼마 지나지 않아 미국에서 서브프라임모기지 사태가 발생해, 현대 금융 시스템의 위험을 적나라하게 드러낸 것이다.

그 이후 '월가의 현자'로 불렸으나, 지금은 월가를 떠나 뉴욕대학교 폴리테크닉연구소에서 리스크공학 특훈 교수로 있다. 다른 경제학자들과는 생각이 전혀 다른 독특한 의견으로 유명하다.

그가 처음 이 책 《행운에 속지 마라》를 내놓았을 때, 사람들은 '세상일의 대부분은 운에 좌우된다'는 그의 주장에 귀를 기울이지 않았다. 그러나 지금은 세계에서 가장 주목받는 경제학자로 떠올랐다.

이 책은 불확실한 시대에 운을 어떻게 다루며 살아야 하는지 분명하게 이야기한다. 저자는 그에 대한 답은 '품위'라고 못 박는다. 운을 최대한 인정하고 받아들이되, 그렇게 하지 못했을 때는 품위 있는 삶의 자세를 유지하라는 것이다.

2016년의 영국 브렉시트, 미국의 트럼프 대통령 당선 등 시간이 지날수록 '불확실성'과 '운'에 대한 두려움이 커진다. 개인도, 회사도, 사회도 마찬가지다. 그만큼 21세기는 짐작하기 어려운 시대가 되었다.

이때 우리가 할 수 있는 일은 단 하나뿐이다. 어쩔 수 없는 '불운'이 갑자기 습격하더라도 이겨낼 수 있는 '위기관리'를 해야 한다.

저자는 행운에 대해서도 마찬가지라고 말한다. 로또 당첨, 주식 대박, 승진 등 갑자기 예상치 못한 행운이 닥치더라도 이를 자신의 실력으로 믿으면 안 된다고 한다. 자칫 방심하는 그 순간, 불운의 탈을 쓴 검은 백조가 슬며시 다가와 당신의 인생을 습격한다는 것이다.

"능력이 있는데도 불운이 찾아온 사람은 결국 다시 일어서게 된다. 그러나 운 좋은 바보는 한때 운의 덕을 보았더라도, 장기적으로는 점차 불운한 바보들과 비슷한 상태가 될 것이다. 사람은 모두 자신의 오래된 속성으로 돌아가게 된다.”

“영웅전의 영웅들은 결과가 아니라 행동으로 평가받았다는 사실을 기억하라. 우리가 아무리 정교하게 선택하고, 운을 잘 지배할 수 있다고 자신해도 결국 최후는 운이 결정할 것이다. 우리에게 남은 마지막 해결책은 품위뿐이다. 품위란 환경에 직접 얽매이지 않고 계획된 행동을 실행하는 것이다. 그 행동은 최선이 아닐 수도 있지만, 분명히 최상의 기분을 느낄 수 있어야 한다. 억압 속에서 품위를 유지하라!”

일본의 유명한 뇌과학자, 동일본국제대학교 교수 나카노 노부코 박사는 과학을 기반으로 인간사회에서 일어날 수 있는 현상과 인물을 해석하는 것으로 정평이 나 있다.

《우리는 차별하기 위해 태어났다》, 《살리에리를 위한 변명》, 《사이코패스》, 《바람난 유전자》, 《샤덴프로이데》 등 베스트셀러를 여러 권 내놓은 그녀는 강조한다.

“운이 좋다는 것은 좋은 습관을 기른 결과다. 그러기 위해서는 뇌를 운이 좋아지도록 훈련해야 한다.”

최근 뇌과학계에 떠오르는 ‘신경가소성’ 이론과도 같다. 우리의 경험이 신경계의 기능과 구조에 변형을 일으킨다는 것이다.

“선천적으로 타고난 뇌를 바꾸는 것은 불가능하지만 운이 좋은 뇌로 훈련할 수는 있다. 현재의 자신을 바꾸려 하지 말고, 자신이 가진 특성을 잘 살려라.”

이것은 마하트마 간디의 오래된 경구와도 통한다.

“믿음은 생각이 되고, 생각은 말이 된다. 말은 행동이 되고, 행동은 습관이 된다. 습관은 가치가 되고, 가치는 운명이 된다."

나카노 박사는 '운 좋은 뇌를 만드는 습관'을 알려준다.

첫째, 자신의 가치관을 확실히 지켜라.

남에게 휩쓸리지 말고 확실한 가치관을 정립해야 한다. 인간의 뇌에는 쾌감을 느낄 때 작용하는 '보수 회로'가 있는데, 자신이 기분 좋은 행동을 할 때 활발해진다.

"나는 운이 좋다!"

소리 내어 말하면 효과가 훨씬 커진다. 속으로만 생각하는 것보다 실제로 말하면 훨씬 많은 감각기관이 작용해 기억강화에 도움이 된다.

세상을 두려워하거나 자신을 무시하는 사람은 절대 운이 따르지 않는다. "나는 안 돼" 하고 쉽게 물러서는 사람은 운이 좋아질 수 없다.

"먼저 꼬리를 내리는 것은 뇌의 사용법에 좋지 않다. 두려워하면 아무것도 결정하지 못한다. 그런 사람은 행운이 다가와도 눈치채지 못하고, 알아도 다른 사람에게 빼앗기기 쉽다."

둘째, 불안할 때 도망치지 말고, 정면으로 마주하라.

인간은 좋고 쉬운 것은 가까이하려 하고, 싫고 무서운 것은 멀리하려는 본능이 있다. 이것을 치유하려면 스트레스나 힘든 일이 있어도 피하지 않고 정면으로 마주하는 습관이 필요하다.

셋째, 운이 좋은 사람과 어울려라.

우리 뇌에는 '거울 신경'이라는 것이 있다. 웃는 얼굴을 보면 따라 웃게 되고 우는 얼굴을 보면 따라 울게 된다. 이웃에 성공한 사람이나 따르고 싶은 이가 있으면 행동과 말투, 취향 등 무엇이든 흉내 내보라. 그 사람의 생활방식을 닮아가면 뇌의 회로도 비슷해져서 '이럴 땐 이런 결정을 내리겠지' 생각하게 된다.

넷째, 머릿속에 뚜렷한 목표와 꿈을 그려라.

운이 좋은 사람은 뚜렷한 목표와 꿈을 가지고 있다. 그것이 이루어진 순간을 머릿속에 그려보는 공통점도 있다.

나카노 노부코 박사의 결론이다.

"결국은 남의 행복을 바라는 것이 자신의 행운을 가져오는 최고의 습관이다."

소유의 시대에서 접속의 시대로

심두보《구독경제 101》

'구독경제(subscription economy)'란 무엇인가? 신문처럼 일정한 구독료를 내고 필요한 물건과 서비스를 사용하는 구매 방식이다. 책이나 영화, 식음료뿐 아니라 고가의 자동차와 명품 의류까지 다양한 분야로 서비스가 확대되고 있다. 무제한 스트리밍 영상을 제공하는 넷플릭스의 성공 이후 다른 분야로 빠르게 확산 중이다.

월 9.99달러에 뉴욕 맨해튼의 수백 개 술집에서 날마다 칵테일을 한 잔씩 마실 수 있는 스타트업 '후치'는 2017년 200만 달러의 매출을 올렸다. 일본에서는 월 3000엔에 술을 무제한 제공하는 술집이 성업 중이다. 한국에서도 위메프의 W카페 등에서 월 2만9900원에 1990원짜리 아메리카노 커피를 얼마든지 마실 수 있다.

이 같은 서비스는 헬스클럽과 병원 등 건강, 의료 영역까지 넓혀지고 있다. 옷과 화장품, 생활용품 분야에서는 '정기배송 모델'이 떠오르고 있다. 최근 고급 자동차를 바꿔가며 탈 수 있는 모델이 등장했다. 월정액으로 볼보 600달러, 포르쉐 2000달러, 벤츠 1095~2955달러 등을 내면 된다.

몇 년 전 '공유경제'가 전 세계를 휩쓸었다. 우버와 위워크, 에어비앤비 등이 공유경제의 스타로 떠올랐다. 이들은 차량과 사무공간, 거주공간이란 사업 아이템으로 거대한 성공을 거두었다.

다음으로 구독경제가 등장했다. 공유경제가 비싼 제품을 나누어 쓰는 것에 기반을 두었다면, 구독경제는 필요한 만큼만 쓰는 효율성에 근거를 둔다. 서비스형 소프트웨어와 디지털 콘텐츠 제공자가 구독경제의 선봉에 섰다. 이들은 구독자에게 "쓴 만큼만 내세요"라는 경제 원칙을 제안했고, 구독자는 기꺼이 받아들였다.

경제학자들은 구독경제의 확산을 '효용이론'으로 설명한다. 제한된 자원과 비용으로 최대한의 만족을 얻기 위한 노력의 결과라는 것이다. 펜실베이니아대학교 와튼스쿨 최고경영자과정 교수 제러미 리프킨이 《소유의 종말》에서 예측했듯이 '소유'의 시대를 넘어 '접속'과 '이용'의 시대가 현실로 다가왔다.

지금까지 소유는 경제의 핵심이었다. 소유와 소유권이 이전되는 과정이 곧 경제 활동이었다. 농부가 생산한 쌀을 도매업자에게 팔면 도매업자가 다시 소매업자를 거쳐 소비자에게 그 쌀을 팔았다.

그러나 이제 플랫폼 기업이라 부르는 회사들은 소유를 통한 수익 창출, 즉 물건을 사서 소유한 후 다시 팔아 이익을 얻는 활동을 하지 않는다. 불특정 다수를 공동화함으로써 누구의 소유도 아닌 제3의 지대를 공유하는 형식을 취하며 이를 이용한 광고 수익을 낸다.

시가총액 2200조 원을 넘는 애플은 자사의 하드웨어 상품을 판매하며 시장 점유율을 올렸다. 그러나 해가 갈수록 사용자가 컴퓨터를 사용할 수 있도록 중재 역할을 해주는 운영체제와 콘텐츠 플랫폼에 투자하고, 수익구조에서 소프트웨어의 수익 비중을 높여가고 있다.

시가총액 1750조 원인 마이크로소프트의 수익도 클라우드의 비중이 크다. 개인이 소장하던 저장공간을 공유해 저렴하게 나누어주는 사업이 이처럼 커지고 있다. 실질적으로 마이크로소프트의 수익 대부분은 소프트웨어나 서버 솔루션 등에서 나온다.

페이스북 또한 무료로 온라인 활동공간을 제공하고, 이에 따른 광고 수익을 올린다. 그밖에 아마존, 구글, 알리바바, 테슬라 등 거대 기업 모두가 추구하는 산업구조는 '소유의 종말'을 보여주고 있다. 이들은 각기 시가총액 1000조 원이 훌쩍 넘는다.

코로나 팬데믹으로 시장에서 공유경제가 잠시 주춤하고 있다고는 하지만 아직도 차량을 소유하지 않은 차량회사 우버의 시총은 100조 원이 넘는다. 물건을 가지고 있지 않은 쿠팡의 시총은 상장 초기 100조 원을 돌파했고, 숙소를 소유하지 않은 숙박업자 에어비앤비의 주가 또한 100조 원이다.

현재 한국의 코스피, 코스닥 상장사 기준으로 시총이 100조 원 넘는 회사는 삼성전자가 유일하다. 이처럼 실제 상품을 소유하지 않은 이들의 판매실적이 높은 이유는 사람들이 소유에 대한 의구심을 갖기 때문이다.

구독은 꽤 큰 장점이 있다. 커다란 목돈이 한 번에 들어오지는 않지만 꾸준한 매출을 지속시킬 수 있다. 이는 기업 매출의 변동성을 줄이고 안정적 수익구조를 만든다. 회사의 신용에도 절대적 도움을 준다.

이처럼 구독을 통해 얻게 되는 이익은 기업뿐 아니라 소비자에게도 크다. 회사와 고객의 꾸준한 연결은 고객들의 욕구 파악에도 도움이 된다. 다양한 선택 데이터를 모을 수 있어서 이를 활용해 알고리즘을 활성화할 수 있고, 고객의 필요에 적합한 상품을 생산할 수 있도록 도와준다.

구독경제가 확산하면 소비자도 새로운 문화에 적응력을 키워야 한다. 우리의 주요 산업은 아직도 제조업 기반이라 할 수 있다. 그러나 다음카카오와 네이버, 쿠팡과 같은 거대한 공유기업이 발전하고 있고, 구독경제가 빠른 속도로 확산하고 있다.

소유 방식과 공유 방식, 구독 방식은 각기 장단점이 있다. 소유 방식은 언제나 경제의 중심축 역할을 할 것이다. 이것은 가장 단순한 형태의 자산 활용 방식으로, 소유자는 배타적 권리를 가지고 자산의 효율을 극대화할 수 있다. 공유 방식은 높은 가격의 자산을 합리적인 가격으로 사용할 수 있는 통로를 마련해 준다. 구독 방식은 자산 이용의 진입장벽을 낮춘다.

기업은 이 세 방식을 유기적으로 결합한다. 기업은 직접 소유한 자산을 공유한다. 또는 개인이 소유한 자산을 다른 이가 공유할 수 있도록 플랫폼을 구축하기도 한다.

최근엔 소유와 구독이 결합한 형태의 모델도 등장했다. 소비자는 다양한 형태의 모델 중에서 자신의 성향에 맞는 제품과 서비스를 선택할 수 있다.

이 과정에서 기업과 소비자의 현금흐름은 변화를 맞이하고 있다. 소비자는 수입 중 더 많은 돈을 공유와 구독을 위해 쓴다. 기업의 매출 구조도 변한다. 구글과 아마존, 애플은 점차 구독 매출 비중을 높여가고 있다.

구독 모델을 사업 기반으로 삼은 스타트업은 매우 빠른 속도로 성장하고 있다. 이들은 과거와는 다른 현금흐름을 창출하면서 새로운 시대를 이끌고 있다.

이 책의 저자는 기업금융 전문기자이자 브런치 작가다. <더벨>, <인베스트 조선> 등에서 기업금융 전문기자로 활동하고, 블록체인과 가상자산 전문매체인 <디센터> 편집장도 역임했다. 다양한 분야의 실무 담당자와 네트워크를 구축하고 기업의 신사업과 스타트업에 많은 관심을 쏟고 있다.

"이제 구독 모델로 무장한 기업은 깊은 해자를 파고 성을 지키는 전쟁을 치를 수 있게 되었다. 시장에 새로 발을 딛는 후발주자는 깊은 해자를 건너고 높은 성벽을 올라갈 방법을 찾아야 한다. 또 다른 중요한 변화가 또 있다. 성안의 시민(구독자)은 성을 지키는 방어군의 강력한 조력자가 되어있는 것이다. 방어군은 시민의 도움으로 해자를 더 깊게, 성벽을 더 높게 쌓아 올린다!"

전쟁에서도
최고의 무기는
돈이다

자오타오, 류후이 《세계사를 바꾼 15번의 무역 전쟁》

책을 다 읽고 나서 언제 쓴 책인지 다시 살펴보았다. 최소한 책의 마지막에는 '미·중 무역 전쟁'에 관한 언급이 있으리라고 생각했는데 없었다.

책의 저자 두 사람은 중국 학자들이라 무역 전쟁이라는 단어가 주는 느낌이 다르지 않을까 싶었다. 미·중 무역 전쟁이라는 현대 세계의 흐름에 무언가 메시지를 보내고 싶은 눈치가 가득해 보이는 제목인데도 저자들은 끝까지 언급하지 않았다.

처음 책을 펼쳤을 때 몹시 신선했다. 현대 국가의 갈등 표출로 인식되던 무역 전쟁의 역사가 오래되었음을 알았다. '춘추전국시대부터 팍스 아메리카나까지'라는 부제를 단 이 책은 고대부터 중세, 근대, 현대의 시간순으로 동양과 서양을 오가며 무역 전쟁의 일화를 열거해 나간다.

따지고 보면 굳이 '무역 전쟁'이 아니더라도 전쟁을 치르려면

'경제 전쟁'이 따르지 않을 수 없다. 고대나 중세의 전쟁에서는 화력만큼이나 중요한 것이 보급이었다. 보급에는 군량미와 같은 식량이 가장 큰 몫을 차지했다.

임진왜란 때 왜군이 20일 만에 한양에 도달한 것은 육로 보급을 피하고, 남해를 돌아 인천 방향으로 들어오는 바닷길 보급을 받기 위해서였다. 그런데 조선의 이순신 장군이 이끄는 수군에 의해 이 바닷길 보급로가 차단당하면서 고립된 왜군은 결국 패전하고 말았다. 전쟁의 승패는 기본적으로 보급에 달려 있음을 증명한 것이다.

이 책에는 나오지 않지만 1차 세계대전은 기존의 전투 양상을 크게 바꾸어 놓았다. 들판에서 서로 총을 쏘며 싸우던 전투가 '참호'를 이용하게 된 것이다.

서로 땅을 파고 들어가 상대를 경계하는 이런 방식은 전쟁을 장기화시켰다. 전쟁 물자를 쏟아부으며 보급을 얼마나 오래 할 수 있는지가 승패를 결정하는, 경제력을 바탕으로 한 것이기 때문이다.

근현대로 오면서 전쟁에서 경제력은 더욱 중요해졌다. 그중에도 아편전쟁은 가장 흥미로운 전쟁 중 하나였다. 바로 동양의 패권과 서양의 패권이 대립하는 전쟁이었기 때문이다. 이 전쟁은 서로 정보가 부족하던 시기에 '동양'이 얼마나 약한지 몰랐던 '서양'에게 동양 시장을 마음껏 확장할 수 있는 계기를 만들어주었다.

방적기로 찍어내는 값싸고 질 좋은 모직물을 생산하던 영국의 동인도회사는 아프리카를 비롯해 세계에 여러 식민지를 두며 시장을 확대해 나갔다. 그때나 이제나 전 세계 시장 중에서 가장 탐나는 곳은 인구대륙인 중국이었다.

영국은 중국 시장으로 야심 차게 진출했으나 중국은 그들의 예상을 뛰어넘는 훌륭한 문화국이었다. 오히려 청나라의 신문물이 영국으로 쳐들어가면서 획기적인 돌풍을 일으켰다. 그중에서도 '차(tea)'는 선풍적 인기를 끌며, 해가 지지 않는 나라 영국에서 은이 무자비하게 방출되는 상황까지 만들었다.

영국인들은 차의 매력에 푹 빠져들었다. 온 국민이 거의 중독 수준으로 청나라 차에 빠져들자 영국은 더 중독성이 강한 상품을 청나라로 보냈다. 아편이었다. 이 비열한 마약으로 인해 청나라와 동양은 한순간에 힘없이 무너져 내리고 말았다.

한국과 일본, 미국과 중국, 러시아와 사우디, 세계는 지금도 꾸준하게 무역 전쟁을 치르고 있다. 이 전쟁은 거시적이고 정치적인 것 같지만, 우리의 실생활에도 피부로 느끼게 될 정도로 가까이 다가온다.

세계사의 흐름을 바꾸는 것은 정치적 요인보다 경제적 요인가 더 크다는 사실을 이 책은 말해준다. 후추에서 은으로, 은에서 석유로, 사람들이 원하는 욕망의 대상에 따라 무역이 발생하고 전쟁이 일어난다.

이제 앞으로는 후추나 은, 석유가 아닌 '데이터'와 '플랫폼'의 전쟁이 일어날 것이다. 미국이 중국을 견제하는 이유도 중세를 움직이던 후추나 차, 은이 아닌 데이터 때문이다.

화웨이와 5G, 틱톡이 끊임없이 대두되고 넷플릭스나 우버가 언급되는 세상을 살아갈 우리는 어떤 선택을 해야 하는지 깊이 생각해야 한다.

저자 자오타오는 중국 런민대학교 경영학부를 졸업하고, 베이징우전대학교 경제경영대학원에서 박사 학위를 받았다. 베이징외국어대학교 교수로서 여러 기업에 경영 컨설팅을 제공한다. 다른 저자 류후이는 대학교에서 증권과 투자를 전공하고, 경제와 조직 관리 분야의 책을 여러 권 썼다.

목차를 간추려 보면 이 책의 방향에 짐작이 갈 것이다.

'춘추시대를 제패한 제나라의 비책 / 병기로 흥하고 식량으로 망한 형산국 / 만리장성에 평화를 되찾아준 명나라 쇠솥무역 / 청나라 시조 누르하치의 비수 인삼 / 십자군을 조종한 베네치아 / 바다의 마부, 네덜란드의 흥망성쇠 / 대륙을 봉쇄한 작은 거인 나폴레옹 / 미국을 남북으로 나눈 아나콘다 / 면화 대왕이 남부를 배신하다 / 아편 앞에 무너진 은의 제국 / 대공황에 정점을 찍은 관세전쟁 / 황금 10년이 앞당긴 위기 / 독일 잠수함이 미국을 깨우다 / 중국을 괴롭힌 일본의 비밀 전선 / 밀거래에 동원된 일본군 / 한국전쟁을 삼킨 무역 전쟁 / 식량 위기를 역으로 이용하다 / 일본의 굴기와 미국의 반격 / 바나나와 철강을 놓고 다툰 미국과 유럽연합……'

기원전 6세기 춘추시대에 천하를 통일한 제나라에는 관중(管仲)이라는 재상이 있었다. 그는 돈이든 상품이든 똑같은 이치가 있다는 것을 꿰뚫어 보았다.

"귀하면 무거워지고, 흔하면 가벼워진다."

그는 군주 환공을 도와 경제력으로 주변 나라들을 하나씩 무너뜨려 나갔다. 무기는 '사재기'였다. 적국의 특정 상품을 마구 사들여 값을 폭등시키고, 관련 상공업만 기형적으로 발전하게 했다.

그러다가 갑자기 수입을 그만두면 값이 폭락하는 것은 물론, 다른 상품으로 손실을 보전할 수도 없게 되었다. 이처럼 기초 수준의 무역 전쟁에 무너진 나라들은 자진해서 제나라 밑으로 들어갔다.

그다음 서양에서 등장한 것이 바로 '봉쇄'다. 18세기 나폴레옹의 대륙봉쇄와 미국 남북전쟁의 해상봉쇄가 좋은 예다. 나폴레옹은 숙적 영국을 쓰러뜨리기 위해 대륙봉쇄를 명했다. 유럽 국가들과 어떠한 무역도 하지 못하게 막은 것이다. 미국 남북전쟁에서 북부는 동남부 해안을 철저히 지켜 남부가 유럽 국가들과 물자 거래를 하지 못하게 막았다.

미국은 20세기 중반에도 다시 한번 봉쇄에 나섰다. 다만 이번에는 전 세계를 상대한 것이어서 물리적 봉쇄가 아닌 경제적 봉쇄로 '관세장벽'을 사용했다. 1930년대의 경제 위기를 극복하기 위해 수입 관세를 60% 가까이 높인 것이다.

수입품의 가격이 오르면 국산품을 살 테고, 그러면 경제가 회복되리라는 단순한 판단에서였다. 하지만 이는 위기를 다른 국가들에 전가한 것으로 곧 집단적 반발에 부딪혔다. 특히 유럽 각국이 관세장벽을 세우며 미국에 반격을 가했는데, 이로써 대공황이 전 세계를 집어삼키게 되었다.

이처럼 무역 전쟁은 사재기에서 봉쇄로, 다시 관세장벽으로 끊임없이 진화하며 중요한 역사적 분기마다 영향력을 발휘했다. 이는 국가 간 경제적 충돌을 넘어 개인의 죽고 사는 문제가 되기도 했는데, 오늘날의 무역 전쟁이 그렇다.

20세기의 무역 전쟁은 서로 죽고 죽이는 전쟁과 똑같았다. 제1차, 제2차 세계대전부터 중일전쟁과 한국전쟁을 거쳐 냉전에 이르기까지 무역 전쟁은 실제로 군사작전의 하나로 치러졌다.

영국은 무력 전쟁의 한 부분으로 무역 전쟁을 활용한 대표적 국가다. 제2차 세계대전이 발발하자 경제작전부를 설치하고 독일을 상대로 무역 전쟁에 나섰다. 전략물자가 독일에 들어가지 못하도록 중립국을 설득하고, '사재기' 방법을 사용했다.

독일은 영국 파운드화의 '위조지폐'를 대량으로 발행해 신용위기를 일으키는 방법으로 대응했다.

중일전쟁 때 일본도 사재기와 위조지폐로 중국을 흔들었다. 여기에 '밀거래'까지 추가했다. 중국의 감시망을 피해 온갖 상품을 대규모로 덤핑한 것이다. 그 규모가 매년 수백 톤에 달해, 중국의 공장과 상점은 모두 문을 닫을 수밖에 없었다.

한국전쟁과 동서냉전 때는 석유가 결정적 역할을 했다. 한국전쟁이 벌어지자 미국은 서방국가들을 설득해 중국으로 들어가는 석유 수출을 막았다. 그러자 중국은 소련과 관계를 강화하며 위기를 돌파했다. 그러나 1970년대 말이 되자 소련마저 석유 때문에 힘을 잃고 만다.

소련은 석유를 수출해 번 달러로 각종 공산품과 식량을 수입했는데, 미국이 사우디아라비아를 설득해 석유생산량을 대폭 늘려 석유 가격을 폭락시켰다.

이에 소련은 미국에 공작원들을 파견해 곡물 시장을 어지럽히고 대량의 밀을 아주 싸게 수입해 급한 불을 껐다. 그러나 곡물 수입원이 끊긴 상황을 타개하지 못하고 10여 년 후 결국 해체되고 말았다.

이처럼 20세기 중반 이후의 무역 전쟁은 상상할 수 있는 모든 방법을 동원한 싸움이었다. 수법이 처절하고 치밀했다. 이러한 무역 전쟁이 끊이지 않고 점점 심화하는 데는 '보호무역'과 '자유무역'의 충돌이라는 근원이 있다.

이 책은 무역 전쟁의 근원을 '패권안정론'으로 설명한다. 패권국은 힘이 강력할 때는 자유무역을, 쇠퇴할 때는 보호무역을 취한다는 것이다.

두 번의 세계대전을 겪은 인류는 경제를 동원해 국가 간의 결속을 이루었다. 이는 전쟁을 막기 위한 안전장치인 동시에 패권국 미국이 자본주의의 세계를 넓히고 시장을 확보하기 위해 강력한 힘을 발휘한 결과다.

하지만 일본과 유럽연합이 패권국의 지위를 넘보면서 미국은 보호무역으로 선회, 무역 전쟁을 일으켰다. 일본과는 자동차와 반도체로 싸우고, 유럽연합과는 철강과 바나나로 싸웠다.

"'현대 철학의 원천'이라 불리는 프리드리히 헤겔은 '인류는 지금까지 역사에서 교훈을 얻은 적이 없다는 게 인류가 역사에서 얻은 교훈'이라고 말했다. 오늘날 전 세계적으로 무역은 긴밀하게 연계되어 있고, 날로 빈번해지고 있으며, 무역액 또한 계속 증가

하고 있다. 하지만 전체 이익이 내림세를 보임에 따라 보호무역이 다시금 고개를 들고, 무역마찰이 격화되고 있다."

이렇게 설명하는 이 책은 무역이 사람의 인성까지 변화시킨다고 말한다.

"자료에 따르면 당시 원산지인 남아시아와 유럽의 향료가격은 20배 넘는 차이가 났다. 누구도 이런 거대한 이익을 외면하기 어려웠다. 이는 유럽인들을 세속적이고 타산적으로 변하게 했다. 향료무역을 둘러싼 암투와 피 흘리는 희생의 막이 오른 것이다."

한반도
경제통합으로
세계 2위 부국을!

짐 로저스 《앞으로 5년 한반도 투자 시나리오》

    열심히 일하면 반드시 앞날이 나아질 것이라는 확신에 찼던 부모 세대와는 다르게, 우리는 현재 2% 성장조차 힘든 시대가 되었다. 가파르게 상승하는 부동산 가격과 물가 인상도 문제지만 더 심각하게 고민해야 할 것은 저성장 문제다. 현재 우리가 겪고 있는 저성장은 쉽게 해결되기 어려운 과제로 고착되어가고 있다.

    이 저성장 문제에 대한 강력하고 유일한 희망은 '남북한 경제통합'뿐이라고 미국의 거물 투자가 짐 로저스는 내다보았다.

    1942년생으로, 워런 버핏, 조지 소로스와 함께 '세계 3대 투자가'로 알려진 로저스는 예일대에서 역사학을 공부하고, 옥스퍼드대에서 철학과 정치, 경제학을 전공했다. 월스트리트에 발을 디딘 후 10년 동안에 4200%라는 경이적인 투자수익률을 올리면서 월가의 전설이 되었다.

    1980년, 37세에 은퇴를 선언하고 컬럼비아대 경영대학원에서 금융론을 가르쳤고, 평생의 꿈이었던 두 번의 세계 일주로 168개 국 35만km를 여행하면서 새로운 투자 역사를 쓰기 시작했다.

중국, 베트남, 오스트리아, 보츠와나, 베네수엘라 등 숨어있던 세계의 알짜 시장을 찾아내고, 세계 경제 흐름보다 한발 앞서서 움직여온 그는 오랫동안 주시해온 한반도 시장에 일어난 변화를 찾아내고 강력하게 단언한다.

"한국은 남북 경제통합만 되면 앞으로 10~20년 안에 세계에서 가장 흥미로운 나라가 될 것이다."

북한과 경제통합에서 그가 가장 주목한 것은 러시아에서 들어오는 천연가스다. 저렴한 천연가스가 냉각화 작업 없이 가스관을 통해 곧바로 들어오면 한반도 에너지공급에 격변을 일으킬 것이다. 그 영향력은 우리 산업 전체로 확대되어 눈부시게 성장할 것이 너무나 뻔하다. 현재 유럽에서 사용하는 천연가스의 40%를 러시아가 공급한다.

한국에서 큰 비중을 차지하는 석탄발전은 미세먼지의 주범이다. 미세먼지 수치가 90%로 가장 높은 인도는 석탄발전 비중이 76%다. 2위 중국은 미세먼지 수치 53%에 석탄발전 비중 61%, 그다음 베트남은 미세먼지 수치 30%에 석탄발전 비중 39%다. 그다음이 우리나라다. 우리는 석탄발전 비중이 46%나 된다.

친환경으로 분류되는 천연가스 공급은 매우 현실성 있는 남북 공동의 발전 기회다. 미국의 셰일가스 대두와 여러 가지 상황으로 러시아 천연가스는 가격도 10년 전보다 3분의 1로 떨어졌다.

그동안 세계 투자시장에서 지속적인 관심을 받아온 아시아 국가는 일본과 중국이었다. 한국은 경제적으로 고속 성장을 이루어 냈고 높은 기술력을 자랑하는 글로벌기업도 탄생시켰다.

그러나 내수 시장을 우선시하는 폐쇄적인 환경과 불확실한 남북 갈등의 긴장감 때문에 매력적인 투자처로 주목받지 못했다. 그런 조그만 한반도를 '새로운 세기에 가장 흥미로운 나라'라고 점찍은 짐 로저스는 책에서 말한다.

"오늘날 동북아의 작은 반도에서 일어나고 있는 지정학적 사건들을 보며 나는 '작은 파도를 보지 말고 바다 밑에서 흐르는 해류를 파악하라'라는 말을 떠올리곤 한다. 주식투자 격언에도 '나무를 보지 말고 숲을 보라'는 비슷한 격언이 있듯이 큰 흐름을 느끼며 큰 그림을 그려보면 변화의 줄기를 볼 수 있다. 지금 우리가 보고 있는, 한반도를 중심으로 일어나는 국제사회 변화의 흐름은 무엇인가. 이 예측 불가능한 변화 속에서 우리는 무엇에 투자할 것이며, 어떻게 판단할 것인가."

그는 북한 내부에서 돌이킬 수 없는 '시장경제'의 움직임이 싹트고 있다고 보았다. 오래 닫혀 있던 북한의 문호가 가까운 미래에 반드시 열린다는 의미다.

그는 북한이 보유한, 1년 내내 얼어붙지 않는 항구 등 지리적 이점과 엄청난 종류와 양의 천연자원, 값싸고 생산성 높은 노동력의 값어치를 매우 높게 보았다.

"내 돈 전부를 북한에 투자할 수 있다면 그렇게 하겠습니다."

짐 로저스가 2015년 미국 CNN 방송 인터뷰에서 한 말이다. 로저스는 오래전부터 한반도를 최고의 투자처로 거론해 왔다.

1997년과 2014년 두 차례 북한을 방문하면서 북미, 남북관계 등 한반도의 지정학적 변화에 주목했다.

"아무것도 없는 곳에서는 모든 것이 투자 대상이 된다."

이런 투자철학에 철저한 로저스가 한반도 경제통합에 강한 확신을 보인 것은 2014년 방북해 '나선경제특구'를 둘러보고서였다.

'나선경제특구'는 함경북도 북부의 나진과 바로 이웃한 경흥군 웅기면의 이름을 바꾼 '선봉'을 이은 경제특구다. 2000년 8월 나진과 선봉이 나선직할시로 개편되었다.

북한이 동북아시아의 국제적인 무역, 금융, 관광 기지로 건설하려고 1991년 12월 이 지역에 설정한 자유경제 무역지대다. 도로와 항만 등을 확충해 국제화물 중계 수송기지를 건설하고, 현대적인 국제 교류의 거점으로 성장시킨다는 계획이었다.

그러나 세계 경제 전문가들은 이 계획에 관심을 보이지 않았다. 더욱이 미국이 북한을 테러 지원국으로 분류해 국제적인 각종 제한을 가함에 따라 계획은 실효를 거두지 못하고 있다. 그런데도 세계적인 투자가의 눈에는 다르게 보인 것이다.

"나선경제특구는 북한뿐 아니라 러시아와 중국, 한국에도 전략적 요충지다. 중국 기업들은 나선경제특구의 나진항을 활용하면 물류비를 크게 절감할 수 있다. 또 중국이 러시아로부터 수입하는 천연가스 파이프라인 역시 북한을 거쳐 남한으로 연장될 수 있다. 시베리아 횡단철도와 한반도종단철도가 만나는 길목도 바로 나선경제특구다. 물류와 인적 교류가 잦아지면 머지않아 북한도 개혁개방 정책을 통해 닫혀 있던 문을 열게 될 수밖에 없다."

2009년 발표된 골드만삭스 보고서에는 이런 분석이 있다.

"한반도 경제통합은 일본의 GDP를 가볍게 넘어서는 것은 물론, 세계 2위의 경제 대국이 될 가능성이 크다."

짐 로저스는 이에 전적으로 동의한다. 코로나 이후 세계는 추락하는 일본 경제와 흔들리는 유럽연합, 경제 패권을 두고 무역전쟁을 일으키고 있는 미국과 중국 등으로 인해 사상 최악의 경제 위기를 맞게 될 것이다. 그런 시점에서 한반도는 유일하게 매력 만점의 투자처라는 것이다.

"특정 나라에 투자하는 경우에 나는 공통으로 적용하는 몇 가지 판단 기준이 있다. 평균 연령이 젊고 규모가 큰 인구를 가졌는가? 교환 및 가격에 통제 조건이 없고 통화가 안정적인가? 높은 관세를 적용하는가? 강력한 보호주의를 펼치고 있지 않은가? 외국인의 토지 소유를 엄격하게 제한하는 식의 경고 신호들이 있지 않은가?"

이외에도 기본적으로 저축과 돈이 있는 채권국에 투자한다는 기준을 가지고 있다고 한다. 이러한 기준들에 따라 그가 주목해온 나라는 세계 최대 채권국이기도 한 아시아 국가들이었다. 대표적으로 중국, 싱가포르, 일본, 홍콩, 대만에 관심을 가졌고, 최근에는 한반도와 러시아로 시선을 돌리고 있다. 한반도는 그의 판단 기준을 충족시킬 수 있는 잠재 요소를 가장 크게 가진 땅이라고 한다.

저자는 55년 동안 투자가로 살아오면서 끝까지 고수해온 6가지 투자원칙이 있다.

1. 위기를 만나지 않는 투자는 없다.
2. 역사의 리듬을 따라 현장의 거리에서 답을 찾는다.
3. 다른 사람의 말은 모두 틀렸다.
4. 좋은 기회를 얻으려면 아무것도 하지 마라.
5. 질문 없는 투자는 반드시 패한다.
6. 열정을 느끼는 일에는 돈이 꼭 따라온다.

"좋은 기회를 얻으려면 시장을 공부하고 조사하는 것은 기본이고, 진정으로 필요한 것은 기다림이다. 인내심을 가지고 묵묵히 시장의 흐름을 날카롭게 주시하며 어떤 변화가 일어나는지 확인해야 한다."

"절대로 다수가 생각하는 방식에 의존하거나 기대면 안 된다. 자신이 나서서 직접 조사하고 공부해야 한다. TV나 신문을 보며 늘 의심하고 질문하라."

짐 로저스는 2020년에 저술한 《돈의 미래》에서도 실전 투자 비법을 소개했다.

첫째, 좋은 투자처를 발견할 수 있도록 공부하라.

그는 저평가된 대상을 찾아 몇 년씩 투자하는 가치투자자다. 그는 근거 없는 열광을 경계하라고 충고한다. 모두 흥분해서 너도 나도 투자에 나서는 곳에서는 큰돈을 벌기 어렵다. 직접 현장에 나가 다양한 정보원으로부터 정보를 수집해서 남들이 관심을 두지 않으나 미래가치가 있는 대상을 발굴해 선제적으로 투자하라는 것이다.

"좋은 투자처에 집중해야 많은 수익을 낼 수 있다. 내가 산 종목이 우연히 폭등하는 행운을 바라지 말고 그런 종목을 미리 발견할 수 있도록 공부하라. 자신이 잘 아는 분야에 투자하는 것이야말로 많은 돈을 벌 수 있는 지름길이다."

둘째, 상식을 뒤집는 데서 출발하라.

투자의 성공은 미래 예측과 선제적 대응에서 결정된다. 정치, 경제, 사회, 산업 등을 종합적으로 분석해 앞으로 유망한 산업과 투자처를 물색해야 한다. 예측 불가능한 미래를 정확히 예견하고 적시에 투자에 성공하려면, 남에게 의존하지 말고 스스로 정보를 수집하고 생각하는 힘을 길러야 한다.

"세상의 상식을 의심하라. 스스로 생각하지 않으면 보이지 않는 진실이 있다. 우리가 지금 상식이라고 생각하는 모든 것은 영원히 변하지 않는 것이 아니다. 세상이 얼마나 쉽게 변화하는지는 역사와 경험을 되돌아보면 쉽게 알 수 있다."

부동산에서도 우수한 입지와 수익성 좋은 주택은 계속 변화한다. 이미 널리 알려진 입지와 주택은 고평가되어 가격이 비싸고 수익성이 낮다. 수익성을 중요시하는 투자자는 절대 고점에서 거품 낀 가격에 다수가 열광하는 매물을 매수하지 않는다.

셋째, 포기하지 마라.

세계적인 투자자들도 모든 투자에 성공하지는 못한다. 3번 성공해서 40번의 실패로 입은 손실을 메우고 큰 이익을 확보할 수도 있다. 중요한 것은 최종적인 수익률이다. "성공한 투자자는 사실 대부분의 투자 기간에 아무것도 하지 않는다."

사죄한 독일과
거만한 일본의
엇갈린 운명

요시미 슌야 《헤이세이 일본의 잃어버린 30년》

일본 경제가 이미 한풀 꺾인 2000년에도 그 위엄은 엄청났다. 많은 한국인이 일본에 대한 환상에서 벗어나지 못해, 일본 패션이나 제품은 여전히 동경의 대상이었다. 필자의 첫 번째 핸드폰은 '산요'의 폴더 폰이었다. 75만 원이라는 거금을 주고 샀는데, 당시 주변 사람들에게 관심의 대상이 되었다.

필자가 유학하던 시기에도 한국은 일본의 아류 국가 정도에 머물러야 했다. 마치 우리가 '캐나다'라고 하면 떠올리는 이미지가 '미국과 비슷하지만 작다'라는 것처럼 한국은 일본과 비슷하지만 조금 저렴하고 규모가 작은 나라라는 것이었다.

1988년 '세계 10대 기업'에서 미국의 IBM과 엑슨을 제외하면 8개가 일본 기업이었고, '세계 50대 기업'에 일본 기업이 34개나 올라 있었다. 지금 일본 니케이 지수가 2만 포인트를 겨우 넘는데, 89년도에는 거의 4만 포인트에 육박했다. 정기예금 금리 8%에 소비지출이 미국을 넘어서고, 일본 국영기업 NTT 하나만으로 독일 모든 회사의 주식 가치를 넘어섰다.

엄청난 시기를 거친 일본은 이제 힘 빠진 호랑이 느낌이 되어 버렸다. 이 책은 '잃어버린 30년'을 지나온 일본에 대해 일본인인 저자가 뼈아프게 참회하는 책이다.

이 책은 경제로부터 시작한다. 나는 일본 경제를 좋아한다. '일본 경제' 자체를 좋아한다기보다 일본 경제가 담고 있는 스토리를 좋아한다.

조그만 나라 신라가 삼국을 통일하거나, 유럽의 변방 포르투갈이 세계 패권을 쥐거나, 떠돌이 유목민 몽골이 천하를 지배하듯, 우리는 작은 나라의 반전을 좋아한다. 이것이 역사가 재미있는 이유다.

일본의 반전은 아래에서 위로의 반전도 있지만, 반대의 반전도 있다. 현재 진행형인 한국과 함께 현대사 100년 동안 가장 다이내믹한 흥망성쇠를 기록한 국가가 바로 일본이다.

2차 세계대전에서 기세를 떨치던 아시아 패권국에서 1950년대에는 영국 GDP의 50% 수준까지 떨어졌던 일본 경제가 다시 반등을 시작해, 결국 40년 만에 영국의 3배 가까운 GDP를 기록했다.

그런데 이제는 한국도 일본과 경제 전쟁을 벌이면 '해볼 만하다'는 평가가 더 많을 만큼 한국에 따라잡혔다. 그 이유는 한국이 급성장한 것도 있겠으나 일본이 빠른 속도로 몰락했기 때문이다.

일본의 버블경제와 '잃어버린 30년'을 이야기할 때 많은 사람이 꺼내는 것이 '플라자 합의'다. 1985년, 당시 G5였던 미국, 프랑스, 독일, 일본, 영국의 재무장관들이 뉴욕의 플라자 호텔에서 만났다. 외환시장에 개입해 일본 엔화와 독일 마르크화에 대한 미국 달러화의 평가를 절하시키기로 합의한 것이다.

그 합의가 마치 미국이 일본의 경제만을 망치려고 그렇게 한 것처럼 이야기한다. 하지만 이것은 철저히 버블경제의 영광에서 벗어나지 못한 일본만의 그리움일 뿐이다.

'플라자 합의'에는 미국의 대규모 재정적자를 해소한다는 세계적인 명분이 있었다. 달러화의 가치 상승이 세계 경제에 미치는 영향이 커서 마르크화도 엔화와 마찬가지로 7% 이상 가치가 절상되며, 일본과 독일 경제에 타격이 가해졌다.

하지만 독일과 일본은 그 이후의 상황 전개가 전혀 달랐다. 독일이 힘든 구조조정을 통해 경제의 건전성을 유지한 것과 다르게 일본은 자신들에게 영광을 안겨 준 지나간 방식만을 고수했다.

화폐개혁이나 구조조정, 혹은 정권교체도 없이 일본은 가진 것을 유지하기 위한 보수 정책을 펼쳤다. 이는 일본이 한동안 최강국의 자리를 유지하게는 해주었으나, 어느 나라든 성장 없이 제자리에 머무는 것은 침체하고 하강하는 것이라는 절대 상식을 벗어난 정책이었다.

독일은 유럽통합이라는 커다란 이벤트가 경제적 위기를 극복하게 해준 행운 요소도 있었다. 하지만 그 요인을 결코 행운이라고 할 수만은 없다.

독일은 패전 후 주위의 여러 피해국에 조속히 사죄와 반성을 표했고, 그로 인해 국가 간 교역량이 늘어났다. 그것은 생필품 가격이 낮아지고 물가와 주택가격이 안정되는 효과를 불러왔다.

독일은 일본과는 다르게 부동산 가격도 1975~2007년 사이에 계속 하락했다. 이는 역사를 바라보는 시선이 정치뿐 아니라 외교와 경제에도 지대한 영향을 미칠 수 있다는 교훈이다.

독일은 농산물 가격도 낮게 유지되었다. 남유럽 국가들로부터 저렴한 가격의 농산물 유입이 가능했기 때문이다. 동유럽에서 저렴한 근로자들도 유입되었다.

실질적으로 2차 세계대전 가해국인 독일은 피해국들로부터 커다란 도움을 받았다. 과거에 대한 사죄와 반성의 자세가 외교와 경제의 힘으로 이어진 것이다.

일본의 피해국은 중국과 한국이다. 한국은 제외한다 하더라도 중국의 거대한 시장과 노동력은 일본의 물가와 임금을 안정시킬 좋은 자원이었다. 하지만 일본은 독일과는 반대로 거만한 자세를 취하며 피해국과 협력이 아닌 꾸준한 마찰을 빚어왔다.

'헤이세이[平成평성]'는 일왕 아키히토 재위 때 사용된 연호다. 일본 역사 최초로 법률에 기초해 개원이 이루어진 연호다. 1989년 1월 8일부터 2019년 4월 30일까지 31년 동안 사용되었으며, 이 시기를 '헤이세이 시대'라고 한다. 우연하게도 이 시기와 일치해 일본이 장기 불황을 겪게 되어 '잃어버린 30년'이라고 부르게 되었다.

첫 번째 장에서 경제를 설명하고, 두 번째 장에서 정치를 설명한다. 경제는 참으로 재미있게 읽었는데, 정치 부분은 좀 어려웠다. 아무렴, 필자가 일본의 정치에는 원래 관심이 전혀 없었으니까.

책을 중반부까지 읽으면서 느낀 것은 우리가 생각하는 '잃어버린 30년'에 관한 관념이다. 우리가 '잃어버린 30년'을 이야기한다면 일반적으로 경제에 국한한다. 하지만 일본은 정치, 경제, 문화, 생활이 전반적으로 후퇴하고 재난을 겪는다.

동일본지진과 후쿠시마 원전사고를 포함에 일본 사회 전반에 암울한 사건들이 연달아 발생한다. 그리하여 경제뿐만 아니라 국민 전체가 '잃어버린 30년'의 가혹한 시련을 겪게 된다. 이런 가혹함에 맞서 일본인들은 '옴진리교'를 포함해 이색적인 돌파구를 찾는다. 그 괴이한 사회적 활동들이 일본 사회가 얼마나 암울하게 변했는지를 대변해 준다.

이 책은 일본 사회가 느끼는 두려움을 전반적으로 훑어준다. '미야자키 사건'과 같은 극단적인 사건들이 많아지며, 우리는 일본과 극단적 사건을 동일시하기도 한다. '미야자키 사건'은 1988년 8월부터 근 1년에 걸쳐 도쿄와 근교에서 미야자키 츠토무라는 26세 인쇄공이 일면식도 없는 어린 소녀 4명을 연쇄 납치해 살해한 뒤 성폭행하고 유기한 사건이다.

이 대목에서부터 필자는 이 책이 단순 경제 서적이라고 생각했던 처음의 그릇된 판단과 자세를 바로잡고, 저자가 말하려는 일본의 '잃어버린 30년'에 대한 상실감에 똑바로 몰입했다.

중류 계급이 붕괴해 국민의 생활 수준이 양극화하는 '격차사회'나 인구의 출산율이 계속 감소해 어린이 수가 줄어드는 '소자화 사회' 등, 일본의 추락은 여러 분야에서 동시다발적으로 일어났다.

더욱 무서운 것은 그 현실이 과거가 아닌 현재 진행형이라는 것이다. 지금 일본은 해결되지 않은 원전 문제와 코로나라는 국제적인 이슈에 대한 부담도 껴안고 있다.

우리나라가 일본보다 부유해지기를 바라는 마음은 우리 국민 누구나 마찬가지일 것이다. 하지만 막상 일본의 참혹한 내면으로 들어가니 그런 일본에 일말의 동정심이 생기기도 했다. 어쩌면 썩어가는 내부를 숨기기 위한 자격지심이 한국에 대한 편파외교로 나타나는 것이 아닌가 싶기도 했다.

일본은 어쨌거나 지리, 경제, 문화적으로 우리와 떨어질 수 없는 동반자다. 이웃 국가가 망하면 한국 혼자 성장하기는 매우 어렵다. 아프리카 대륙 한가운데에서 일류국가가 생성되지 못하는 것처럼, 우리가 더욱 잘되기 위해서는 주변국들이 다 같이 잘되어야 한다.

일본의 몰락보다는 서로 비슷하더라도 한국이 좀 더 살기 좋은 나라가 되어 일본에 큰소리칠 수 있게 되기를 기대한다.

'일본'이라는 국가는 우리에게 철천의 원한을 안겨주었으나 국민 개개인은 모두 우리와 다르지 않은 보통사람일 뿐이다. 더구나 현재 일본이 겪고 있는 문제들이 우리에게는 일어나지 않는다고 장담할 수도 없는 상황이다.

이 책은 일본인이 자기 나라를 되돌아본 반성문이다. 읽고 나서 괘씸한 일본 사회가 빠져있는 절망에 한순간 통쾌한 마음도 일었으나 잠시였고, 결국은 연민의 마음이 한편으로 찾아들었다. 그런 마음으로 우리가 일본의 전철을 밟지 않게 되기를 간절히 빌었다.

저자 요시미 슌야는 도쿄대학교와 동 대학원을 졸업하고 도쿄대학 신문연구소 조교수와 사회정보연구소 교수를 거쳐 현재 도쿄대학 대학원 정보학 교수로 있다. 사회학과 문화 미디어 연구가 전공이다.

동일본대지진과 원전사고는 전쟁 후에 구축되어 순탄하게 작동되던 일본형 시스템의 한계를 총체적으로 드러낸 것이다. 그 이후 연약한 지반이 수분을 머금어 물러지는 '액상화'가 여러 분야에서 두드러지게 나타났다. 저자는 이것이 갑자기 벌어진 일이 아니라 그 전 시대부터 진행된 지반약화의 결과라고 진단한다.

1970년대 말부터 세계사적 대전환의 소용돌이가 일고 있었으나 일본은 오일 쇼크를 무난히 극복한 데 따른 안도감에 사로잡혀 변화를 직시하지 못했다. 이런 안도감이 1980년대 경제 버블 형성과 붕괴를 가져왔고, 1990년대 이후 전개된 글로벌화의 다양한 위험과 도전에 대응하지 못하는 실패를 초래했다는 것이다.

헤이세이는 일본이 동아시아의 중심이라는 위상에 고별을 고한 시대다. 150여 년 전 메이지유신을 달성한 일본은 서양의 기술, 제도, 지식을 도입해 불과 30년 만에 동아시아의 중심 국가로 성장했다.

제2차 세계대전의 패전 이후에도 일본은 미국과 손을 잡고 동아시아의 중심국을 유지하려고 애썼다. 그러나 냉전 후의 헤이세이 시대에는 동아시아의 중심이 일본에서 중국으로 옮겨갔다고 저자는 분석한다.

일본은 점점 늙어가는 사회가 되고, 성장은 환상으로 끝났으며, 정부는 뒤늦게 리스크를 각오한 채 어떻게든 경제를 부양하려고 필사적인 노력을 기울일 것이라고 내다보았다.

그리하여 제2, 제3의 버블붕괴가 생겨날 가능성도 있다는 것이다. 경제 침체 타개를 위해 신자유주의적 정책이 한층 더 취해지고, 감세 조치와 규제 완화로 공공영역은 점점 축소되어 경제가 일시 부양하더라도 격차는 확대되며 사회 전체의 열화는 가라앉기 어렵다고 예상한다. 저자는 위기의 실상을 정면으로 응시하며 모두가 위기를 확실히 이해하는 것이 위기에서 벗어나는 출발점이 될 수 있다고 강조한다.

헤이세이 시대의 사회 분야에서 저자가 가장 우려하는 것은 초저출산과 격차확대다. 제도와 시스템 미비가 저출산 가속화를 초래했으나 가장 큰 원인은 '빈곤화'다. 버블붕괴 이후 기업들이 비정규직 고용을 대거 늘려 근로자의 생활기반을 붕괴시켰고, 젊은 이들이 인생 설계를 하기 어렵게 만든 것이 저출산으로 이어졌다는 것이다.

이것은 바로 한국이 현재 가장 심각하게 겪는 문제다. 한국의 합계출산율은 2018년 0.98명, 2019년에는 0.92명으로 떨어지며 2년째 '0명대'를 기록했다. OECD 36개 회원국 중 출산율이 0명대인 유일한 나라다. 합계출산율 1.4명대 수준을 유지하고 있는 일본은 그나마 나은 편이다.

저자는 뼈아프게 후회한다.

"실패의 제1 요인은 일본의 주요 전기산업이 TV 시대의 종언과 모바일형 네트워크 사회의 도래를 충분히 인식하지 못한 점이다. 다른 하나는 1990년대부터 글로벌 규모로 전개된 수평 분업구조에 일본 기업이 적응하지 못한 것이다. 이 새로운 체제는 '계열'과 '하청'이라는 오랜 일본적 발상을 무의미하게 했다. 일본 기업은 오랜 기간 익숙해진 조직원리의 근본적인 변화를 요구받았다. 그러나 전통적인 일본 대기업에서는 좀처럼 쉽지 않은 일이었다."

정치의 실수도 지적한다.

"아베 정권은 민주당이 내건 극단적인 정치주도를 부정하고, 이를 교활한 관저주도로 바꾸었다. 총리 관저가 행정부 관료들을 마음대로 움직이고, 예산의 방향을 결정하는 것은 내각인사국과 경제재정자문회의에서 할 일이었다. 관방장관은 행정부의 국장급 인사를 관리함으로써 행정부 전체에 대한 절대적인 영향력을 발휘할 수 있었고, 고이즈미 정권처럼 포퓰리즘과 경제재정자문회의의 민간인 활용을 솜씨 있게 조합하면 여론에 '정치주도' 이미지를 만들 수 있었다."

그러면서 일본의 현실을 날카롭게 꼬집는다.

"지정학적 변화 속에서 헤이세이 일본은 미국에 대한 종속이 갈수록 깊어졌다. 자신감이 없으니 강한 미국에 더욱 의지함으로써 중심성을 유지하려 한 것이다. 대내적으로 격차를 확대하고, 분열을 강화하는 일본에 미래가 없는 것과 마찬가지로, 대외적으로 이미 그 패권에 그늘이 드리우기 시작한 미국에 계속 의존하

면서, 아시아와 관계를 근본적으로 재구축하려 하지 않는 일본에
도 역시 미래는 없다."

명마라고
매 순간 달리는 것은
아니다

오인환 《앞으로 더 잘될 거야》

"명마라고 반드시 매 순간을 달려야 하는 건 아니다. 명마는 아주 중요한 순간에만 빠르게 달려나가면 된다."

《앞으로 더 잘될 거야》라는 책에 나오는 글이다. 필자가 쓴 첫 번째 책이다. 첫 작품이라 그런지 오자 탈자가 많고, 문장도 서툴며, 부끄러운 내용도 많다. 이 책에서 필자가 가장 좋아하는 부분은 제목이다.

누구든지 자신의 첫 책이 출간되면 인터넷에서 제목을 검색해 보지 않을 수 없다. 필자도 독자들의 반응이 얼마나 있는지, 어떤 댓글을 올려 주는지 등이 궁금해서 가끔 찾아본다. 초록색 검색 창에 습관처럼 쓰는 검색어는 이것이다.

'오인환, 앞으로 더 잘될 거야.'

이 검색어를 꾸준하게 써보는 행위가 어쩐지 자기 암시가 되는 것 같다. 잘 안 풀릴 것 같은 날은 언제든 이 책의 반응을 찾아보는 행위만으로 기분이 좋아진다.

《앞으로 더 잘될 거야》에서 필자가 제목 다음으로 좋아하는 말은 앞서 인용한 '명마'에 관한 구절이다. 조금 더 현대적인 의미로 짚어볼 때, 좋은 자동차를 타고 있다고 매 순간 전속력으로 달릴 필요는 없다는 것이다.

우리가 보험을 드는 이유는 만에 하나를 대비하기 위해서다. 보험은 매 순간 작동하지 않는다. 아주 절실하고 적합한 타이밍에 단 한 번의 작동으로 가입자를 구조한다.

좋은 식칼을 샀다고 매시간 칼을 들고 있을 수는 없다. 잠자는 시간이나 밥 먹는 시간, 친구를 만나는 시간에는 그 칼은 아무런 일을 하지 않는다. 요리해야 할 적절한 시기에 적합하게 사용되면 충분하다.

'사용'이란 항상 그렇다. '좋은 것'은 매 순간 사용되지 않는다. 아주 적합한 타이밍에 확실하게 제 역할을 하는 것이 그 쓰임새다.

명마는 평소에는 느릿느릿 함께 산책도 하고, 시간을 보내는 친구가 될 수도 있다. 아주 중요한 순간에만 재빨리 자기 역할을 하면 된다.

일본에 '사토리 세대'가 있다. 1980년대 후반부터 1990년대에 태어난 세대로 돈벌이는 물론 출세에도 관심 없는 젊은이들을 이르는 말이다. '사토리'는 '깨달음, 득도' 등을 뜻한다. 마치 도라도 통한 것처럼 욕망을 억제하며 사는 젊은 세대를 가리킨다.

우리 청년들의 'N포 세대'를 넘어, '사토리 세대'는 어떠한 세속에도 욕망을 보이지 않는다. 스스로 아무런 희망도 없고 의욕도 없는 무기력한 세대라고 말한다. 30년을 이어온 장기 불황이 닥치면서 자신이 아무리 열심히 해도 아무것도 달라지지 않을 것이라는 생각을 하게 된 세대다.

현재 한국 청년들도 비슷한 고통을 겪고 있다. 아무리 열심히 공부하고 일해도 어떤 성과를 낼 수 없는 시대라고 말한다. 무섭게 치고 나가던 경제 성장률은 3%대로 떨어져, 다시 올라가기가 쉽지 않다고 한다. '사토리 세대'나 'N포 세대'는 경제적으로 부모 세대를 넘어서기 어렵다. 더 나아질 것이라는 희망을 품지 못한다.

하지만 분명한 것은 현재 우리 젊은 세대는 각자 자기 방향으로 잘 나가고 있으며, 아직 적합한 타이밍을 만나지 못했을 뿐이라고 필자는 믿는다.

2021년 미국의 경제 성장률 전망치는 6.6%에 이른다. 일각에서는 7%를 넘어 45년 만에 중국의 경제 성장률을 넘어설 것이라는 전망도 있다. 우리보다 훨씬 덩치가 큰 미국이 이처럼 경제가 성장해 가는 이유는 새로운 산업에 대한 유연한 대처 때문이다.

'중국판 포보스'라고 할 수 있는 '후룬 연구원'이 글로벌 유니콘 순위를 발표했다, 전 세계에는 2020년 기준 586개의 유니콘 기업이 있다. 유니콘 기업이란 기업가치가 10억 달러(1조 원)가 넘는 스타트업 기업을 말한다.

이 중에 미국은 233개사로 가장 많은 기업을 보유하고 있고, 이어 중국이 227개사를 보유하고 있다. 우리나라는 총 11개사로 세계에서 5번째다. 그래도 전체 4개인 일본보다는 두 배가 넘는다. 이름을 올린 국내 유니콘 기업은 쿠팡과 크래프톤을 비롯해 우아한형제들, 위메프, 비바리퍼블리카, 무신사, L&P코스메틱, GP클럽, 에이프로젠, 티몬, 야놀자였다.

우리는 경제적으로 힘들기는 하나 희망적인 시대에 살고 있다. 보수적인 사고로는 누구도 진입할 수 없는 암호화폐 시장의 큰손이기도 하고, 코스피 상장사 순위에서 반도체, 배터리, 플랫폼, 제약 등 혁신적이고 역동적인 기업들이 상위를 차지하고 있는 나라이기도 하다.

모든 것에는 적절한 시기가 있다. 미국 나스닥 주가의 상승은 '꾸준한 상승'보다 수일간에 '급격하게 상승'하는 것으로 유명하다. 그렇게 해서 지난 10년간 4배 가까이 상승했다.

이렇게 모든 것에는 때가 있는 법이다. 우리가 정체되어 있다고 여겨지거든 아직 성장의 적합한 타이밍을 만나지 못했다고 생각해야 한다. 그리고 상승의 때가 올 때 맹렬히 달려나갈 수 있도록 실력과 의지를 길러야 한다.

"요즘 우리 젊은이들이 나약하다고 하는데 저는 그렇게 생각하지 않습니다. 이들은 우리 세대보다 훨씬 실력 있고 경쟁력이 강합니다. 우리 회사가 성공한 것만 보아도 알 수 있습니다. 바뀌어야 할 건 젊은이들이 아니라 기성세대입니다. 우리 때는 그냥 무조건 시키는 대로 일을 했어요. 젊은이들은 아닙니다. 내가 왜 이 일을 해야 하는지 완전히 이해해야 일을 합니다. 그런 차이를 모르니 편견을 가지고 약하다고 몰아세운 겁니다. 이들의 장점을 최대한 살릴 수 있게 해주면 못 할 게 없습니다. 한국에는 엄청난 보배들이 많아요. 이들이 능력을 발휘할 수 있게 해주면 우리 회사 같은 사례가 수없이 나올 겁니다."

'셀트리온 신화'를 일으킨 서정진 회장은 전예진 저 《셀트리오니즘》이라는 책에서 말한다.

"전 세계를 뒤져보아도 한국인처럼 습득 속도가 빠르고 일을 잘하는 민족이 없습니다. 한국에서 사업하는 사람은 행복한 줄 알아야 합니다."

제2장

세상의 눈부신 변화를 앞에서 보라

"AI 연구자들은 커다란 과제와 직면한다. AI 연구는 하면 할수록 인간을 탐구하는 일이 되어, 알 수 없는 게 너무나 많다는 것이다. 우리는 AI 알고리즘이 권하는 정보를 비판 없이 수용하는 '동물'도, AI를 무조건 신봉하는 '기계'도 되지 말고 '인간다움'을 찾아야 한다. 그것이 인간이 인간으로 존재하기 위한 최상의 저항이다."

스가쓰케 마사노부
일본 기획사 '구텐베르크 오케스트라' 대표,
《동물과 기계에서 벗어나》 저자

스마트폰으로 폭발하는 인류의 학습 능력

최재붕《CHANGE 9-포노사피엔스 코드》

필자는 한국의 장래를 어둡게 생각한 적이 있다. 낮은 출산율과 지나친 사교육, 부족한 독서량, 엄청나게 높은 가계부채, 과도한 수출의존, 북한의 불안, 노사분쟁, 지역갈등 같은 것들을 보면서였다.

하지만 최근 코로나 19를 통해 일어나는 많은 사회적 변화를 보면서 우리 아이들이 성인이 될 시기에는 한국의 위상이 지금보다 훨씬 높아질 것이라는 확신이 들었다.

이유는 비대면과 '빨리빨리' 문화 때문이다. 지금 비대면 상황으로 세계에서 가장 주목받는 업체는 GAFA(구글, 애플, 페이스북, 아마존) 같은 IT 기업들이다. 이런 IT 기업들의 주요 특성은 비대면 서비스와 '빨리빨리' 문화다.

이런 비대면 서비스의 발전에는 오늘날 전 세계의 웬만한 사람이면 누구나 하나씩 손에 들고 있는 1인 미디어의 확장이 큰 역할을 했다. 예전에는 가정마다 TV가 한 대씩 있었다. 이제는 중학생만 되어도 누구나 핸드폰을 가지고 있다.

이 1인 미디어는 5G의 속도로 서비스를 공급한다. 음악을 내려받기보다 스트리밍으로 감상하고, 영화도 스트리밍으로 쉽게 볼 수 있다. 이런 문화를 전 세계인이 공유한다. 이제 비슷한 감성을 지닌 또래들이 자신의 취향을 찾아다니며 비대면 속에서도 전 세계로 생활 공간을 확대한다.

이런 새로운 시대를 맞이해 한국은 1990년대 후반부터 꾸준히 키워온 '한류'의 덕을 톡톡히 보게 되었다. 미국의 주문형 콘텐츠 서비스 기업 넷플릭스는 북미 시장의 수 배가 넘는 아시아 시장을 잡으려면 어쩔 수 없이 한류 콘텐츠를 이용해야 한다.

한류는 지금 태국과 필리핀, 일본, 중국, 싱가포르, 인도네시아 등 각기 문화권이 다른 국가들에 단일 콘텐츠를 공급하면서 아시아에서 가장 큰 문화 효과를 불러일으키고 있다. 한류는 이제 단순히 '한국의 문화'가 아니라 '세계 거대자본의 투자 대상'이 되었다.

한류에 투자하면 아시아 시장을 석권할 수 있다. 월트 디즈니, 넷플릭스, 유튜브 등은 수익도 나지 않는 한국 드라마에 수백억 원을 투자하기도 하고, 자신들의 플랫폼 운명을 걸기도 한다.

'월트 디즈니'의 시가총액은 282조 원으로 LG전자의 20배가 넘는다. 또 영화 <어벤저스 : 앤드 게임> 한 편으로 전 세계에서 3조 원이 넘는 수입을 올렸다. 종업원이 1934명이나 되는 한진중공업 1년 매출의 두 배 가까운 수치다.

문화 콘텐츠는 자동차 생산처럼 국가의 산업구조를 전반적으로 바꿀 수 있다. 예전에 포드가 자동차 대중화에 성공하면서 파생한 철강업이나 석유화학, 정유 산업 등의 발전이 그러하다. 문화 콘텐츠 산업은 관광업과 연관을 이루고, 관광업은 항공산업과 요식업에 영향을 준다.

2020년 세계를 강타한 '코로나 19'는 디지털 문명과 팽팽한 힘겨루기를 하던 지구의 생활방식을 뿌리째 흔들었다. 인류는 감염을 피하려고 비대면 생활로 강제 이동해야 했고, 디지털 문명은 선택이 아닌 필수가 되었다. 문명 교체의 흐름이 격변기를 맞이하게 된 것이다.

이제 누구도 '포노사피엔스(스마트폰 인류)' 문명을 거스를 수 없다. 지금까지 살아오던 방식 그대로는 살아갈 수 없게 되었다.

이 책《CHANGE 9》은 코로나 19시대의 변화상을 자세히 들여다보고, 포노사피엔스 문명 속에서 인간이 어떻게 살아야 하는지 선명한 방향을 제시한다. 그 방향은 포노사피엔스가 주도하는 새로운 기준, 즉 '포노사피엔스 코드'다.

유럽 인구 5분의 1의 생명을 앗아간 페스트는 인류에게 큰 비극이었다. 그러나 동시에 중세 암흑기가 끝나고 르네상스 시대가 열리는 계기가 되었다. 인류를 위협하는 재앙적 질병이 문명 교체의 기회가 될 수 있음을 증명한 역사적 사실이다.

2020년, 전 세계를 팬데믹 쇼크에 빠지게 한 코로나 19 역시 '위기와 기회'의 두 얼굴을 하고 있다. 전문가들은 '코로나 이전' 시대와 '코로나 이후' 시대로 세계사가 구분될 만큼, 인류 역사에 큰 획을 그은 거대한 사건이라고 말한다.

코로나 19가 터지기 전에도 인류는 '디지털 트랜스포메이션'의 혁명적 변화를 겪고 있었다. 생활 공간이 빠르게 디지털 플랫폼으로 옮겨가면서 산업 생태계 곳곳이 붕괴하고 다시 세워졌다.

이런 혼란 속에 코로나 19가 덮쳐왔다. 감염을 피하려면 비대면 생활로 격리되어야 했고, 따로 격리된 채 외부와 연결하려면 스마트폰에 의존하지 않으면 안 되게 되었다.

스마트폰을 신체 일부처럼 사용하는 포노사피엔스 문명에 익숙한 사람들과 사회 시스템은 팬데믹 속에서도 안정을 유지하고 번성할 수 있다는 사실이 드러났다. 코로나 이후 시대를 살아가려면 사회 전체 표준이 비대면이어야 하고, 포노사피엔스 문명으로 전환해야 한다는 사실을 거스를 수 없게 되었다.

이런 시대를 불편하지 않게 살아가려면 9개의 코드를 알아야 한다. 메타인지, 이매지네이션, 휴머니티, 다양성, 디지털 트랜스포메이션, 회복 탄력성, 실력, 팬덤, 진정성이다.

'메타인지(meta認知, metacognition)'는 자신이 아는 것과 모르는 것을 구별하고, 스스로 문제를 찾아 해결하며, 학습 과정을 조절하는 인식과 지능이다. 자신의 사고능력을 바라보는 또 하나의 눈이라고 정의할 수도 있다. 한마디로 아는 것과 모르는 것을 구분하고 인식하는 기술이다.

스마트폰을 이용해 모든 것을 쉽고 빠르게 검색할 수 있는 포노사피엔스는 메타인지에 대한 기준이 이전과 완전히 다르다. 모르는 문제에 부딪혔을 때 곧바로 '모른다'로 끝나지 않고 '알 수 있다'라고 생각하며, 검색을 통해 재빨리 알아낸다. 이로 인해 인간의 가능성은 무한에 가까워지며, 생각하고 배우고 훈련하는 방법 역시 완전히 달라진다.

지식과 배움에 대한 바탕이 달라지고 가능성이 넓어지면, 문제를 보고 해결하는 관점과 상상력(이매지네이션)도 완전히 달라진다. 이로 인해 만들어지는 결과물 역시 완벽하게 변한다. 지금까지 상상하지 못했던 새로운 세계가 펼쳐지는 것이다.

이 9개의 코드는 이런 순서로 배열되어 있다.

*코드1 메타인지 : 아는 것과 모르는 것의 한계가 사라진다.

*코드2 이매지네이션 : 생각의 크기가 현실의 크기를 만든다.

*코드3 휴머니티 : 자기 존중감은 모든 사람의 권리다.

*코드4 다양성 : 다른 것이 가장 보편적인 것이다.

*코드5 디지털 트랜스포메이션 : 모든 재화는 디지털 공간으로 모인다.

*코드6 회복 탄력성 : 냉정한 낙관주의자의 길을 간다.

*코드7 실력 : 데이터가 한 사람의 모든 것을 증명한다.

*코드8 팬덤 : 가장 큰 권력의 지지를 받는다.

*코드9 진정성 : 누구나 볼 수 있는 투명한 시대를 산다.

이 9가지 코드는 우리에게 낯설지 않은 것들이다. 하지만 과거에는 있으면 좋고 없어도 살 수 있었던 것들이지만, 이제는 선택이 아닌 생존이 되었다고 저자는 단언한다.

"메타인지를 설명할 때 많이 하는 질문이 있다. '엘살바도르에서 세 번째로 인구가 많은 도시는?' 이런 질문을 받으면 순간적으로 '그런 걸 어떻게 알아'라는 생각이 든다. 그래서 '몰라요'라고 바로 대답한다. 그런데 이것이 메타인지 안에서는 달라진다. 스마트폰은 쉽게 답을 찾을 수 있기 때문이다. 스마트폰이 우리 뇌의 일부이고 검색이 허용된다면, 내 메타인지는 '그거 알 수 있지'라고 생각하기 시작한다. 메타인지에 근본적인 변화가 생기기 시작하는 것이다. 스마트폰을 통해 지식 네트워크에 접속하면 학습 능력이 폭발적으로 향상된다. 그러면 자기가 할 수 있는 영역이 더욱 확대되고, 더 뛰어난 지적 능력과 성취도를 지니게 된다. 그래서 검색을 통해 원하는 것을 빠르게 알아내는 능력은 매우 중요한 '지적 능력'이 된다."

'문명을 읽는 공학자'로 알려진 저자 최재붕은 비즈니스 모델 디자인과 기계공학의 융합, 인문학 바탕의 동물행동학과 기계공학의 융합 등 학문 간 경계를 뛰어넘는 국내 최고의 4차 산업혁명 권위자다. 성균관대 기계공학과에서 학부와 대학원을 마치고, 캐나다 워털루대학교에서 기계공학 석사와 박사 학위를 받았다.

IT 기술 발전의 엔지니어로 활동하다가 동물행동학자인 최재천 교수와 융합디자인을 공동연구하면서 '인류의 진화'에 눈뜨게 되었다. 이후 디지털 기술로 인한 많은 변화를 '사람의 본질', '사람 중심'으로 접근하기 시작했다.

특히 '스마트폰'의 등장이 인류에게 가져온 변화가 매우 급격하고 충격적이라는 사실을 깨닫고 그에 대한 모든 현상을 분석하게 되었다.

"인류에게 가장 오래되고 친근한 소비재인 음악은 매우 역동적이다. 음악의 소비패턴은 가장 빠르게 변화한다. 그 변화의 상황을 보면 미래의 소비패턴 변화를 예측할 수 있다. 요즘도 CD를 사서 듣는 사람이 있을 수는 있으나 보편적인 방법은 아니다. 스마트폰에 들어있는 '유튜브'나 '멜론' 같은 앱을 켜고 음악을 제공하는 디지털 플랫폼에 접속하면 된다. 음악은 그냥 나오는 것이 아니고 통신망을 통해 '스트리밍' 되는 것이다. 스트리밍은 '배달'이라고 볼 수 있다. 음악을 소비하는 이 과정을 기술적으로 정리하면 '인공 장기(스마트폰)를 통해 디지털 플랫폼에 접속하고 비용을 낸 후 배달되어 소비한다'가 된다."

저자는 또 다른 예도 든다.

"당근마켓은 이름도 재미있고 마케팅 전략도 훌륭하다. 그러나 소비자를 사로잡은 건 바로 '좋은 경험'이다. 좋은 경험이 만드는 것이 바로 자발적 팬들의 집단, 즉 팬덤이다. 집에 굴러다니던 물건이 간단하게 현금으로 바뀌는 경험은 더 할 수 없이 매력적이다. 포노사피엔스는 좋은 경험을 하게 되면 반드시 주변에 퍼뜨린다. 당근마켓은 그동안 사람들이 중고물품 거래에서 경험하지 못했던 좋은 경험을 멋지게 만들어 낸 것이다."

이런 것을 킬러 콘텐츠라고 한다. 이것을 만드는 힘은 섬세한 디테일이다. 조금이라도 더 편하게, 조금이라도 더 안심하게 만드는 지나칠 만큼의 섬세한 배려, 이것이 사람들을 열광하게 한다.

당근마켓의 킬러 콘텐츠는 '사장님이 좋아할'이 아니라 '나는 이렇게 해주면 좋아할' 자유로운 아이디어를 끌어내는 조직문화에서 디테일이 살아난다. 당근마켓은 디지털 트랜스포메이션의 본질을 꿰뚫고 있다는 뜻이다.

디지털 플랫폼은 소비자의 선택으로 성장한다. 그래서 치열한 무한대의 경쟁을 뚫고 선택받은 플랫폼은 데이터 분석에 엄청난 공을 들인다. 도서 판매로 시작해 미국 온라인 시장을 석권한 아마존의 CEO 제프 베이조스는 데이터 광으로 잘 알려져 있다.

"소비자가 남긴 데이터는 1도 버리지 마라."

그의 신념은 소비자 권력 시대에 필요한 것이 무엇인지를 정확히 보여 준다. 그것이 절대 강자로 군림하던 이베이와 옥션을 밀어내고 세계 최고의 온라인 유통기업으로 성장한 비결이다.

아마존이 10년간 축적한 데이터 분석 기술은 클라우드 서비스로 전환해 AWS라는 상품으로 만들어 엄청난 매출을 창출한다.

"진정성은 삶 전체에서 묻어나는 향기와 같다. 인생에 일관성을 가지고 진정성을 유지하려면 제일 중요한 것은 많은 '생각'을 하는 것이다. 포노사피엔스의 약점 중 하나가 바로 생각보다 검색을 중시한다는 거다. 그래서 생각하는 훈련을 의도적으로 많이 해야 한다. 단편적인 정보는 현상만 전달할 뿐 이면에 있는 본질의 변화까지는 알려주지 않는다. 그걸 읽어내려면 평소 생각을 깊이 하는 습관이 필요하다. 데이터가 아무리 중요하다 해도 그 의미를 읽어내지 못하면 진정한 실력을 갖추기 어렵다."

저자는 포노사피엔스에게 필요한 자세를 알려주면서 자기 생각을 전한다.

"최근 박진영이 보여 주는 삶에 대한 태도는 '인생을 관통하는 진정성'에 무게를 두는 것 같다. 그는 'JYP엔터테인먼트'가 추구하는 가치를 '진실, 성실, 겸허'라고 힘주어 말한다. 유교 사상과도 통하는 인류의 보편적인 가치가 포노사피엔스 시대의 아티스트에게 가장 필요한 덕목이라는 것이다. 인생의 의미에 대해 오래 생각한 끝에 내린 결론으로 보이고, 저의 생각과도 정확하게 일치한다."

미래의
모든 기회는
게임 안에 있다

김상균 《게임 인류》

고등학교 수업시간에 잠자는 학생이 없는 교실은 7%밖에 안 된다고 한다. 그러면 게임을 하는 PC방에서 잠자는 학생은 얼마나 될까? 거의 없다. 이처럼 우리나라 10대의 대부분이 열광하는 게임을 나쁘다고 몰아붙인다면 국가 경제나 10대의 미래에 매우 불행한 결과가 올 수 있다.

1997년에 설립된, 온라인과 모바일 게임 소프트웨어 개발 및 공급 기업 엔씨소프트는 코스피에서 시가총액 20조 원이 넘는다. 우리나라 전국에 전력을 공급하는 한국전력보다 높고, 대한항공의 2배보다도 높다. 게임은 이제 청소년에게 나쁜 영향을 미치는 '오락'이 아니라 한국을 선도하는 문화이자 거대한 산업이 되었다.

이 책에서 소개한 나이키 이야기를 보면 더욱 공감할 수 있다. 나이키는 이제 더는 신발이나 패션 같은 소비재 기업이 아니다.

애플과 협업으로, 몸에 부착하거나 착용해 사용하는 전자장치인 '웨어러블 디바이스'에 탑재된 플랫폼을 제공하는 IT 기업으로 거듭났다.

2006년에는 업계 1위인 나이키와 2위인 아디다스의 시가총액이 22조 원과 11조 원으로 2배 정도 차이가 있었다. 그런데 2020년에는 나이키 200조 원, 아디다스 53조 원으로 엄청난 격차가 벌어졌다. 나이키 앱의 진화가 게임으로 변화하면서 전 세계 사람들이 공유하고 즐기는 기업이 되었기 때문이다.

지난 미국 대선에서 바이든 캠프는 사용자 캐릭터에 적용할 수 있는 디자인을 게임상에 무료로 배포했다. 기존의 TV토론보다 더 영향력 있는 매체를 이용한 바이든의 새로운 홍보 전략은 엄청난 효과를 보았다.

인공지능 컴퓨팅 분야의 세계적인 선도기업으로, 현대적 컴퓨터 그래픽을 재정의하고 병렬 컴퓨팅의 변혁을 일으킨 '엔디비아'는 2008년에는 주가가 겨우 6달러인 그래픽카드 제작 회사였다.

하지만 시대를 앞서가는 게임들을 출시하고 다양한 변화를 만들면서 GPU라는 단어까지 만들었다. 이것은 그래픽처리를 위한 고성능 처리장치로 그래픽카드의 핵심이다. GPU는 엔비디아에서 '지포스'라는 새로운 그래픽카드용 칩을 내놓으며 처음 창안했다.

3차원 그래픽 성능이 급격히 상승하던 시기와 인공지능, 가상화폐 등의 이슈가 맞물리면서 엔디비아 주가는 현재 600달러를 넘었다. 시가총액 376조 원으로 500조 원인 삼성전자를 따라가고 있다.

이런 변화 속에는 바로 게임이 도사리고 있다. 현대를 흔히 '인공지능 시대'라고 말하는데, 인공지능은 원래 게임에서 주로 이용되던 개념이었다.

게임은 앞으로 다가올 4차산업의 기술이 모두 녹아있는 집합체다. 이런 게임 산업을 육성하고 발전시키는 것은 미래를 이끌어 갈 산업의 선두에 서는 것이다.

이 책에서도 주장한다.

"미래의 기회는 모두 게임 안에 있다."

카카오 창업자 김범수 의장은 2021년 7월 31일 기준으로 삼성전자 이재용 부회장을 제치고 한국 최고 부자가 되었다. 현재 재산 약 17조5600억 원.

전남 담양에서 농사를 짓다 무작정 서울로 이사 온 부모 밑에서 태어나 할머니 손에서 자란 그는 정육 도매업을 하던 아버지가 부도가 나자 온 식구가 빈민촌 단칸방에서 살았다. 그가 대학 입시 실패로 재수할 때는 혈서를 세 번이나 썼다고 한다.

그는 서울대학교 산업공학과에 입학해 과외 아르바이트로 학비와 생활비를 충당하면서도 고스톱과 포커, 당구, 바둑을 좋아했다고 한다. 석사 학위를 받고 삼성SDS에 입사해 컴퓨터 언어를 본격적으로 공부했다. 그리고 PC방과 온라인 게임 열풍이 불자 부업으로 대형 PC방을 열었다가 '한게임'이라는 회사를 창업했다.

이 회사를 2000년, 삼성SDS 동기인 이해진의 네이버와 합병하고 NHN 공동 대표가 되었다. 그리고 7년 후 대표직을 사퇴하고 아이들 공부를 위해 가족이 먼저 가 있던 미국으로 떠났다. 아무 일도 않고 가족과 놀기만 하면서 1년을 보내고는 혼자 다시 한국으로 돌아와 음악과 책에 빠졌다.

그때 너무 외로워서 '1년만 휴학하고 한국에 와서 같이 놀자'고 가족을 모두 불러들였다. 가족과 함께 여행 다니고, 당구 치고, PC방에서 살았다고 한다.

아들은 고1, 딸은 중3이었는데 아무것도 하지 못하게 하고 함께 놀러만 다녔다. 가족 넷이 게임을 하다 보면 새벽 4시가 되었고, PC방 주인이 이상한 눈빛으로 쳐다보면 그게 그렇게 행복했다고 한다.

'삭제하다(delete)', '지휘하다(command)', '다시 시작(restart)' 같은 영어 단어는 게임에서 사용하는 것들이다. 'delete'의 접두사 'de'는 '없이하다'를 의미하므로 '벌목하다(deforest)'를 연상할 수 있고, 'command'의 접두사 'com'은 '함께'를 의미하므로 '공통성(commonality)'을 연상할 수 있다. 또 'restart'의 접두사 're'는 '다시'를 의미하므로 '재생하다(revival)'를 연상할 수 있다. 이런 사례는 매우 많다. 이처럼 게임은 연상을 확장해 학교공부에 도움이 될 수도 있다.

2020년 코로나 팬데믹 기간에 게임 이용자가 50% 증가하고, 모바일 게임 다운로드는 48%가 늘었다고 한다. 게임은 이제 우리 사회의 첨단 산업이 되었다. 그런데도 기성세대가 인정하지 않는다면 엄청난 기회를 상실하게 될지도 모른다.

현재 국내 게임 시장은 13조 원 내외로 커피 시장보다 규모가 크다. 콘텐츠 수출에서도 드라마, 영화, 예능 프로그램, 웹툰, 음악 등 전체 미디어 수출의 55%가 게임이라고 한다.

저자는 이제 게임을 잘하는 것이 실력인 시대가 되었다고 말한다. 비디오 게임을 하는 사람들이 그렇지 않은 사람들보다 새로운 과제에 훨씬 잘 적응한다는 것이다.

비디오 게임이 주변의 변화를 더 빨리 감지하도록 두뇌를 훈련하고, 인공지능과 협력하는 방법을 알려주며, 게임 속에서 서로 돕는 능력이 향상되고, 게임에서 받은 긍정적인 에너지와 집중력이 일상의 어려운 과제를 풀어나가는 데에 도움이 된다고 한다.

아주 많은 청소년이 프로게이머를 꿈꾼다. 공부보다는 게임으로 돈을 벌고 싶어 한다. 하지만 우리나라 프로게이머의 평균 연봉은 아직 1200만 원도 안 되고, 연봉 5000만 원 넘는 사람은 10%밖에 안 된다. 게다가 수명이 짧아서 쉽지 않은 직업이다.

게임 유튜버도 마찬가지다. 2019년 기준으로 상위 3%의 유튜버가 평균 소득이 월 160만 원이라고 한다. 그 상위 3%가 전체 유튜브 조회 수의 90%를 차지한다. 국내 게임 산업 총매출액은 2020년 기준 17조 93억 원이고, 매년 9%씩 성장하는 추세다.

게임 산업의 음과 양을 모두 이해하고 객관적으로 상황을 바라보려면 게임에 대한 선입견을 깰 수 있는 이런 책을 반드시 한 권 읽어야 할 것이다.

강원대 산업공학과 교수인 저자는 말한다.

"나는 골프보다 게임을 더 좋아하는 대학교수다. 나는 게임을 연구한다. 교수는 '고리타분한 꼰대'라고 하던데, 그렇다면 게임을 연구하는 교수는 '고리타분하고 나쁜 꼰대'가 되겠다. 게임에 덧씌워진 원죄 같은 것이라고 여긴다. 이 원죄를 씻어낼 책임이 내게도 있는 듯하다. 인간은 게임을 만들고, 게임은 인간을 만들고 있다. 어떤 게임을 만들고, 어떤 인간이 될 것인지는 우리에게 달려 있다."

어디선가 들어본 말이다.

'사람은 책을 만들고, 책은 사람을 만든다.'

한국 최고의 서점 교보문고 캐치프레이즈다.

디지털 세상, 메타버스 시대를 살아갈 세대에게 가장 필요한 것은 체험을 기반으로 한 '미래형 게임 지능'이라고 한다. 게임은 현대 사회에 가장 고도화된 지식과 기술이 집약된 매체다. 다양한 분야의 경계를 넘나들기 때문에 잡다한 지식을 두루 갖춘 사람들이 연구해야 한다고 저자는 말한다.

메타버스는 '가상'을 뜻하는 '메타(meta)'와 우주를 뜻하는 '유니버스(universe)'의 합성어로, 3차원의 가상세계를 가리킨다. 메타버스는 컴퓨터로 만들어 놓은 가상현실보다 한 단계 더 진화한 개념으로, 실제 현실과 같은 사회적, 문화적 활동을 할 수 있다.

세상은 메타버스로 넘어가고 있다. 보이는 것보다 훨씬 빠른 속도로 변화는 진행되고 있다. 메타버스의 주요 플랫폼과 콘텐츠는 외국의 경우 대부분 게임 개발사들이 보유하고 있다. 전혀 상관없을 것 같은 산업들이 게임 회사가 만든 플랫폼에서 만나 혁신적인 콘텐츠를 생산하는 것이다.

국내는 그런 움직임이 아직 미약하다. 저자는 발전을 저해하는 요소 중 하나가 게임 회사를 향한 곱지 못한 시선이라고 생각한다. 그러면서 온라인 세계는 인터넷과 스마트폰 시대를 거쳐 메타버스 시대로 확장되고 있는데, 시가총액 상위에 오른 세계의 정보통신 기업 중에 인터넷 강국이라는 한국 기업이 없음을 통탄한다.

한국은 이미 인터넷과 스마트폰 시대는 놓쳤으니 온라인에 부는 세 번째 물결인 메타버스에는 재빨리 올라타야 한다고 강조한다. 지금의 초등학생이 살아갈 미래의 세상은 지금과는 크게 다를 것이다.

요즘 아이들은 게임을 통해 모험심을 채우고, 인공지능과 소통하는 법을 배운다. 초등학생들은 게임 속에서 인공지능 로봇인 버추얼 빙과 대화하고 함께 어울리며 인공지능을 새로운 친구로 받아들인다.

이런 경험을 가진 아이들이 인공지능을 디자인한다면 세상이 어떻게 달라질지 상상해 보라. 억지로 배워서 익히는 게 아니라 재미있는 경험을 통해 습득한 지식은 적응력이 훨씬 높다.

인류는 놀면서 성장해왔다

로봇에게
일자리를
먼저 빼앗기는 직업

제이슨 솅커 《로봇 시대 일자리의 미래》

"그 많던 대장장이는 다 어디로 갔을까."

이런 흥미로운 질문으로 이 책은 시작한다. 대장장이, 영어로 스미스(Smith)는 영미권에서 가장 흔한 성이다. 기원전 1500년 철기 시대가 시작되고부터 기원후 1800년까지, 대장장이는 중세와 근세에 가장 흔한 직업 중 하나였다.

사람들은 이 직업에 대한 애착이 너무 큰 나머지 성을 '스미스'로 바꿀 정도였다. 그래서 자신들의 직업이 사라진다는 것은 감히 상상할 수도 없는 일이었다. 이들은 대단한 기술자였기 때문에 패전국 대장장이들은 포로로 잡혀가기 일쑤였다.

그러나 1800년 이후 산업화가 시작되고 기계가 그 일을 대신하면서 대장장이라는 직업은 어쩔 수 없이 사라지고 말았다.

현대에도 누군가는 자기 일을 소중히 여기며 생계를 꾸리고 있지만 머지않은 미래에, 산업혁명으로 사라진 대장장이 신세가 되지 않는다고 장담할 수 없다. 이제 로봇이 인간의 일을 대신하는 시대가 되었기 때문이다.

그렇다면 앞으로 어떤 세상이 우리를 기다릴까? 로보토피아 (robotopia) 아니면 로보칼립스(robocalypes)일 것이라고 한다. 아니면 그 중간의 어디쯤이든가.

로보토피아는 아름다운 미래다. 힘든 일은 모두 로봇에게 맡기고 인간은 물질적 풍요와 시간적 여유만 누리면 된다. 반대로 로보칼립스는 끔찍하고 어두운 미래다. 인간은 로봇에게 일자리를 빼앗기고 경제적 궁핍 속에서 생존을 위해 허덕여야 한다.

그런데 이 책의 저자인 세계 최고의 미래학자 제이슨 셍커는 그것은 어리석은 질문이라고 잘라버린다. 인류의 역사가 언제나 그러했듯이 양극단의 세계 중에서 어느 하나가 찾아오는 것이 아니라 승자와 패자만이 존재할 것이라고 못 박는다.

로봇이 가져올 변화에 잘 대응하는 사람은 찬란한 삶을 이어갈 것이고, 다가올 미래에 대한 통찰을 게을리하는 사람은 갈 곳을 잃고 패자로 전락한다는 말이다.

저자는 직업의 미래를 알고 싶으면 직업의 과거를 돌아보라고 조언한다. 과거를 분석하고, 직업의 최근 동향을 살피고, 미래를 전망하라는 것이다. 로봇에 의한 자동화의 부정적 영향을 크고 빠르게 받을 직종과 더 많은 기회가 창출될 분야를 따져보라고 한다.

저자는 로봇과 자동화의 물결이 밀려들면서 세계적으로 불가피하게 펼쳐질 보편적 기본소득의 장단점을 살피고, 이 제도가 일자리에 미칠 영향을 분석한다. 그러면서 새로운 시대를 살아나갈 핵심 경쟁력은 새로운 교육에 있다고 역설한다.

"교육은 로보칼립스에 대항할 수 있는 가장 좋은 방어 수단이다. 인간을 생산적으로 사회에 참여할 수 있게 하는 최고의 준비는 교육이다. 정보화 시대에서 자동화 시대로 발돋움함에 따라 누구나 온라인 교육을 통해 새로운 시대에 필요한 의식과 지식을 배우는 것이 무엇보다 중요하다."

지금까지는 명문대학에 가거나 좋은 인맥이 있어야 얻을 수 있는 고급 지식과 정보를 이제는 인터넷으로 쉽게 얻을 수 있다. 인류 역사상 어느 시대보다 교육 접근성이 높다. 이런 시대에는 혼자 공부할 수 있는 '스스로 학습'이 최고로 필요하다.

인공지능이나 기계가 우리 일자리를 대신한다 해도 하루아침에 직업을 잃는 일은 일어나지 않을 것이다. 처음에는 고용이 불안정해지고, 작업의 소득수준이 떨어지면서, 근로의 중요도가 낮아질 것이다. 그래서 서서히 저소득층으로 떨어져 몰락할 것이다. 그러면서 소득 양극화가 극심해질 것이다.

한국은행이 소득 양극화와 범죄의 상관관계를 분석해 본 결과, 자살률과 살인율에 밀접한 영향이 있는 것으로 밝혀졌다. 자살률은 IMF 외환위기 이후 늘어나기 시작해 OECD 국가 중 1위를 기록하게 되었다. 1위였던 일본의 자살률을 추월한 것이다.

범죄율도 1980년대 이후 3배나 늘어났다. 이와 같은 자살과 범죄의 급격한 증가 이면에는 급격히 높아진 소득 양극화가 자리 잡고 있다.

그렇다면 소득 양극화를 어떻게 치유할 것인가? 단언컨대 우리 경제에 새로운 판을 짜야 한다. 우리 경제는 고도성장기에 짜인 분배의 틀을 계속 유지해왔다. 그러나 이제 저성장기에 들어선 만큼 새로운 분배의 틀을 마련해야 한다.

미래를 방관하면 자신의 생존에 곧바로 영향이 온다. 직업을 잃고 범죄나 우울증 등에 노출되지 않으려면 미래에도 사라지지 않을, 사회가 선호하는 직업을 선택해야 한다.

이 책에서 말하는 '컴퓨터로 인한 실직 확률'을 보면 텔레마케터는 실직 가능성이 99%고, 치과의사는 0.4%다. 이미 사회적인 변화가 우리 직업에 영향을 미치고 있다는 것이다.

요즘 언론에 교육과 소득의 상관관계가 자주 거론된다. 높은 교육수준이 높은 소득수준과 연결되고, 그것이 범죄와 자살률에도 영향을 미친다는 이야기다. 이런 기사에서도 치과의사는 높은 소득을 얻게 되고, 방문판매원이나 텔레마케터 같은 직업은 소득이 매우 낮다.

실직률이 가장 낮은 직업군은 치과의사 다음으로 레크리에이션 치료사, 운동 트레이너, 성직자가 있다. 이들은 모두 사람을 상대하고 인간의 특성에 직접적인 영향을 끼치는 직업들이다.

저자는 자동화로 인한 일자리 붕괴에 대비할 전략을 말해준다. 무엇보다 쉽게 변하지 않을 산업에서 일하라는 것이다. 자동화 시대에도 사라지지 않을 직업에 대한 전문성을 쌓는 것인데, 그것은 '인간과 진정한 접촉을 경험하는 일'이다.

산업적으로 말하면 정보기술, 의료, 예술, 경영 분야는 제조업과 운송업 같은 것과 비교해 자동화하기 어려운 분야들이다. 특히 의료 분야에서는 고령 인구가 증가함에 따라 개인 돌봄 지원, 국가 공인 간호사, 재택 건강 보조원을 포함한 일선 의료 전문가들이 필요하다.

경영 분야 역시 마찬가지다. 로봇이 인간의 작업을 대리하게 하려면 로봇을 관리할 인간의 능력이 절대적으로 필요하다. 로봇은 적절한 지시가 있어야 임무를 수행할 수 있다. 그 '지시'를 인간이 내려야 하는데, 거기에는 무엇보다 로봇에게는 없는 '인간다움'과 '윤리적인 관점'이 동반되어야 한다.

AI 시대를
앞서서 나갈
'인간다움'

스가쓰케 마사노부 《동물과 기계에서 벗어나》

"AI 시대가 되면 행복의 모습은 어떻게 변할까?"

모든 것은 양면이 있다. AI도 예외는 아니다. 대규모 살상 무기였던 원자폭탄은 발전소로 활용되면서 인류에게 엄청난 혜택을 주고 있다. 그러나 현재 상황이 그렇다는 것이지 발전소에 문제가 생기면 순식간에 대규모 살상 무기로 돌아갈 수도 있다.

다시 기계들이 인간의 일을 대신하려 한다. 지난날 이미 기계는 근로자의 생존을 위협하며 인간의 미래에 악역으로 등장한 적이 있다.

인간을 위협하는 기계를 부수어버리던 근로자의 극심한 불안감은 불과 19세기의 일이었다. 하지만 인간은 기계에 일자리를 빼앗기지도 않았고, 근로자의 권리는 더 확고히 보장되었다.

그런데 오늘날 다시 인간은 새롭게 변해가는 미래에 불안을 느낀다. 그 불안은 한 번 더 인간의 안녕과 존엄을 위협할지 모르는 기계들 때문이다.

오늘날 AI에 대한 불안은 지난날 있었던 다른 위협들과는 차원이 다르다. 그동안의 기계는 기껏 물리적 노동력이나 에너지 정도를 대체하던 것들이었으나 오늘의 AI는 인간이 최후 보루로 믿었던 '지적 능력'을 대체하려는 것이다. 그것은 인간이 한 번도 가보지 못한 미지의 세계를 향한 두려움이다.

"잠들기 전에 한 번 자문해보세요. 오늘 쇼핑과 외식에서 내 자유의지는 몇 퍼센트였고, 기계의 추천은 몇 퍼센트였는지. 인터넷과 스마트폰을 전혀 쓰지 않고 내린 의사결정은 얼마나 되었는지."

AI를 보는 사람들의 관점은 세 가지 유형으로 나뉜다. AI와 평화롭게 공존할 것이라는 AI 유토피언, AI가 인간을 위협할 것이라는 AI 디스토피언, 그리고 AI의 능력에 의구심을 품는 AI 회의주의자.

일본의 기획편집회사 '구텐베르크 오케스트라'의 대표인 저자가 만난 세계 각국의 AI 연구자들도 마찬가지였다.

거대한 시장과 정부의 적극적 투자로 급격한 기술 발전을 이루어가는 중국 선전, 정치적 불안정의 위험 요소에도 기죽지 않고 수학과 과학에 특화된 교육 시스템으로 숙련된 AI 인재들을 갖춘 러시아 스콜코보, 명실상부한 최첨단 기술 인재의 성지 미국 실리콘밸리, 이 세 곳에는 신앙에 가까운 기술 확신과 미래에 대한 낙관주의도 있고, 기술로 인해 변화할 미래에 의심과 불안을 가진 사람도 많다.

"우리는 AI의 진화를 낙관하고 있습니다. 우리보다 똑똑한 사물을 만들어 내는 것은 훌륭한 공적이 될 테니까요. 아무래도 인간은 여러 가지 제약에 둘러싸여 있거든요. 만일 우리 머리 크기가 두 배가 된다면 무슨 일이 일어날까요? 지금까지 본 적 없는 걸 볼 수 있게 해주는 것이 AI가 흥분되는 점입니다. AI의 진화를 그렇게 두려워할 필요는 없습니다."

중국 선전에서 만난, 홍콩과학기술대학 컴퓨터사이언스 엔지니어링 부문장 양치앙의 말이다.

"알고리즘에 의해 실행되는 디지털 쌍둥이가 있다면, 우리는 스스로 물어야 합니다. 기계가 인간의 교류를 대신할 수 있을지요. 앞으로 이용자들의 불안에는 이 문제가 대부분을 차지하게 될지도 몰라요."

러시아 스콜코보에서 만난 대통령실 산하 러시아 국가경제행정아카데미 부교수 옥사나 몰로즈의 대답이다.

"나는 인간이 살아남기 위해 굳이 일이 필요하다고 생각하지 않습니다. 기술이 대신 일을 해주는 게 나을 수도 있죠. 이를 위해 교육, 산업, 정부, 노조, 근로자의 새로운 협력이 필요합니다."

미국 실리콘밸리에서 만난 싱귤래리티대학 CEO 롭 네일의 견해다.

저자가 만난 많은 AI 전문가들은 AI의 발전이 가져올 미래에 큰 기대를 걸면서 매우 긍정적으로 개발에 매달려 있다. 그런데도 AI 세상이 불러올 윤리와 법적 문제는 산재해 있고, 저자는 이런 문제에 대해서도 전문가들의 이야기를 듣는다.

이 과정에서 저자는 'AI를 생각하는 일은 곧 인간을 생각하는 일'이라는 것을 깨닫고 질문을 던진다.

"인간의 의식이란 무엇인가?"

한 연구자는 AI의 창조성을 탐구하는 과정에서 커다란 과제와 직면할 수밖에 없다고 말한다.

"AI 연구를 하면 할수록 인간을 탐구하는 일이 됩니다. 이 분야에는 아직 알 수 없는 것들이 너무나 많습니다."

결국은 인공지능 알고리즘이 권하는 정보를 비판 없이 수용하는 '동물'도, AI를 무조건 신봉하고 의존하는 '기계'도 되지 말고 '인간의 길'을 찾아야 한다는 것이 저자의 메시지다.

"인간은 앞으로 점점 동물화할 것인가. 혹은 생명에 근접하려는 기계와 일체화할 것인가? 나는 무모하게도 그 어느 쪽과도 거리를 두는 자유의지를 믿어보려 한다. 자유의지야말로 인간이 인간으로 존재하기 위한 최상의 저항이기 때문이다."

필자는 이 책에서 중국 선전 이야기에 매우 공감할 수 있었다. 한국의 대중 매체는 대부분 미국과 같은 시각으로 중국을 이해하려 하지만, 4차산업에서 미국을 최대로 위협할 국가는 중국이다. 한국에서는 중국에 대한 부정적 평가가 실제보다 많은 듯한데, 중국의 저력을 과소평가해서는 절대 안 된다.

빅데이터는 PC와 인터넷, 모바일 기기에서 사람들이 이용하고 남긴 흔적을 모은 것이다. 중국의 인터넷 사용자는 2020년 12월 기준 9억8000만 명이다. 인터넷 보급률은 70.4%에 이르고, 이 중 대다수는 모바일을 이용한다. '통제'를 명분으로 이루어진 얼굴인식과 데이터 분석 능력은 이미 세계 최고 수준이다.

중국은 나라 안에서뿐 아니라 나라 밖에서도 세계를 움직이는 거대한 힘을 보유하고 있다. 세계 어느 곳을 가더라도 중국인이 없는 곳은 찾기 힘들다.

빅데이터의 효용은 눈앞의 실용성보다 '인간에 관한 탐구'가 우선이라는 점에서 중국의 잠재력은 어마어마하다. AI가 인간을 닮기 위해 가장 필요한 것은 빅데이터다. AI 발전의 가장 중요한 요소는 '인간을 얼마나 잘 아는가'이다. 우리가 물리적 노동력으로만 보았던 인구는 이제 '현대의 원유'라는 빅데이터의 기반이 되었다.

빅데이터에 필요한 정보를 수집하려면 규제와 인권 문제가 복잡하게 얽혀있는 자유민주주의 국가보다는 중국과 같은 사회주의 국가가 더 효율적일 것이다.

국민의 기본소득에 관해서 현재 유럽을 비롯한 여러 나라에서는 활발하게 관심을 기울이고 있다. 그들보다 보수적이라는 한국에서도 대통령 선거의 쟁점이 될 만큼 큰 이슈다. 인간이 AI와 자동화에 의해 생산성을 잃게 된다면 인류를 위해 사회는 어떤 방안을 내놓아야 할까? 지금까지 그에 대한 대응으로 '기본소득제' 이상의 대안은 없었다.

그러나 생산력을 잃은 인간이 구매력까지 잃지 않도록 국가에서 일정 소득을 보장해 준다는 개념은 아무리 좋게 보아도 사회주의에 가깝다는 비판을 면하기 어렵다.

일본 최고 부자인 소프트뱅크 손정의 회장은 최근 비전 펀드를 통해 240조 원에 가까운 투자를 진행하고 있다. 이는 모두 AI 와 같은 4차 산업혁명에 대한 투자다. 이처럼 유례없는 규모의 투자를 진행하는데도 그를 무모하다고 보는 사람은 많지 않다.

손정의 회장은 테슬라의 일론 머스크와 함께 괴짜 자산가로 유명하다. 일반인의 상상을 뛰어넘는 그들의 행보는 자칫 많은 이들에게 비난을 받을 수도 있지만 보기 좋게 성공하는 실적을 올리기도 했다.

일본은 현재 선진국 중에서 4차 산업혁명에 가장 뒤떨어진 나라라는 평가를 받는데, 손정의 회장처럼 제3의 눈으로 미래를 보는 인물도 적지 않다고 한다.

인간의 뇌와 인공지능 결합한 융합지능

임창환 《브레인 3.0》

1903년 10월 9일, 미국의 대표 신문 <뉴욕 타임스>에는 다음과 같은 기사가 실렸다.

'비행기를 만드는 일은 가능할 것이다. 하지만 수학자들과 기술자들이 백만 년, 아니 천만 년 정도를 열심히 노력해야 할 것이다.'

이 기사가 실린 후 정확히 2개월 8일 뒤에 라이트 형제는 플라이어호를 타고 하늘을 날았다.

이 책 《브레인 3.0》의 마지막에도 우리에게 닥쳐올 미래를 은유하는 글이 적혀 있다.

'2021년 1월 8일, 어제 날짜로 세계 최고 부자가 바뀌었다는 기사를 접했다. 빌 게이츠나 제프 베이조스 같은 인물이 아니라 일론 머스크라는 사람이다.'

일론 머스크는 얼마 전까지만 해도 희대의 사기꾼으로 매도되던 인물이다. 그가 운영하는 회사들은 공매도의 주요 표적이 되었고, 그를 조롱하는 기사가 연일 쏟아져 나왔다. 국가라 해도 하기 어려운 기상천외한 사업을 만들어 도저히 믿기지 않는 일을 벌이고, 언론을 조작해서 마치 있지도 않은 기술을 있는 것처럼 발표해 주주를 기만한다는 비난이 터져 나왔다.

그렇던 그가 세계 최고 부자로 발표되었을 때, 그의 반응은 어떠했을까.

"음, 일이나 하러 가야지."

그는 쿨하게 일어나 회사로 향했다고 한다.

그를 사기꾼으로 매도하던 공매도 세력은 테슬라 주가가 800% 급등하자 처절한 맛을 보았다.

2020년 8월 28일, 한 유튜브 스트리밍에 전 세계 10만 명의 눈길이 집중되었다. 2017년 일론 머스크가 설립한 뇌공학 스타트업 회사 '뉴럴링크'의 기술 발표를 시청하기 위해서였다.

일론 머스크는 그동안 인간의 뇌와 AI를 연결하겠다는 원대한 포부를 밝혀왔다. 이날 돼지의 뇌에 전극을 이식해 컴퓨터와 소통하는 기술이 성공적으로 시연되었다. 그의 포부가 허무맹랑한 것이 아니라 인류가 맞이할 새로운 혁신임을 증명한 것이다.

'일론 머스크'라고 하면 보통 테슬라 자동차를 생각하거나 조금 더 안다면 '스페이스X' 정도를 떠올릴 것이다. 그러나 그의 파격적 행보 중 하나인 뉴럴링크는 빼놓을 수 없는 그의 기발한 아이디어 중 하나다.

그는 가까운 미래에 레이저를 통해서, 라식수술만큼이나 간단하게 이 전극 이식 시술을 할 수 있다고 장담했다.

"누가 그런 무시무시한 시술을 받아?"

이렇게 되물을 수도 있을 것이다. 하지만 각막을 한 꺼풀 벗겨 내고, 그 속의 각막 내피를 레이저로 살짝 깎아낸 뒤 다시 덮어주는 라식 수술 방식을 처음 듣고서 필자가 했던 말도 바로 그것이었다.

"누가 그런 무시무시한 시술을 받아?"

예전 같으면 일반인은 바둑 고수를 절대로 이길 수 없었다. 만약 이긴다면 수년간 고된 훈련을 받은 뒤일 것이다. 그러나 이제는 인공지능이 가리키는 곳에 바둑알을 올려놓기만 하면 누구나 쉽게 세계 최고수를 이길 수 있는 세상이 되었다.

컴퓨터(computer)에는 '컴(com)'이라는 접두사와 '어(er)'라는 접미사가 있다. 의사소통(communication)이나 결합(combination)에서 알 수 있듯이 '컴'에는 '다 함께'라는 뜻이 있고, 접미사 '어'는 행위자를 말한다. 이미 아실 테지만, 컴퓨터는 원래 기계를 지칭하는 것이 아니라 직업을 지칭하던 말이었다. '모든 것을 입력(put)하는 사람'이었던 이 직업은 기계의 탄생으로 역사 속으로 사라져버렸다.

그들은 훗날 자기 직업이 기계를 지칭하는 대명사가 될 것이라고는 상상도 하지 못했을 것이다. 지금 우리가 찾는 의사나 변호사라는 직업이 언제 기계의 대명사가 되어 우리 후손들이 알고는, 그 일을 인간이 직접 했다는 데에 놀랄 세상이 올지도 모른다.

이 책《브레인 3.0》은 일론 머스크가 추진하는 인간 뇌와 인공지능의 결합을 '융합지능'이라고 부르며, 이를 인간 뇌 발전의 제3단계로 바라본다. '인간 뇌(브레인 1.0)'는 그 자체로 경이로운 시스템이다.

이러한 뇌를 가진 인간은 '인공지능(브레인 2.0)'을 발명하면서 인류 문명의 변화를 불러일으켰다. 그리고 이제는 인공지능을 인간 뇌와 결합하면서, '융합지능(브레인 3.0)'이라는 새로운 판도를 열고 있다.

이 책은 인간이 지금까지 발전시켜온 뇌의 3단계(인간 뇌→인공지능→융합지능)를 알기 쉽게 설명한다. 1부에서는 신경세포, 신경가소성 등 인간 뇌에 관한 지식을, 2부에서는 인공지능을 이야기한다. 그리고 3부에서는 바로 눈앞에 다가올 융합지능(브레인 3.0)의 미래를 정확하고 상세하게 이해할 수 있도록 돕는다.

저자는 서울대학교 전기공학부를 졸업하고, 동 대학원에서 석사와 박사 학위를 받았다. 미국 미네소타주립대 연구원과 연세대학교 의공학부 조교수를 거쳐 2011년부터 한양대학교 공대 생체공학과 교수로 있으면서 한양대학교 뇌공학연구센터장을 맡고 있다.

특히 인간 뇌와 기계를 연결하는 뇌-컴퓨터 인터페이스 분야에서 세계적으로 두각을 나타낸 젊은 뇌공학자다. 세계 저명학술지에 뇌공학과 패턴인식, 기계학습, 인지과학 분야의 논문 200편 이상을 발표했다.

저자는 20~30년 뒤에, SF영화에서처럼 인간 뇌의 일부가 전자두뇌로 대체되는 세상이 오더라도 전혀 이상할 게 없다고 말한다.

인공지능은 현재 자체학습 기능인 머신러닝과 강화학습을 통해 진화를 거듭하고 있다. 인공지능은 의료, 법률, 음악, 미술 등 분야를 가리지 않고 적용 범위가 확장되고 있으며, 자의식을 지닌 인공지능도 현실화되고 있다.

2016년 오하이오주립대학교 연구팀은 신경이 끊어져 팔 아랫 부분을 움직이지 못하는 환자의 팔에 전기자극을 가할 수 있는 전극을 붙인 다음 생각만으로 팔을 움직일 수 있게 했다.

같은 해 피츠버그대학교 연구팀은 로봇의 손가락에 압력센서를 부착한 다음, 손가락을 건드리면 대뇌 감각피질에 전기자극이 가도록 해서 어떤 손가락을 건드렸는지 알아내는 실험에 성공했다.

저자는 인간의 의식과 감정은 뇌와 긴밀히 연결되어 있다고 말한다.

"우리 뇌만 온전히 남아 있다면 몸 전체가 기계로 대체된다고 해도 '인간'으로 볼 수 있다고 생각한다. 우리 마음은 심장에 있는 것이 아니라 뇌 속 깊은 곳에 자리 잡고 있다."

인간 뇌에 있는 860억 개의 신경세포는 전기신호를 주고받으며, 인간의 수많은 생각과 감정을 처리하고 저장한다. 따라서 뇌과학과 뇌공학을 이해하는 것은 인간을 깊이 이해하는 일과 다르지 않다.

뇌과학을 통해 이해된 인간 뇌는 인공지능을 비롯한 새로운 과학기술의 원천이 된다. 동시에 이처럼 뇌를 개발하는 뇌공학 기술은 치매나 PTSD, 우울증 등 뇌와 관련된 질환을 치료하는 중요한 역할을 담당한다.

인간 뇌와 인공지능을 결합한 '융합지능' 시대는 멀지 않다. 이는 인류의 미래를 개선하는 중요한 기회일 수도 있고, 기계에 의한 인류의 종속이라는 전대미문의 혼란을 일으키는 원인이 될 수도 있다.

"인간 뇌는 '에너지 효율'을 중시해 진화하다 보니 생존에 필수적이지 않은 기능은 다른 동물이나 기계보다 불완전하거나 떨어지는 측면도 있다. 상대적으로 최적화가 덜 된 것으로 볼 수 있다. 그래서 실수나 착각을 하기도 하고 여러 가지 질환에 취약하기도 하다. 우리 두뇌가 완전하다면 '뇌공학'이라는 학문은 발생하지 않았을 것이다. 인간의 두뇌가 지닌 불완전성을 어떻게 보완하느냐가 뇌공학 분야에 맡겨진 과제이기 때문이다."

저자는 뇌공학의 현재를 요약하며 인공지능의 진화를 설명한다.

"인간의 진화는 거의 멈추었지만 인공지능은 진화를 거듭하고 있다. 페이스북에서 개발한, 사람 얼굴인식 인공지능인 '딥페이스'는 사람이 지닌 얼굴인식 수준을 이미 따라잡았다. 알파고를 만든 구글의 '딥마인드'는 우리나라 국민 게임인 스타크래프트에 도전장을 내밀었고, '알파스타'라 불리는 인공지능 플레이어는 게임 스타크래프트 2에서 유명 프로게이머들을 제치고 '그랜드 마스터' 레벨(상위 0.2%)에 등극했다."

머신러닝을 이용한 패턴인식 기술의 발전으로 필체 인식이나 음성 인식이 가능해졌고, 인공지능 컴퓨터 시스템인 IBM의 왓슨은 의사의 권위에 도전하고 있다.

법률 분야에서는 인공지능 기술이 접목된 판례 검색 소프트웨어가 보급되어 이미 관련 업무를 대신하고 있으며, 우리가 접하는 금융이나 스포츠 관련 기사 중에는 인공지능 기자가 쓴 기사를 어렵지 않게 찾아볼 수 있다.

인간이 만든
AI가
인간을 지배한다

아미르 후사인 《센시언트 머신》

이 책은 요즘 최고 화제로 떠오른 일론 머스크 이야기로 강한 충격을 주며 시작한다. 일론 머스크는 한때 인공지능을 인류의 가장 큰 위협이라고 소리치며 악마를 소환했다고 경고했다.

그는 허무맹랑한 이야기꾼으로 유명하다. 그가 얼마나 터무니없는지, 포용성이 비교적 강하다는 미국 사회에서조차 혀를 내두를 지경이다.

그가 경영하는 테슬라 자동차에 관해 이야기할 때, 사람들은 마감이 깔끔하지 못하다거나, 생산량이 적다는 등의 불만을 표시한다. 그러나 일론 머스크는 언제나 당당하다.

"우리는 최고의 전기차를 생산하기 위해 노력하지 않는다. 다만 최고의 차를 만들기 위해 노력한다."

최고의 차를 만들기 위해 전기차를 고집한다는 말이다. 그는 또 자신이 경영하는 테슬라 모터스를 자동차 제조회사라 하지 않고, 소프트웨어 회사라고 강조한다. 예전에 맥도널드 창업자 레이 크록이 자기 회사는 요식업이 아니라 부동산회사라고 했던 것처럼.

그들이 갖다 붙이는 '일반 제조업의 소프트웨어' 적용은 이미 그 이전부터 우리 피부에 닿아 있다. 테슬라는 자동차 시트에 어떤 가죽을 쓰는지, 어떤 소재를 사용하며 어떤 디자인을 적용하는지 광고하지 않는다. 그들은 자율주행 기능이나 자동 주차 기능 등의 기술에 관해서만 말한다.

일반인의 상식으로는 너무 허무맹랑한 말을 하는 그는 일본 최고 갑부 손정의 회장과도 비슷하다. 두 사람 다 소프트웨어와 AI가 미래의 지배산업이 될 것이라고 굳게 믿고 있다.

그들은 그런 미래에 투자하면서도 항상 그 위험을 이야기한다. 스티븐 호킹이나 빌 게이츠, 헨리 키신저, 스웨덴 철학자로 옥스퍼드대학 교수인 닉 보스트롬 등도 같은 이야기를 한다. 인공 초지능 시대의 도입부를 살아가는 인류는 초반에는 굉장한 혜택을 받겠지만 결국은 재앙을 입을 것이라는 예측이다.

우려되는 것은 '딥러닝' 기술이다. 짜놓은 알고리즘대로 대답하는 기존의 기술을 넘어, 인공지능은 스스로 학습하며 발전을 거듭하고 있다.

필자는 어린 시절 게임을 통해 인공지능을 접한 적이 있다. 간단한 게임에서 컴퓨터를 상대하는 것은 인간을 상대하는 것과는 다른 미묘한 차이가 있었다. 대략적인 패턴을 알면 금방 이기게 되는 간단한 인공지능은 정말 시시한 존재였다.

하지만 이세돌 9단이 알파고에 패배하던 순간을 필자는 잊지 못한다. 세계 바둑의 최고수인 이세돌 9단이 인공지능에 지고 바둑계를 은퇴한 뒤, 우리는 두 번 다시 알파고를 이기는 인간을 보지 못했다. 알파고는 스스로 학습하며 발전을 거듭해 인간이 이길 수 없는 수준으로 뛰어넘어 버렸다.

기계가 이런 '지적 능력'을 뛰어넘어 '자기 인식 능력'을 갖는 순간을 이 책의 저자는 염려한다. 기존의 인공지능(ANI)에서 범용인공지능(AGI)으로 넘어가는 것은 위험하다는 말이다.

현재의 인공지능은 음성 인식이나 바둑 같은 특정한 문제를 해결하는 정도지만, 곧 등장하게 될 범용인공지능은 특정 문제뿐 아니라 주어진 모든 상황에서 생각하고, 학습하고, 창작하는 지능이다.

이 책은 의식을 지닌 기계의 등장이 불러올 인류의 변화를 보여 준다. 인간의 지시를 받지 않고도 자기 고유의 생각을 펼쳐나가는 기계 '센시언트 머신'은 인류를 번영시킬 획기적인 발명품이다. 그것은 지각을 갖춘 기계다. 여기서 '센시언스(sentience, 직감)'는 자신의 목적을 설정하기 위해 '나'라는 개념을 다른 모든 것과 분리된 것으로 인식하고, 목적을 자기 존재의 증명으로 삼는다.

컴퓨터과학자이자 인공지능 회사 CEO인 저자 아미르 후사인은 '센시언트 머신'이 의료, 국방, 금융, 인지 공간 등 여러 분야에서 일으킬 혁신을 생생하게 묘사한다. 이 기계는 인간 존재와 우주 전반에 대해 인간이 지니고 있던 기존 통념과 태도에 획기적인 전환을 요구할 것이다.

이로써 만물의 영장이었던 인간의 특별한 지위는 무너지는 것일까? 기계는 인간과 다르게 지치지 않는 에너지를 지니고 있다. 알파고와 왓슨은 인간이 계산하지 못하는 방대한 데이터를 눈 깜짝할 사이에 처리한다. 이런 기계들이 자기 뜻대로 생각하고 판단까지 한다면 인간의 앞날이 걱정스럽지 않은가.

학자들은 인간이 상실할 것 중 하나로 '노동'을 들기도 한다. 기계가 더 효율적으로 일을 할수록 사람은 일자리를 잃을 것이다. 일자리를 잃은 사람도 살기 위해 소비를 해야 하므로 국가는 기본소득을 지급할 것이다.

그렇게 일은 안 하고 소비만 하다 보면 사람은 소비 능력만 키울 것이고, 기계는 생산능력이 더욱 향상될 것이다. 영화 '월-E'처럼 인간은 이동형 안락의자에 앉아 커다란 컵에 담긴 탄산수나 마시고 있어야 한다. 그런 세상이 온다면 인간은 기본 철학과 자아 상실을 겪을지도 모른다.

필자도 이와 비슷한 생각을 한 적이 있다. 만약 내가 두 사람이라면, '일하는 나'를 시켜 돈을 벌어오게 하고, '책벌레 나'는 집에서 좋아하는 책이나 읽고 있으면 얼마나 좋을까.

테슬라는 공유경제의 미래에 대해서 비현실적이면서도 현실적인 내안을 제시했다. 자동차 주인이 차를 이용하지 않을 때는 차가 스스로 돌아다니며 사람과 화물을 운송해주고 수익을 만들어줄 수 있다고. 그렇다면 인간은 어디서 일자리를 얻을 수 있을까?

이제 바둑 최고수가 되고 싶으면 알파고가 시키는 대로 돌을 놓기만 하면 된다. 그런데 이것이 바둑이 아니라 국가 간의 전쟁이라면 어떻게 될까? 지금 그나마 다행이라면 알파고는 아직 경기에서 이기고 싶다는 승리욕이나 지배욕이 없다는 사실이다. 하지만 이제 곧 그들에게 승리욕이나 정복욕이 생성된다면 인간은 그들을 제어할 수 없을지도 모른다.

신이 인간을 창조했으나 이제 인간이 신을 이용하는 시대가 되었다. 많은 종교 지도자들이 신을 이용해서 신을 믿는 사람들을 우롱한다. 인간도 그 전철을 밟아 자신이 만든 인공지능의 지배를 받는 길을 걷게 될지도 모른다.

지금 당장
유튜브를
시작해야 하는 이유

강민형 《당신의 유튜브를 컨설팅해드립니다》

2012년 싸이의 '강남스타일'이 세계적으로 유명해질 때 필자는 해외에 있었다. 당시 한국 언론에서 '한류'라는 말이 새롭게 유행할 때, 해외에서 인기가 많고 수익이 엄청나다는 한류 연예인들은 실제로 해외 현지인들에게는 잘 알려지지 않은 경우가 많았다.

'코리아'라고 답하면 제일 먼저 돌아오는 질문은 '남한이냐 북한이냐'였다. 여기에 농담으로 '북한'이라고 대답해도 누구 하나 놀라지 않을 만큼 한국을 향한 관심은 크지 않았다. 한국 매체에서 놀라는 것보다 해외에서는 한류가 그리 대단해 보이지 않을 무렵 싸이의 '강남스타일'이 등장했다.

그전까지 '월드 스타'니 '한류 열풍'이니 하던 말들은 고작 동남아시아에서나 통용되었다. 그런데 싸이가 등장하고부터 심심찮게 현지인들이 '강남스타일'을 따라부르거나 싸이의 얼굴이 찍힌 티셔츠를 입고 다니는 모습을 보게 되었다.

'이게 진짜 한류구나!'

뉴질랜드 시골 마을 백인 주민들이 모두 싸이의 존재를 알고 있다는 사실을 눈으로 확인하고, 필자는 '한류'를 실감하기 시작했다. 5G 시대, 즉 4G 대비 데이터 용량은 1000배 많고 속도는 200배 빠른 5세대 이동통신 시대가 본격적으로 열리면서 한국은 새로운 시대를 맞이하고 있다는 생각이 들었다.

영국, 스페인, 일본 같이 전 세계적으로 영향력을 행사하는 나라 중에 '한류'는 특이하게도 평화적인 방법으로 확산하는 거의 유일한 콘텐츠라고 생각한다. 제국주의의 영향이나 전쟁 없이, 콘텐츠만으로 이처럼 언어와 문화를 수출하는 것을 보면 우리 국민은 자부심을 느껴도 좋을 것이 분명하다.

필자가 해외에 머물던 시기는 한류가 한창 확장하던 때였다. 그때는 한류가 그저 일부 마니아층의 취향 정도였다. 하지만 5G 시대가 열리면서 한류는 유튜브를 타고 엄청난 속도로 확장해갔다.

필자가 가장 좋아하는 MBC 드라마 <허준>이 방영될 때까지만 해도 우리나라 드라마와 영화 산업이 이처럼 미국 거대자본에 의해 할리우드 스타일로 변해갈 것이라고는 상상도 하지 못했다. 유튜브는 이제 앞뒤의 군더더기 없이 콘텐츠만으로 승부를 가르는 공정한 시장의 판이 되었다.

2020년 11월 기준, 한국인이 가장 많이 사용하는 애플리케이션 1위는 유튜브다. 사용자 수는 '국민 앱'이라 불리는 카카오톡에 밀렸으나, 사용시간은 한 달에 총 622억 분으로 카카오톡보다

2.3배가 많다. 3위인 네이버가 190억 분이니 실제로 얼마나 많은 사람이 유튜브를 이용하는지 알 수 있다.

코로나 19로 사람들이 비대면에 익숙해졌다고는 하지만, 인간은 지난 수백만 년간 사회성을 발달시켜 온 동물이다. 자신의 유전자를 후대에 남길 수 있는 최적의 방법으로 '외모'를 선택할 만큼 얼굴을 중요하게 생각한다.

실제로 목소리와 외모가 이성을 선택하는데 가장 중요한 요인이 되는 것처럼, 인간은 비대면 활동으로 해결하지 못한 일부 정서적 안정감과 사회적 유대감을 유튜브로 해결하려는 것이 아닌가 하는 생각이 들 정도다.

'필터버블(filter bubble)'이라는 말이 있다. 대형 인터넷 정보기술 업체가 개인 성향에 맞춘 정보만을 제공해 비슷한 성향을 지닌 이용자를 한 울타리 안에 가두는 것을 말한다.

알고리즘이 내가 선택하고 좋아했던 것들 위주로 나에게 추천해준다. 그래서 나와 전혀 다른 새로운 정보를 접하기보다는 스스로 택한 주제에 함몰하게 한다.

유튜브를 켜면 책에 관한 내용만 소개되고, 인스타그램 친구에는 책에 관심 있는 사람들만 나오다 보니, 스스로 많은 사람이 책에 관심이 있다고 착각하는 경향이 생긴다.

정치적 성향에서도 이와 비슷하다. 자신과 비슷한 정치 성향을 보이는 영상만 보다 보니 비슷한 사람들과 비슷한 구독자들끼리 섞이며, 결국 5G 시대에 맞는 더 넓은 세계관이 아니라 고립만 반복하는 것이다.

이는 확증편향처럼 자신이 말하는 것이 세상의 응원에 힘입어 진리에 가깝다는 착각에 빠지게 한다. 확증편향은 자신의 신념과 일치하는 정보는 받아들이고, 일치하지 않는 정보는 무시하는 경향을 말한다.

이것은 굉장히 위험한 일일 수 있다. 필자가 책에 관한 내용에만 빠르게 반응을 보인다는 것을 알았을 때, 조금 더 넓은 관심사를 갖기 위해 유튜브를 진행해야 하지 않을까 하는 생각을 했다. 콘텐츠를 책이 아닌, 책이 가지고 있는 여러 소재를 발굴해 이야기하면 좋겠다는 결론에 이르렀다.

이 책은 이미 유튜브를 시작한 사람들에게는 더 큰 동기부여와 자신감을 주고, 아직 시작하지 않은 사람들에게는 지침서가 될 것으로 믿는다.

얇은 책 속에 아주 많은 내용이 함축적으로 들어있다. 완독에는 1시간이면 충분하다. 이젠 거의 필수적으로 알아야 하는 것이 유튜브다. 이 책이 알려주는 내용은 필수적인 것이다.

어린 시절 '컴퓨터 활용' 시간에 워드프로세서로 문서 작성하는 법을 배우곤 했다. 이제 우리 아이들의 '컴퓨터 활용' 시간에는 워드프로세서와 별개로 유튜브 편집에 관한 교과 내용이 수록되어야 하지 않을까.

세종사이버대학교 유튜버학과 교수인 저자는 유튜브 전문 교육 채널 '유튜브랩' 대표다. 유튜브 활동에 필요한 콘텐츠 기획, 촬영, 편집, 디자인, 유튜브 수익화, 유튜브 리터러시 등 다양한 교육 영상을 제작해 가르치는 초보 유튜버들의 멘토다.

저자는 책에서 강조한다.

"단순한 유행을 넘어 유튜브가 대세인 시대가 왔다. 누구든 쉽게 유튜버가 될 수 있는 유튜브 세상에서 많은 사람이 '억대 연봉의 유튜브 부자'를 꿈꾸기 시작했다. 하지만 대다수가 수익 창출의 기본이라는 구독자 1000명과 시청 시간 4000시간도 달성하지 못하고 중도에 포기하고 만다. 아무나 도전할 수는 있으나 아무나 성공할 수는 없는 유튜브 세계에 발을 들여놓기 전에 유튜브를 시작할 준비가 정말로 되어있는지 점검해 보아야 한다. '구독자들에게 인기 있는 채널 콘셉트는 무얼까?', '알고리즘을 이용해 구독자를 늘릴 방법은 없을까?', '새롭고 멋진 기획은 어떻게 할 수 있을까?' 이런 고민이 하나라도 남아 있다면 처음부터 다시 제대로 공부해야 한다."

저자는 자신이 겪은 시행착오를 경험 삼아 초보 유튜버들에게 확실한 가이드를 제시한다. 아직도 망설이고 주저하는 크리에이터들의 데뷔를 응원하면서 유튜버로서 첫발을 뗄 수 있도록 채널 분석부터 기획과 운영까지 상세하게 이끌어준다.

어떤 조사에 의하면 지금 한국의 MZ세대 남녀 10명 중 6명이 유튜버를 시작할 의향이 있다고 한다. 흔히 말하는 '유튜브 할 거야'는 '퇴사할 거야', '술 끊을 거야', '살 뺄 거야'와 함께 젊은 직장인 '4대 거야'에 등극한 지 오래다.

인류는
새로운 공간을
찾아 달려간다

유현준《공간이 만든 공간》

물리학에서는 보존 법칙이 중요하다. 외부 힘이 작용하지 않는 고립된 물리계에서는 운동량과 에너지 같은 물리적 분량이 변하지 않고 보존된다는 법칙이다. 그래서 무중력 상태에서는 한 번 전해진 힘이 끝까지 유지된다.

하지만 이것만으로는 설명되지 않는 자연 현상들이 많다. 열의 흐름이 대표적이다. 얼음과 뜨거운 물을 섞으면 미지근한 물이 된다. 하지만 미지근한 물은 아무리 두어도 뜨거운 물과 얼음으로 나누어지지 않는다.

열과 관련된 물리현상 이해에 필수적인 개념이 바로 '엔트로피(entropy)'다. 물리계의 무질서한 정도를 말한다. 즉 깨끗이 청소하고 정리한 방안도 시간이 지나면 어지럽혀진다. 이렇게 무질서해지면 그 물리계의 엔트로피가 증가한 것이다.

이처럼 정돈에서 무질서로 나아가는 현상은 인류의 발전 과정에서도 그대로 나타났다. 최초부터 동양과 서양의 문화는 각기 그 특성에 맞게 발전을 시작했다. 동양은 강수량이 많고, 서양은 강수량이 적은 지리적 차이로 인해 서로 다른 문화를 형성했다.

강수량이 적은 서양에서는 밀 농사를 짓고, 강수량이 많은 동양에서는 벼농사를 지었다. 집단의 도움 없이 개인 혼자 할 수 있는 밀 농사는 종사자의 심리에 '개인 우선'의 프로그램을 심었다. 반대로 개인의 힘을 합친 집단 공사가 더 많이 필요한 벼농사는 종사자의 심리에 '관계 우선'의 프로그램을 심었다. 종사자들의 심리 속으로 들어간 프로그램은 그 사회의 성향이 되었다.

생활문화에서도 큰 차이를 보였다. 강수량이 많아 지반이 약한 동양의 건축물은 가벼워야 하므로 주로 목재를 사용해 지었다. 강수량이 적어 지반이 단단한 서양의 건축물은 돌이나 벽돌 같은 단단한 재료를 쌓아 만들었다. 동양은 나무기둥 위에 지붕을 얹는 건축양식을 취하고, 서양은 돌이나 벽돌 벽 위에 지붕을 얹는 양식을 취하게 되었다.

동양은 기둥 위에 지붕을 얹은 형태여서 창이 크고 내부에서 외부를 바라보는 시간이 많았다. 바깥 풍경이 중요했다. 벽을 기반으로 하는 서양은 창문을 크게 내기 어려웠다. 창문이 작으니 내부에서 외부를 바라보는 풍경은 중요치 않았다.

같은 씨앗이라도 어디에 심는지에 따라 다르게 자라나는 지리적 차이는 시간이 흐르며 다른 방향으로 뻗어 나갔다. 이렇게 다르게 뻗어 나간 지리와 역사가 기술이 발전해서 서로 교류함에 따라 점차 섞이기 시작했다. 동양은 서양의 문화와 건축양식을 받아들이고, 서양은 동양의 문화와 건축양식을 받아들였다.

현대에 이르러서는 동서양이 모두 같은 모양의 철제콘크리트 구조로 빌딩 숲을 이루게 되었다. 물리학의 엔트로피 증가 법칙과 같이, 서로 구분되던 두 문화가 융합하며 무질서한 하나의 덩어리가 되어가고 있다.

'새로운 생각은 어떻게 만들어지는가?'

새로운 생각이란 '창조'가 아니라, '모방'과 '융합'에 있다. 1492년 크리스토퍼 콜럼버스가 아메리카 대륙에 닿았을 때, 유럽에서는 '개척'이라는 말을 사용했다. 물론 이 말은 틀린 것이다. 아메리카 대륙은 원래 거기에 있었던 것이고, 그들이 처음으로 그곳을 가보았기 때문에 '발견'일 뿐이다.

새로운 공간을 찾아 이동하는 인간의 본능은 엔트로피 증가 법칙처럼 무질서하게 뻗어 나간다. 완전하게 비어있는 공간으로 확장하고자 하는 본능은 사실 우주의 법칙을 따르는 것이다.

최근 지상의 모든 공간을 촘촘하게 사용하고 있는 인간은 비어있는 새로운 공간을 찾아 떠나는 시도에 흥미를 보인다. 스페이스X 창업자이자 경영자인 일론 머스크는 지난 2020년 10월 16일 국제화성학회에서 천명했다.

"2024년이 되면 먼저 무인 우주선을 발사하고, 26개월마다 화성 발사가 가능한 행성 궤도에 문제만 없다면 3년 안에 다시 화성 우주선을 발사할 수 있다."

인간은 끊임없이 '새로운 공간'을 향해 무질서하게 뻗어 나간다. 우주 공간에 대한 욕심과 더불어 인간이 다시 새롭게 확장해

나가는 공간은 '사이버공간'이다. 인간은 우주탐사보다 더 빠른 속도로 온라인 공간을 확장하고 있다.

콜럼버스가 신대륙을 발견하고 500년 뒤, 그 새로운 공간에서 인류는 미국이라는 역사적으로 가장 강한 나라를 만들었다. 그리고 겨우 수십 년 전, 인간은 최초의 어설픈 온라인 공간을 개척하기 시작했다.

그리고 오늘에 이르러서는 '페이스북', '아마존', '유튜브' 등 새롭게 창조된 거대 기업들이 온라인 대륙에 정착해 새로운 주거 문화와 역사를 창조해 나가고 있다.

비가 얼마나 내리느냐 하는 작은 환경 요소가 집단의 인간 심리와 문화, 역사에 거대한 영향을 끼친 것처럼, 사이버공간의 작은 요소 하나하나가 그 공간의 문화와 거주자들의 심리에 커다란 영향을 끼칠 것이다.

페이스북과 유튜브 등의 프로그래밍은 정교한 알고리즘에 의해 현대 건축물과 같이 복잡한 짜임새로 세워져 있다. 이런 건축물이 세워지기 위해서는 제일 먼저 지반이 있어야 한다. 건축물이 들어서기 위한 최적의 지반을 생산해내는 것이 진짜 '신대륙'의 의미다.

이런 지반과 토양은 현대 사이버공간에서 무엇을 의미하는가. 바로 반도체와 그래픽 처리장치다. 오늘날 삼성전자와 엔비디아는 신대륙을 발견하기 위해 떠나는 탐사선 역할을 한다.

현재 한국의 코스피 순위를 보자.

1. 삼성전자(반도체)

2. SK하이닉스(반도체)

3. 네이버(IT)

4. 카카오(IT)

5. 삼성바이오로직스(BT)

6. LG화학(배터리)

7. 삼성SDI(배터리)

8. 현대차(전기차)

9. 셀트리온(BT)

10. 기아(전기차)

어떻게 해서 이 땅에 이런 절묘한 기회가 열렸는지, 눈부시게 급변하는 시대의 흐름에 한국은 경이로울 만큼 보기 좋게 올라타고 있다.

유럽의 변방이던 작은 나라 포르투갈과 스페인은 신항로와 대륙을 발견하며 패권국 지위를 얻었다. 그 뒤로 영국과 프랑스가 다시 신대륙을 발견하며 패권국 지위를 가져갔다. 새로운 공간을 먼저 확장한 이들이 다음 시대의 패권을 이어가는 인류의 역사를 보자면 우리 한국은 시대의 흐름에 잘 순항하고 있다고 해야 할 것이다.

이것은 어느 나라나 비슷한, 당연한 시대의 흐름이라고 생각할 수도 있겠으나 유럽과 비교해보면 확실히 다르다는 것을 알 수 있다. 프랑스 파리증시 1위인 LVMH는 명품 소비재, 2위 로레알은 화장품 소비재 생산기업이다. 그밖에 10위 이내에서 절반 이상이 식품과 명품, 화장품을 만드는 소비재산업이다. 영국 또한 1위인

HSBC홀딩스는 금융, 2위 제약, 3위와 4위 에너지이고 아래로 갈수록 필수소비재가 차지한다.

이것을 보면 역사의 패권이 미국과 동아시아 쪽으로 옮겨가는 것이 명확한 시기에 우리는 현명한 관찰자이자 투자자로 자리를 차지할 수 있다.

이 책의 저자 유현준은 홍익대학교 건축대학 교수이자 '(주)유현준건축사' 대표다. 하버드대학교를 우등으로 졸업하고 MIT에서도 공부한 미국 건축사다. 세계적인 건축가 리처드 마이어 사무소에서 실무를 배우고, MIT 건축연구소 연구원과 교환교수를 지냈다.

청와대 리모델링 자문을 맡고, 한국 건축대전 심사위원, 베니스 비엔날레 한국관 부 커미셔너를 지냈다. '알쓸신잡'을 비롯해 TV 프로그램에도 자주 출연한다.

그는 평소에 자신의 전공과는 다른 분야의 도서를 주로 읽고, 다른 분야 사람들이나 자신과 생각이 다른 사람들과 이야기하기를 즐긴다고 한다. 상대방의 말을 잘 수용하면서도 그들의 말과 다른 자기 생각을 이야기하며 토론한다는 것이다.

이 책은 저자의 이런 태도가 만든 책이다. 방대한 분야의 이론으로 자신의 주장을 뒷받침하며 자기 생각을 풀어낸다.

앞으로 세계는 지역 간 교류와 분야 간 융합이 활성화하면서 새로운 생각과 문화가 눈부시게 탄생할 것이다. 현재의 문화 유전자가 진화에서 차지하는 단계는 어디쯤이며, 앞으로는 새롭게 무엇을 탄생시킬까? 저자는 건축을 중심으로 과학, 역사, 지리 등 다양한 분야를 아우르며 문화의 기원과 창조, 교류, 변종, 발전에 관해 이야기한다.

　모든 분야의 창작자들이 그러하듯이 건축가들도 새로운 공간을 만들어 내려고 끊임없이 고민한다. 이런 고민은 다른 지역의 문화를 받아들이고, 옛 문화를 끌어와 적용하게 한다. 미술과 철학, IT, 패션 등 각종 분야를 접목해 새로운 건축물을 만든다.

　그러나 모든 융합이 다 성공적인 것은 아니다. 건축에 철학을 접목한 '해체주의' 건축은 올라가도 막혀 있는 '철학적 개념이 있는' 계단을 만들고, 부부가 함께 잘 수 없는 분리된 침실을 만드는 등 현실과 거리가 있는 공간을 만들었으나 한때의 유행으로 그치고 말았다.

　해체주의로 기괴한 형태를 만들던 미국 건축가이자 하버드대학 교수였던 피터 아이젠만은 새로운 소프트웨어의 도움으로 자유 곡선형의 건축 디자인을 할 수 있었다. 그러나 파격적인 디자인을 실제 건축물로 지어줄 시공 기술이 받쳐 주지 못해 실패하고 말았다.

　캐나다 출신 미국 건축가 프랭크 게리는 그런 한계에서 벗어나 곡선으로 된 건축 디자인을 실제 건축물로 만드는 데 성공했다. 자동차나 비행기 제작 기술을 도입해, 컴퓨터로 그린 형태를 재현하는 데 성공한 것이다. 기술 발달은 예전에는 구현할 수 없었던 형태의 건축물을 세상에 선보일 수 있게 해 주었다.

　현재 우리는 SNS 속의 가상공간이 실제 공간에 영향을 주는 시대에 살고 있다. 다가오는 미래에는 무엇이 우리 문화와 공간에 영향을 줄까? 저자는 디지털 기계와 아날로그 인간의 융합이 있는 곳에 새로운 문화가 나타날 것이라고 말한다.

하지만 기술에만 의존하는 것은 다양성을 사라지게 할 것이다. '인간다움'을 만들어 내지 않으면 안 된다.

"동양의 도자기가 서양으로 대량 유입되면서 처음으로 영향을 받은 디자인 분야는 조경이다. 수입된 도자기 표면에 동양의 정원이 그려져 있었기 때문이다. 서양인들은 처음 보는 우아한 곡선 지붕의 건축물에 충격을 받았다. 그것은 마치 상자 같은 건물만 보며 자란 우리가 프랭크 게리의 '디즈니 콘서트홀'이나 이라크 출신 자하 하디드의 서울 동대문 'DDP' 같은 곡면 건축물을 보았을 때와 비슷한 충격이 아니었을까? 당시 유럽의 건축은 기하학적이고 직선의 딱딱한 모습이었던데 비해 도자기 속의 정자 건축은 자유로운 곡선 모습이었다. 서양인들은 이전에는 접해 본 적이 없는 새로운 정원과 건축물을 동경하고 따라서 하게 되었다. 영국인들이 정원에 정자 비슷한 퍼걸러(pergola)를 짓고 중국 차를 마시는 전통은 이때 생겨난 것이다."

저자는 모방과 융합을 강조한다.

"20세기 후반 최고의 건축가로 추앙받는 미국의 루이스 칸은 발트해변의 에스토니아에서 가난한 유대인의 아들로 태어났다. 그는 침묵하는 동양의 보이드(void, 빈 공간)를 서양의 기하학적인 틀에 성공적으로 맞추어 넣었다. 그와 같은 창조 작업을 할 수 있었던 것은 다양한 문화를 수용하고 융합하는 능력 때문이었다. 프랑스의 르 코르뷔지에와 독일 출신의 미스 반 데어 로예가 서양 건축가로서 근대의 새로운 기술에 동양의 문화 유전자를 융합하는 능력을 보여주었다면, 루이스 칸은 현대식 건축 기술을 사용하면서도 동시에 서양 전통 건축, 도가 사상, 유대 민족 문화까지 자신이 접한 모든 문화적 유전자를 섞어 융합시킨 건축가였다. 특히 20세기 전반에 사라진 서양의 전통문화 유전자를 복원해 사용한 점은 그만의 독특한 성취다."

플랫폼 바다에서
익사하지
않으려면

홍기영 《플랫폼 승자의 법칙》

프랑스의 세계적인 영화감독 뤽 베송이 1997년에 내놓은 영화 〈제5원소〉가 있다. 인간을 알뜰살뜰 보살피는 인공지능 비서가 나오는데, 어린 마음에도 그 장면에 콧방귀를 뀌었다. 전자레인지 같이 생긴 깡통 로봇이 인간의 말을 알아듣고 말하다니.

'정말 영화 같은 얘기로군.'

하지만 지금 내 스마트폰 측면에는 〈제5원소〉의 인공지능보다 훨씬 가벼운 녀석이 달려 있다. 버튼만 누르면 언제든지 내가 묻는 말에 대답해준다.

영화 〈제5원소〉를 되돌려보면 지금 우리는 소름 돋을 만큼 똑같이 이 영화의 초입에 서 있다는 것을 알게 된다. 이 책 《플랫폼 승자의 법칙》도 공상과학이 아니라 우리 코앞에 닥친 경제와 시장 이야기다. 이 영화를 볼 당시에는 먼 미래였던 시대가 바로 우리 코앞에 닥친 것이다.

세상은 엄청나게 빠른 속도로 변해간다. 세계 경제는 지금 플랫폼 기업들이 거머쥐고 있다. 지난해 미국 기술주를 대표하던 FAANG(페이스북, 아마존, 애플, 넷플릭스, 구글) 같은 대형 플랫폼 기업이 한국에는 왜 없는지 사람들은 안타까워한다. 카카오나 네이버 같은 우리나라 기업들은 대체 무엇 하는 거야?

하지만 한국의 플랫폼 시장이 왜 미국처럼 커지지 않는지, 그 이유를 알아야 한다. 답은 플랫폼 기업의 수익구조에서 찾을 수 있다. 플랫폼 기업은 제조업과는 달라서 대부분의 수입이 광고에서 발생한다. 그래서 이용자들은 이용료를 내지 않고, 편리하고 값싼 플랫폼을 사용할 수 있다.

이런 구조가 유지되려면 플랫폼 이용자 수가 절대적으로 많아야 한다. 한 페이지에 머무는 사람이 100명일 때와 1만 명일 때의 광고료는 다르다. 플랫폼에 더 많은 이용자가 머물러야 광고 수익도 높아진다.

이런 구조일 때 가장 중요한 것은 언어와 인구다. 한글로 된 페이지에 아무리 많은 사람이 찾아온다 해도 이용자는 5000만 명을 넘기 힘들다. 하지만 영어는 사용 인구가 15억 명 이상이다. 마찬가지로 중국어 사용 인구도 15억 명이 넘는다. 그러니 노출빈도가 낮은 한글 플랫폼은 광고료도 낮을 수밖에 없다.

미국 달러가 세계 기축통화라는 사실도 중요한 역할을 한다. 기축통화는 세계 어디서나 자유롭게 사용할 수 있다. 그래서 미국 플랫폼을 이용하는 것이 절대적으로 편리하다.

또 국가의 산업 규모가 커야 한다. 국가가 어떤 수준의 내수 시장을 보유하고 있는지가 매우 중요하다. 그 산업이 지닌 기본적인 데이터베이스 또한 중요한 요소다.

우리나라는 내수만으로 경제가 성장하기 힘들어도 미국은 내수 시장 규모가 상당하다. 그래서 자국 플랫폼을 광고에 이용하면 초기 단계에서 빠르게 성장할 수 있다. 또 미국은 이미 시장의 자본 축적이 충분하다.

플랫폼 기업이 성장하려면 충분한 이용자가 플랫폼에서 충분한 시간을 보내야 한다. 그러기 위해서는 이용자들의 근로시간이 짧아야 한다. 세계적으로 근로시간이 길기로 유명한 한국은 플랫폼 기업이 살아가기 쉬운 조건이 아니다.

플랫폼 기업의 성장으로 이득을 보는 것은 플랫폼 기업만이 아니다. 광고주는 광고효과를 볼 수 있고, 생산자는 생산성 극대화를 이룰 수 있으며, 이용자는 편리하게 이용할 수 있다. 플랫폼 생태계에서는 기업뿐이 아니라 이용하는 모두가 이득을 볼 수 있다.

한국은 세계에서 인터넷 환경이 가장 발달한 나라다. 우리 국민은 거의 모두 스마트폰을 이용하며, 최첨단 플랫폼을 사용한다.

필자는 뉴질랜드 남섬 캔터베리 지역의 전원도시 랑기오라에서 몇 년을 살았다. 영화에서나 보는 아름다운 공원이 있는 깔끔한 마을인데, 충격적인 것은 마을 전체가 인터넷은커녕 전화 통신 안테나도 잡히지 않는다는 사실이었다. 이런 환경에서는 넷플릭스가 아무리 저렴한 영화를 서비스한다 해도, 인터넷 비용이 거의 DVD를 빌려보는 수준으로 나왔다.

한국의 이런 저렴하고 품질 좋은 인터넷은 다양한 플랫폼 기업을 빠르게 성장시킬 수 있다. 그렇게 되면 우리 산업의 효율을 극대화하고 소비와 생산 모두에 크게 이바지할 수 있다. 나라가 작고 국민이 많지 않은 것이 크게 한스럽다.

세계 최초로 주식회사 개념을 선보인 네덜란드는 소유의 공동화로 엄청난 부를 축적했다. 이런 네덜란드의 패권은 얼마 후 영국으로 넘어간다. 하지만 네덜란드는 그 패권을 다시 빼앗아오기 위해 전쟁을 벌이거나, 자국 산업을 더 키우려고 애쓰지 않았다.

그들은 더욱 현명하게도 떠오르는 패권국 영국에 과감하게 투자하며 또 다른 경제발전을 이룩했다. 여기서 배울 수 있다면 우리는 미흡한 플랫폼 산업을 탓하기보다 플랫폼 산업의 확대를 지지하고 도와주는 투자자 역할로 부상해야 할 것이다.

플랫폼 기업이 규모가 커질수록 반도체나 소재, 배터리 산업 등의 규모도 커지게 된다. 어쩌면 우리는 미국의 플랫폼 산업 확산에서 가장 큰 수혜국이 될 수도 있다.

넷플릭스가 전 세계로 확장하면서 아시아 시장을 노리기 시작했다. 북미와 유럽을 다 합친 것보다 인구가 많은 아시아 시장은 플랫폼 기업으로서는 개봉하지 않은 꿀단지 같은 곳이다.

이런 아시아 시장을 열기 위해서는 아시아를 아우르는 문화 콘텐츠가 있어야 한다. 그들이 분석한 콘텐츠는 바로 '한류'다. 중국에서도 통하고, 인도네시아에서도 통하며, 싱가포르에서도 통하는 문화 콘텐츠 하나를 발전시키면, 그 콘텐츠를 보기 위해 몰려드는 아시아 시장의 구독자들이 늘어날 것이다.

그 때문에 넷플릭스는 한국의 문화산업에 아낌없이 투자한다. 그래서 우리는 <킹덤>과 같은 블록버스터 대작을 한국인이 만들고 한국어로 들을 기회를 얻게 되었다. 그리고 아주 최근에는 웹 드라마 <오징어 게임>이 대 히트를 기록했다.

이 책 《플랫폼 승자의 법칙》 저자 홍기영은 <매일경제> 기자로 시작해 그곳에서 한 우물을 판 언론인이다. 서울대학교 국제경제학과를 졸업하고 같은 대학 경영대학원에서 국제재무관리로 석사, 미국 미주리대학교 경제학과에서 화폐금융론으로 경제학 박사 학위를 받았다.

이 책은 아마존, 넷플릭스, 구글 등이 어떻게 세계 경제를 지배하게 되었는지 그 비결을 파헤친다. 또 위워크, 타다 등 몰락한 기업 사례에서 주의할 점도 살핀다. 특히 적정 수수료 책정 실패, 아이디어 부족, 경영진의 자만이 대표적 원인이라는 것을 알려준다.

많은 플랫폼 기업이 존폐 위기를 맞는다. 세상에는 수많은 플랫폼이 등장하고 사라진다. 성공에 이르는 플랫폼 비즈니스는 손꼽을 정도로 희소하다.

제조업체의 플랫폼 전환은 전략 폭이 넓다. 예를 들어 '자동차 업계의 애플'로 불리는 테슬라는 자동차를 소프트웨어 플랫폼 관점에서 접근한다. 자동차는 하드웨어라는 인식에서 벗어나, 차의 성능을 최대한 활용할 수 있는 방식으로 소프트웨어를 개발하고 이를 플랫폼화하는 것이 핵심이다.

테슬라는 자율주행 기술, 전기차 배터리 관리 등 모든 것을 플랫폼 관점으로 접근해 혁신적인 미래지향적 유동성 서비스를 추구한다.

플랫폼 기업도 생태계를 형성하며 성장한다. 기업 간 경쟁을 넘어 진영 싸움을 벌인다. 기업이 소비자와 지지자를 모두 끌어들여 플랫폼 생태계를 만든다. 기업 내부 혁신은 물론 수많은 외부 공급자 및 개발자와 협력하고, 국경을 넘어 외부 자원과 기술을 끌어들여 가치를 창출한다. 장기적인 관점에서 생태계 가치를 극대화하는 것이다.

예를 들어 아마존은 아이패드 생태계에서 전자책 콘텐츠 공급자 역할을 하고, 전자책 전용 단말기 킨들 생태계에서 플랫폼 사업자 역할을 하면서 상황 변화에 탄력적으로 적응하고 있다.

'잠자는 공룡' 마이크로소프트(MS)를 깨운 사람은 2014년 2월 CEO에 오른 사티아 나델라다. 나델라는 '모바일 퍼스트, 클라우드 퍼스트'라는 새로운 비전을 제시했다. 윈도만 고집하던 기존 방식에서 벗어나 클라우드 시장에 뛰어들어, 퍼블릭 클라우드 서비스 '애저(Azure)'로 틈새시장을 공략했다.

단순히 데이터 저장공간만 빌려주는 것이 아니라 윈도와 오피스365 등 통합 소프트웨어도 제공하며 아마존웹서비스와 차별화했다.

또 전 세계에 수많은 데이터센터를 세우며 클라우드 사업에 투자를 아끼지 않았다. 스마트폰 사업 등 승산이 없다고 판단한 영역은 미련 없이 포기하고, 선택과 집중을 확실히 했다. '애저'를 비롯한 클라우드 부문은 MS 전체 매출의 4분의 1 이상을 차지하며 성장을 이끌고 있다.

알리바바는 이미 중국에서 금융업 토대를 튼튼히 다져왔다. 전자상거래 플랫폼에 더해 지급과 결제 서비스인 알리페이를 기반으로 자산운용, 신용평가, 인터넷전문은행, 보험 등 금융 전방위로 서비스를 확대하고 있다.

중국 메신저 플랫폼을 운영하는 텐센트도 지급과 결제 서비스인 위챗페이를 기반으로 소액대출, 신용평가, 자산운용, 보험 등 공격적인 금융업 진출 전략을 구사한다.

온라인과
오프라인이
사이좋게 발전한다

송승선 《호모 옴니쿠스》

중국에서는 몇 해 전부터 포장마차 같은 길거리 음식을 먹고
도 QR코드로 결제한다는 말을 들었다. 이제까지 알던 중국과는
사뭇 다른 모습이다. 국민이 15억 가까운 나라에서 현금 사용이
사라진다면 세계적으로 돈에 대한 개념이 완전히 바뀌고, 유통과
소비에 대해서도 생각이 달라져야 하지 않을까?

플랫폼 기업의 등장으로 세계는 언제 어디서나 오프라인과 온
라인의 경계를 넘나들며 가격과 품질을 쉽게 비교할 수 있게 되
었다. '바가지'가 사라지는 시대가 된 것이다. 간단한 사진 촬영이
나 검색만으로도 최저가 판매처를 확인할 수 있다. 판매자에게는
불만일 수도 있겠으나 소비자로서는 환영할 일이다.

중간 유통이 배제되어 유통비용도 줄어든다. 은행 창구는 구시
대 유물이 되어가고, 언제 어디서든 이체와 은행 업무가 거의 가
능하다.

'민원24'에 접속하면 필요한 관공서 서류를 자유롭게 출력할 수 있다. 종이를 들고 대기해 거래하던 주식도 홈트레이딩이 일상화되었고, 그로 인해 '단타'라는 투자방식도 형성되었다.

인간은 빠른 속도로 온라인 속으로 빨려들고 있다. 그것이 좋든 싫든 소비자에게는 피할 수 없는 일이 되었다. 필자도 그렇다. 거리의 서점에 들렀다가 보고 싶은 책이 있으면 인터넷 서점에서 확인한다. 반대로 인터넷 서점에서 뽑은 책의 리스트를 들고 거리의 서점에 가서 구매하기도 한다.

온라인과 오프라인은 나름대로 장단점이 있다. 오프라인은 점점 온라인에 잠식되어 사라질 것 같이 생각될 수도 있으나 그렇지 않다. 그 둘은 언제나 공존할 것이다.

편의점이 전국에 깔려있어서 택배 활동이 가능하다는 말이 있는 것처럼 온라인과 오프라인은 언제든지 상부상조하며 상생할 것이다. 다만 더 효율적인 방향에 따라 온라인으로 넘어가거나 오프라인에 남을 것이다.

지금은 온라인과 오프라인, 채널과 채널 사이에서 모든 것이 기술로 연결되는 시대다. 우리는 이미 많은 채널을 넘나들며 살고 있다. 이렇게 살아가는 '무경계 인간'을 이 책의 저자는 '호모 옴니쿠스'라고 이름 붙인다.

컴퓨터와 인터넷을 본 적도 없는 아날로그 시대에 태어나 최첨단 온라인 유통조직의 리더로 살아간다는 저자는 일상을 통해 연구한 새로운 비즈니스와 유통 방향을 짚어준다.

현재 홈플러스 모바일사업부문장으로 있는 저자는 서울대를 졸업하고 삼성 여성 공채 1기로 입사했다. 제일합섬 마케팅 분야와 미국계 회사 페덱스코리아 창립 멤버로도 마케팅 경력을 쌓았다. 이후 롯데마트 온라인사업 총괄 임원 등 다양한 '옴니채널'에서 일했다. 옴니채널이란 소비자가 온라인, 오프라인, 모바일 등 다양한 경로를 넘나들며 상품을 검색하고 구매하는 서비스다.

"내가 원하는, 나를 위한 쇼핑 서비스가 곧 고객을 위한 서비스다. 전통적인 '오랜 친근함'이라는 감성에 기술을 연결해서, 효율화라는 가성비뿐 아니라 마음의 만족을 찾는 '가심비'도 충분히 작동하게 할 수 있다. 기술을 통해 체험의 느낌을 살리면서 사회적 거리 두기가 가능한 새로운 비대면 아바타 쇼핑은 계속 확대될 것이다. 온라인과 오프라인을 결합하고 거기서 생성되는 데이터를 기반으로 전방위 물류망을 구축하는 '신유통'을 시도하고 있다."

하버드대학교 경영대학원 출신으로 국내 최대 사모펀드 운용사인 MBK파트너스를 경영하는 김병주 회장도 말한다.

"코로나 사태는 큰 충격이고 그 여파가 지속할 수밖에 없다. 하지만 IMF 외환위기와는 분명 다르고 그 충격도 덜할 것이다. 외환위기가 시스템 자체가 고장 난 것이라면 코로나 위기는 어차피 있던 추세를 겉으로 드러내고 속도를 높인 것이지 새로운 패러다임을 만든 것은 아니다. 쇼핑만 봐도 소비자들은 이미 온라인 구매로 가고 있었는데, 코로나가 터지면서 5~10년 걸릴 것을 1년으로 단축한 것이다. 앞으로 산업은 온라인과 오프라인의 융합, 즉 옴니채널이 정답이다. 이런 포인트들이 코로나 사태로 드러났다."

자신을 잘
알리는 사람이
몸값을 올린다

은서기 《이제 개인의 시대다》

수년 전 《90년생이 온다》가 혜성처럼 등장했다. 평화로운 회사 조직문화에 '그들', 90년생이 등장하면서 풍파를 일으킨다. 그들은 주류가 되어 회사 문화를 바꾸어간다. 강한 조직력으로 뭉쳐야 한다고 생각하던 기성세대는 조금씩 힘을 잃는다. 그렇게 90년생이 왔다.

시간이 지났다. 90년생이 온다고 호들갑을 떨던 시기를 지나 이제는 2000년생이 온다. 90년생이 온 지 얼마나 지났다고 더한 세대들이 몰려오는 것이다. 동시에 나이 든 세대는 사라져간다. 은퇴하고 퇴직한다. 사회에 변화의 바람이 불어온다.

90년생은 자기중심적인 것이 특징이다. 조직문화보다 개인의 삶을 더욱 중요시한다. 고리타분한 사원, 대리, 과장, 부장 같은 타이틀보다는 유튜버, 블로거, BJ 등의 타이틀을 얻기 위해 노력한다. 방송국이나 신문사로 향하던 광고 물량은 이제 개인에게 넘어간다. 노출이 많은 개인은 커다란 광고판이 되어 스스로 몸값을 정한다.

2016년 한국경영자총협회가 312개 기업을 대상으로 조사한 대졸 신입사원의 1년 내 퇴직률은 27.7%나 된다. 말단으로 입사해 사장 자리까지 올라간다는 희망을 품고 취업하는 젊은이들은 이제 없다. 있다 하더라도 집단 문화를 조금이라도 경험해보면 얼마 지나지 않아 퇴직한다.

그동안 우리는 너무도 당연하게 중산층이 탄탄한 사회를 살아왔다. 중산층이 탄탄한 사회에서는 기본 의무교육 과정을 거치고 대학을 졸업하면 누구나 취업해 중산층 입성이 가능했다.

그러나 그런 시기는 지났다. 이제 곧 집단이 무너지고 개인의 시대가 온다. 지금 우리 앞의 사회가 이것을 말해주고 있다. 이런 사회에 대비하는 가장 좋은 방법은 '노출'이다. 사람들에게 자신을 드러내는 것이다.

지금까지 '대중'은 대부분이 수동적이었다. 공급자의 방식을 수동적으로 받아들였다. 그런 사회는 집단에서 개인으로 바뀌더라도 달라지지 않는다. 그러므로 개인의 시대가 오기 전에 누가 먼저 대중 속에서 자신의 인지도를 높이느냐 하는 것이 관건이 될 것이다.

얼마 전만 해도 '파워블로거'라는 이름을 내건 사람들이 있었다. 하지만 그들은 영향력과 비교해 부나 명예를 얻지 못했다. 시간이 지나자 그들은 거의 활동을 멈추거나 다른 플랫폼으로 이동했다. 그들은 이제 블로거가 아닌 '인플루언서'라는 이름으로 플랫폼을 이동해가며 영향력을 발휘한다. 그리고 수입이 늘어난다.

우리 모두에게는 색깔이 있다. 빨강, 파랑, 노랑 등 각기 다른 색깔을 지니고 있어서 누구나 다르고 새롭다. 하지만 모든 색을 합치면 검정이 된다. 노랑, 빨강, 파랑이 하나둘 섞이고 대중이 되면 다 같이 검정으로 변해간다.

전체는 개인을 그렇게 만든다. 검정이 되면 각자의 개성을 잃고 스스로 검정이라는 자아를 형성해간다. 모두 다른 색을 지니고 태어난 개인이 대중이라는 이름에 묻혀 자신을 검정으로 버려둘 이유가 있을까?

흥선대원군 시절 경복궁을 재건하기 위해 동원된 인원은 수공업의 우두머리인 장인들만도 하루 1600명에 달했다고 한다. 하지만 현대는 훨씬 적은 인원으로 훨씬 큰 빌딩을 짓는다. 기술과 기계, 기법이 발전하면서 많은 사람이 모여 집단으로 일할 필요가 없어졌다. 50명이 할 일을 굴착기 한 대가 해결할 수도 있다.

이런 것들은 먼 미래의 일이 아니다. 지난 몇 년간 우리를 스치고 지나간 키워드를 생각해보자. '90년생이 온다', '노마드', 'FAANG', '블록체인', '사물인터넷', '인공지능', '알파고', '미·중 무역 전쟁' 등 많은 단어가 개인의 시대를 말해왔다. 지금 이 순간은 지나가는 막차를 잡기 위해 손을 흔들며 버스를 쫓아가는 순간일지도 모른다.

앤디 워홀은 말했다.

"일단 유명해져라, 그러면 당신이 똥을 싸도 대중은 손뼉을 쳐줄 것이다."

10명에게 알려지고 10명이 지지자인 것보다는 100만 명에게 알려지고 99만 명이 안티팬인 게 차라리 낫다고 한다. 그런 의미에서 개인의 노출은 어쩌면 호모사피엔스가 사회를 형성해가면서 꾸준하게 달려온 하나의 방향이지 않을까?

이 책은 강조한다.

"산악인들에게는 '등정주의'와 '등로주의'가 있다. 등정주의는 최고와 최초에 가치를 두고, 등로주의는 어려운 루트를 개척하며 역경을 극복하는 데 가치를 둔다. 산악인마다 추구하는 방식에 따라 의미가 다르다."

"산의 정상은 인간이 임의로 만든 것이다. 정상에 있는 표지석도 인간이 세운 것이다. 원래 산에는 정상이 없다. 사회는 이런 수많은 정상을 만들어 인간들을 치열하게 경쟁시킨다. 정상은 조직의 시대가 만들어 놓은 산물이다. 개인의 시대에는 개인이 정상을 만들면 된다. 세상은 빠르게 변한다. 이제 내가 있는 곳이 사무실이고, 내가 있는 곳이 진료실이고, 내가 있는 곳이 강의실이고, 내가 있는 곳이 민원실이다."

"조직의 시대에는 개인이 조직에 충성하면 승진하고, 정년을 보장받고, 어느 정도 안정된 삶을 살 수 있었다. 그러나 4차 산업혁명 시대에는 사회의 변화에 따라 '조직'보다는 '나' 자신이라는 인식이 확산하고 있다. 이제 조직을 위해 희생하지 않으려 한다. 개인이 우선이 된 것이다."

이 책의 저자는 대우실업과 삼성그룹에서 30여 년간 컨설턴트와 프로젝트매니저로 일해온 경영학 박사로, 제조, 공공, 유통, 금융, 서비스 기업을 대상으로 컨설팅과 시스템 구축 프로젝트를 수행했다. 그리고 개인의 능력 강화와 디지털 비즈니스 모델 창출을 위해 4차 산업혁명 시대의 협업과 커뮤니케이션, 자기 노출에 관해 연구해왔다.

"오늘과 같은 초연결 사회에서는 많은 사람을 잘 연결해서 어떻게 활용하느냐가 중요하다. 연결은 추종자를 모으고, 혁신을 불러일으키고, 전략을 개발하고, 해법을 실행하며, 문제를 신속하고 창조적으로 해결해준다. 초연결 사회에서 생존하는 법은 노출이다. 노출을 통해 스스로 나를 설명해 가야 한다. 내가 관계를 맺는 것들이 바로 나를 설명하는 것이다. 스마트폰 하나만 있으면 누구나 새로운 관계를 만들어 내는 시대다. 굳이 사람을 대면할 필요도 없다. 관계를 맺기 위해 돈을 쓸 필요도 없다. 조직 시대의 학연, 지연, 혈연 등 휴먼 네트워크의 의미도 약해지고 있다. 인간관계를 유지하기 위해 다른 세력에 기대어 상처받을 필요도 없다. 내가 중심이 되어 노출 플랫폼에서 나를 알리면 된다."

세계 질서의 대격변이 닥쳐온다

피터 자이한 《21세기 미국패권과 지정학》

1800년, 세계 인구가 처음으로 10억을 돌파했다. 이때 조선의 인구는 대략 1640만으로 추정한다. 작은 나라였다. 우리가 국력을 이야기할 때 흔히 경제력과 군사력을 예로 든다. 지금은 경제력과 군사력을 평가하는 기준이 각기 달라졌지만, 이전 국가들의 경제력과 군사력은 모두 인구로 평가했다.

부양 가능한 인구가 많다는 것은 그만큼 농업생산량이 많다는 것을 의미한다. 풍부한 농업 생산은 더 많은 인구를 부양할 수 있게 하고, 더 많은 인구는 더 많은 농산물을 생산하게 하며, 이는 언제든 대규모 국가사업을 진행하거나 전쟁 수행도 가능하게 한다.

인간은 대표적인 소비 주체이자 생산 주체다. 그런데 20세기에 들어서면서 인간의 생산역할이 기계로 넘어가기 시작했다. 1811년에는 이를 반대하는 '러다이트 운동'이 일어나기도 했다.

영국 중부와 북부의 직물공업 지대에서 근로자들이 조직적으로 기계를 파괴하기 시작했다. 처음에는 노팅엄의 직물공장에서 시작해 랭커셔, 체셔, 요크셔 등 북부의 여러 주로 확대되었다. N. 러드라는 가공인물의 지도로 조직적으로 전개되어 야간이면 복면을 하고 무장훈련과 파괴 활동을 자행했다.

당시는 산업혁명이 진행 중이었고, 나폴레옹전쟁으로 경제불황에 빠져 고용감소와 실업자가 증가하고 임금 지급이 늦어졌다. 거기에다 물가는 나날이 올랐다. 근로자들은 실업과 생활고의 원인을 기계 탓으로 돌리고 기계 파괴 운동을 일으킨 것이다.

당시 우리는 정조 임금 시대가 저물고 수 세대 동안 인구증가 속도가 급격하게 줄어들기 시작했다. 이는 농업생산량을 줄어들게 했고, 군사력은 물론 경제력에서도 외국과의 경쟁에 뒤처지게 했다.

시대의 흐름은 중요한 것이다. 자본주의에서 소비의 중요성은 당연한 일이지만, 생산인구가 줄어드는 것은 치명적이다. 자본주의는 인플레이션을 기반으로 한다. 더 많은 생산을 하고, 그보다 더 빠른 인구 증가로 더 많은 소비를 촉진하면서 물가상승을 일으켜야 자본주의를 지탱할 수 있다.

산업이 생산력을 높여 소비를 따라가게 하던 인구증가는 앞으로 30년 안에 변화를 맞이하게 될 것이다. 인간이 아닌 기계, 즉 인공지능이 더 많은 생산에 참여하기 때문이다.

기계는 인력처럼 많은 에너지와 자원을 요구하지 않고, 인구도 줄어 더 많은 자원을 소비할 바탕이 사라질 것이다. 소비는 줄고 공급은 늘어날 것이다.

그런데 이런 자본주의의 문제를 타개할 새로운 방법이 등장했다. 바로 온라인 시장이다. 기계와 인공지능에 의해 높아진 생산을 무제한 소비하도록 경제 구조가 변해간다. 이 변화의 흐름에 가장 중요한 열쇠를 쥐고 있는 것이 동양이다.

비생산 소비재인 '온라인 데이터'를 판매하는 국가는 미국이다. 세계 최대 플랫폼 회사들이 모두 미국에 몰려 있다. 하지만 비슷한 규모의 플랫폼 기업이 중국에도 존재한다. 아직은 사회주의 국가라 폐쇄적인 모습이지만 분명히 여기서도 데이터 판매는 이루어지고 있다.

타이완과 한국은 이런 플랫폼 기업이 원활하게 데이터를 판매할 수 있게 하는 하드웨어 공급 국가다. 바로 100여 년 전만 해도 군사들에게 지급할 쌀이 없어 모래 섞인 쌀을 배급하던 시기를 지나, 우리는 무한대 소비재인 데이터의 하드웨어 공급을 하고 있다.

많은 사람이 한국 인구가 급격하게 줄어드는 것을 우려하고 있다. 맞는 말이다. 인구가 줄면 국력도 줄어든다. 머릿수가 적어지면 아이디어가 적어지고, 서로에게 힘을 불어 넣어주는 기세도 약해지게 된다.

그러나 생산인구의 감소를 걱정한다면 그것은 큰 이유가 되지 못할 것이다. 앞으로 생산의 주체는 인력이 아니라 인공지능과 자동화가 맡을 것이기 때문이다. 알고리즘이 마케팅을 담당하고 데이터가 물건 역할을 할 것이다. 이 구조에 의하면 생산능력은 인구가 아닌 데이터가 결정할 것이다.

현재는 미국 달러가 기축통화이기 때문에 미국은 생산보다 소비가 중요한 국가가 되었다. 앞으로는 데이터와 소비력이 국력이 될 것이라고 필자는 확신한다.

우리나라 핵심산업 중에서 앞으로 기대되는 분야는 '엔터테인먼트 산업'이다. 방탄소년단이 부른 노래는 30년 뒤에도 온라인에서 조금도 뒤떨어지지 않고 건재할 것이다. 우리 딸들이 들을 수도 있고 손녀들이 들을 수도 있다.

어머니가 물려주신 옷이나 아버지의 녹슨 라이터처럼 낡거나 유행에 뒤져 사용하기 어렵게 되지도 않고, 언제라도 사용할 수 있는 스테디셀러가 될 것이다. 우리가 전 세계에 뿌려 놓은 한류는 아직은 우리 삶에 영향이 크지 않지만, 인류의 데이터 사용 문화가 본격적인 궤도에 올라서면 오랜 기간 우리에게 부를 가져다 줄 것이다.

머지않은 미래에 한국은 원유 수출량 세계 5위의 입헌군주국 노르웨이처럼, 마르지 않는 데이터 원유인 '한류'를 소유한 부국이 될 수 있으리라고 확신한다.

일본은 2차 세계대전에서 패망하고 얼마 지나지 않아 1인당 GDP가 331달러였다. 당시 말레이시아는 226달러, 필리핀은 255달러였다. 그때 누가 20~30년 뒤에 일본이 세계 1위를 차지할 것이라고 예상이나 했겠는가.

이제 새로운 시대가 열렸다. 앞으로 필요한 것은 얼마나 많은 정보를 입력하느냐가 아니라, 얼마나 많은 사람에게 소비될 데이터를 생산할 능력을 갖추느냐다. 많은 사람에게 영향을 미칠 수 있는 '공감 능력'은 앞으로 돈이 몰릴 대상이다.

연예인들은 감성을 파는 사람들이다. 앞으로 기대할 영역은 문학이나 영상, 음악, 미술과 같이 대중이 소비할 '인간다움'을 생산하는 일이라고 믿는다.

1960년대 인기직업 순위는 택시운전사, 자동차 엔지니어, 다방 DJ 순이었다. 영원할 것 같은 세상은 빠르게 변한다. 늙고 오래된 눈으로 아이들의 미래를 바라보면 안 된다. 아이들이 살아갈 세상은 우리가 감히 상상조차 할 수 없다.

이 책의 저자 피터 자이한은 지정학 전략가이자 글로벌 에너지, 인구통계학, 안보 전문가다. 미국 국무부에서 근무하고, 세계 최고 민간 정보기업 '스트랫포'에서 분석 담당 부사장으로 일했다. 2012년에 자신의 회사를 설립하고, 에너지 대기업, 금융기관, 농업 단체, 미군 등 주요 고객들에게 세계정세 분석과 지정학 관련 정보를 제공한다.

저자는 이 책에서 단언한다.

"현 체제에 닥쳐오는 위기는 매우 단순하다. 전 세계에 대한 미국의 기조가 '개입하지 말자'로 바뀐 것이다. 앞으로 무역은 시들해진다. 미국은 이제 더는 세계 운송경로를 보호하지 않는다. 미국은 동맹국들이 쇠퇴하도록 내버려 둔다. 오랫동안 미국의 보호를 받는 데 익숙해진 나라들은 스스로 힘을 키워야 한다. 전력을 확보하고, 국민의 일자리를 유지하고, 국경의 안보를 지켜야 한다."

저자는 미국과 중국의 패권 경쟁도 대단치 않게 본다. '브레턴우즈 체제'의 붕괴와 함께 중국의 부상을 부른 조건들이 허물어진다는 것이다.

"중국은 1970년대 미국 주도의 반소련 동맹에 가담하면서 브레턴우즈 체제에 편입되었다. 그것을 발판으로 경제적 도약을 시작했고, 21세기 들어 세계 제2위 경제 대국으로 부상했다. 그런데 이제 중국의 엄청난 성공으로 브레턴우즈 체제는 와해 될 수밖에 없게 되었다. 미국이 자신의 패권에 도전하는 나라에 자국 시장에 대한 자유로운 접근을 허용하지 않을 것이기 때문이다."

미국과 중국의 패권 경쟁은 미국이 브레턴우즈 체제를 유지할 때나 가능한 것이다. 브레턴우즈 체제가 사라지면 중국은 자국의 존립을 걱정해야 하는 처지가 된다. 중국은 현재 GDP의 15%를 대미 수출에 의존하고 있고, 필요한 석유의 3분의 2를 수입한다.

브레턴우즈 체제가 붕괴하면 중국은 석유, 원자재, 해외 시장을 확보하는 데 엄청난 난관에 직면하게 된다. 세계에서 2번째로 막강한 해군력을 보유하고 있는 일본은 이제 그 힘을 드러내 과거의 일본처럼 행동하게 될 것이다. 이런 여건으로 인해 중국은 혼란스러운 상황을 맞이하게 된다.

그렇다면 저자는 미국에 대해서는 어떤 견해를 가지고 있을까?

"브레턴우즈 체제의 붕괴와 세계 질서의 변화로부터 미국은 비교적 자유롭다. 거대한 내수 시장과 셰일 에너지, 역동적인 인구 구조가 다른 대륙의 혼란을 차단한다. 2015년 기준으로 수출이 미국 GDP에서 차지하는 비중은 8.5%고, 그나마도 3분의 1은 북미자유무역협정 국가들과의 교역이다. 셰일 혁명 이후 제조업이 대거 미국으로 귀환하고 있다."

갈수록 미국의 해외 의존도는 줄어든다. 세계는 무질서에 빠져들지만, 미국의 힘은 상대적으로 더욱 강해진다. 미국은 세계 권력 구조가 어떤 양상을 띠든 해양을 지배한다. 미국의 해군력은 세계의 다른 해군력을 모두 합한 것보다 월등하다. 미국의 이러한 해군력이 세계의 공공 해역을 지키고 있어서 자유무역이 유지되어왔다.

미국이 해양의 안전 보장을 최우선 과제로 여기지 않는다고 해도 세계 어디든 개입할 역량을 지니게 된다. 21세기에 어떤 나라가 과연 미국의 패권에 도전할 수 있을지 상상하기 어렵다.

중국은 일본, 러시아, 인도 같은 지역 강대국들에 둘러싸여 있는 데다, 현재의 해군력으로는 공해에 접근하기조차 쉽지 않다. 독일과 프랑스가 주도하는 유럽연합은 머지않아 와해 될 운명이고, 독일은 자원이든 시장이든 에너지든 자체적으로 해결할 수 있는 게 별로 없다.

러시아는 자국의 경제를 에너지 수출에만 의존하고 있고, 인구 구조는 절망적인 상황으로 빠져들고 있다. 일본 역시 에너지와 자원에 접근하는 자국의 생명선을 미국에 의존하고 있다. 이런 국가들이 어떤 식으로든 현상 변화를 시도하게 될 경우, 미국의 전략은 그것을 막아내는 데 초점을 맞추게 될 것이다.

저자는 미국 국무부에서 근무한 사람인만큼 세계를 보는 눈이 미국 중심주의를 벗어나지 못했다고 할 수도 있겠으나 진실에서 멀리 벗어났다고 할 수도 없다.

그렇다면 다가오는 무질서의 세계에서 어떤 국가가 살아남을 수 있는가?

"지난 70년 동안 세계는 시장 접근과 원자재 공급원, 자본 조달에 대해 아무런 걱정 없이 살았다. 이제는 그 걱정을 하고 살아야 할 시대가 되었다. 기존 세계 체제를 유지하는 데 흥미를 잃은 미국이 무차별적으로 시장 접근과 안보를 보장해 주리라는 기대는 접어야 한다. 물자, 자본, 시장을 둘러싸고 나라들이 각축전을 벌이게 되고, 세계는 무질서에 빠져들게 된다. 무질서의 세계에서 안보와 자원, 시장을 확보하지 못하는 나라는 살아남기 어려울지도 모른다."

심각한 위기 속에
기회가
숨어 있다

이현훈 《코로나 이후의 새로운 세계》

위기는 기회다. 세계 3대 투자가 중의 하나인 짐 로저스는 저서 《위기의 시대, 돈의 미래》에서 한국에 대해 말했다.

"한국어 '위기'에는 '위험'과 '기회'라는 두 가지 뜻이 포함되어 있다."

10년 동안에 4200%라는 경이적인 수익률을 올린 미국의 슈퍼 투자가에게서 이런 말이 나오다니 놀랍다.

위기는 위험이지만 기회이기도 하다. 우리는 제조업 평균가동률이 11년 4개월 만에 최저치를 기록하고, 재고율은 21년 9개월 만에 최고라는 뉴스가 있었다. 국가에서 뿌린 긴급재난지원금 효과는 두 달 만에 사라지고 경기는 다시 제자리로 돌아갔다고도 한다.

제조업의 재고율이 높아지는 것은 자본주의 사회에서 어쩔 수 없는 현상이다. 소비가 줄면 공급에 차질이 생기는 것은 당연한 일이다. 그렇다고 갑자기 공급을 멈출 수도 없다. 공장이 넘어지지 않기 위해서는 자전거처럼 무조건 달려야만 한다. 일정률의 공급을 계속하기 위해 정부와 사회는 소비를 부추겨야 하고.

코로나 19로 세계는 마이너스 성장을 맞이하게 되었다. 그렇다고 문명의 후퇴는 아니다. 자본주의의 후퇴일 뿐이다. 이런 만성적인 과잉생산으로 경제가 비틀대던 시절이 있었다. 1929년 세계 대공황이다. 그때는 '뉴딜정책'으로 정부가 적극적으로 공공사업을 벌여 일자리를 창출하고 실업자를 줄였다.

그러나 단순히 더 많이 사서 쓰는 방법으로 소비와 수요의 균형을 맞추려는 정책은 근본적인 원인을 해결하지 못한다. 과소비는 더 큰 과소비를 부를 뿐이다. 그런 악순환 끝에서 마지막 불꽃을 올린 것은 중국이었다. 중국 경제가 성장하면서 더 많은 생산과 소비가 발생해, 세계 경제는 조금 더 생명을 연장할 수 있었다.

그런데 이제 중국의 불꽃도 꺼지기 시작한다. 앞으로 '한강의 기적'이나 '나일강의 기적' 같은 후진국의 부흥은 일어나지 않는다. 앞으로 세계는 '노동'보다 '기술' 위주로 성장해 갈 것이기 때문이다.

'기술'은 후진국보다는 선진국의 성장을 이끈다. 그동안 선진국은 부족한 노동력을 후진국에서 보충하며 공생해 왔다. 하지만 앞으로는 산업의 기계화가 탈세계화를 유도한다. 기계가 모든 일을 다 해주므로 선진국은 앞으로 더는 후진국의 도움이 필요치 않다.

부의 이동도 선진국에서 후진국으로 움직이지 않는다. 지금까지는 개발도상국이나 후진국에 투자하면 큰돈을 벌었으나 앞으로는 베트남이나 멕시코 같은 중진국에 투자하는 것보다 미국 같은 기술 강국에 투자하는 것이 수익률이 훨씬 더 크다.

앞으로는 인구가 줄어 생산 가능 노동력이 줄어든다 해도 더 많은 생산을 해낼 수 있다. 물레를 돌려 면을 짜는 인도의 많은 인구보다 방직기를 돌려 면을 직조하는 영국의 적은 인구가 더 고속으로 성장할 수 있었던 것처럼 우리 앞날 또한 어둡지 않을 것이다.

이 책은 대공황이 임박했음을 알리는 글로 시작한다. 책은 매우 얇고, 많은 경제적 지표들을 그래프로 보여주어, 읽는 데 시간이 많이 들지도 않는다. 코로나 이후의 세계에 대해 경제, 역사, 문화의 순으로 예측해 준다.

저자는 코로나 19로 4차 산업혁명이 앞당겨졌다고 예측한다. 틀린 말이 아니다. 지금은 넷플릭스와 페이스북처럼 아무 생산 활동을 하지 않는 비대면 서비스 기업이 세계 최고 시가총액을 자랑한다. 한국 학교에서는 온라인 개학을 하기도 하고, 미국 하버드대학교는 400년 역사상 처음으로 온라인 졸업식을 하기도 했다.

사물인터넷, 인공지능, 로봇은 이제 더는 공상 영화에나 나오는 허무맹랑한 이야기가 아니라 우리 경제와 문화에 직접 맞물린 생활로 들어왔다.

지나간 100년 동안에 세계화를 이끌던 주도국이 영국에서 미국으로 넘어갔다. 영어는 여전히 필수 언어로 남아 있다. 그러나

4차 산업혁명 시대의 세계화 주도국은 미국과 중국이 될 것이라는 전망이 많다. 그렇다면 앞으로는 미국과 중국의 두 나라 문화에 대한 이해도가 높고, 영어와 중국어에 능통한 사람과 국가가 유리할 것이다.

우리나라는 언어의 근간이 한자로 이루어져 있다. 그러므로 앞으로 미국과 중국이 주도해나갈 새로운 시대에 어쩌면 가장 효율적인 성장을 이루는 나라가 될 수도 있다.

지금 많은 사람이 중국과 미국을 두고 어느 쪽에 붙어야 유리한지 이야기한다. 그러나 우리 정부는 어느 쪽에도 기울지 않고 모호한 태도를 보인다. 필자에게는 매우 옳은 일로 생각된다. 현재는 모호성이 가장 중요한 무기이기 때문이다.

명나라가 쇠퇴하고 여진족이 세력을 키우며 남하할 때, 주변 국가 어느 곳도 여진이 대국인 명을 무너뜨리라고는 예상하지 못했다. 임진왜란에서 우리를 도와준 초강대국 명나라와 손을 잡을지, 새로운 세력인 청나라와 손을 잡을지 조정에서도 의견이 분분할 때 광해군은 어느 쪽 손도 잡지 않는 실리적 외교를 택했다.

우리는 역사를 통해 배운다. 그 후 일부 당파에서 인조반정을 일으켜 광해군을 몰아내고 과감하게 명나라 손을 잡았다. 그러자 병자호란이 일어나고 삼전도 굴욕을 당했다.

우리는 지금 명확하게 한쪽을 택할 필요도 없고 이유도 없다. 실리적인 외교를 택해 냉철한 판단을 하면서 성장해 가는 길밖에 없다. 2차 세계대전 이후 미국과 소련의 냉전 시기에 어느 쪽 손도 잡지 않은 중립국 스위스는 절묘한 균형을 통해 강소국으로 발전할 수 있었다.

이 책《코로나 이후의 새로운 세계》는 이런 새로운 시선을 확장하는 데 좋은 역할을 할 것이다. 강원대학교 국제무역학과 교수인 저자는 UN과 APEC 등 국제기구와 해외 여러 대학에서 활동해 온 국제경제학자다. 1997년 외환위기 직후, 한국과 영국에서 각기 출간한 두 권의 책에서 한국의 외환위기를 인간의 '뇌졸중'에 비유하며 냉철한 분석을 했다.

그때는 한국이 '젊어서' 빨리 회복할 수 있었다고 한다. 그러나 20여 년이 지난 지금 우리는 코로나 팬데믹이라는 또 다른 위기를 맞았다. 세계는 대공황의 늪으로 빠져들고, 1990년대 이후 확산했던 세계화는 퇴조하며, 미·중 냉전이 본격화할 것이라고 진단한다.

부존자원의 부족으로 대외무역이 필수인 한국에게는 최대 위기다. 게다가 한국은 현재 고령화 사회로 '만성 당뇨병'을 앓고 있다. 그러나 저자는 이 위기가 곧바로 기회가 될 수 있다는 희망을 찾아낸다.

내 방에 앉아서
전 세계를
상대한다

박경수 《언택트 비즈니스》

40년도 더 전에 출간된 《제3의 물결》에서 미래학자 엘빈 토플러가 주장한 낯선 미래가 바로 우리 눈앞의 현실이 되었다.

"머지않아 수많은 사람이 사무실이나 공장으로 출근하는 대신 가정에서 일하게 될 것이라고 말하면 즉각 세찬 반론이 제기되겠지?"

쇼핑부터 시작해 운동과 엔터테인먼트까지 모두 집에서 가능한 세상이 다가오는 변화의 시점에 코로나 팬데믹이 나타나 가속의 불을 붙였다. 이제 우리는 굳이 외출하지 않아도 일상에 별로 지장이 없다.

간단한 클릭 한 번으로 집 앞까지 음식과 식재료가 도착하고, 집에서는 스포츠를 포함해 영화와 공연까지 관람할 수 있다. 이제는 어쩌면 밖으로 나가는 것에 따르는 제약이 더 클지도 모른다.

소비자로서는 이렇게 바뀌어 가는 상황에 편리함을 느낀다. 하지만 공급자로서는 빠르게 변화해가는 상항에 대처할 발 빠른 움직임이 필요하다. 이제 예전과 같은 비즈니스는 더는 소비자의 선택을 받지 못한다.

하버드 비즈니스스쿨에서 가장 주목받는 학자로서 런던경영대학 교수 겸 최고경영자과정 주임 교수인 도널드 설은 잘 나가던 기업들이 과거의 성공 방식으로만 위기에 대처하다 몰락의 길로 들어선 현상을 '활동적 타성(active inertia)'이라고 정의했다. 새로운 시장의 패러다임에 대응하지 못하는 기업은 과거의 규모와 영광에 상관없이 허무하게 무너져 내린다는 것이다.

"시장 상황이 극적으로 변하는데도 오히려 과거에 했던 활동을 더 가속화 해서 하려는 기업의 일반적 성향을 말한다. 하지만 바로 이런 성향 때문에 문제 해결은 더욱 어려워진다."

이처럼 활동적 타성에 빠진 기업의 사례는 적지 않다. 2007년에 16%의 영업이익률을 올렸던 핸드폰 업계의 전설 '노키아'는 2009년에 영업이익률 2%대로 전락했다. 핸드폰 판매 1위라는 영광에 안주하며 스마트폰이란 새로운 흐름을 외면하다 결국 주요 경영진을 교체하며 뒤늦게 대응에 나섰다.

한때는 세계 제1의 기업으로 한국의 국내총생산(GDP)을 능가하는 규모였던 GE, 제너럴일렉트릭은 1892년 미국의 발명가 토머스 에디슨이 설립한 회사다. 세계에서 가장 존경받는 기업으로 불리던 GE는 2000년대 초반에 시가총액 세계 1위 자리를 내주고 현재는 삼성전자의 30% 수준밖에 되지 않는다.

도널드 설 교수는 기업 경영이 순조롭게 잘 이루어질 때 조심해야 한다고 말한다. 잘 돌아가는 과정은 틀에 박힌 '프레임'이 되기 쉽다. 최적이라서가 아니라 익숙해서 따르게 되고, 경영 방침으로 고착된다. 한 번 이런 함정에 빠지면 시장을 뒤흔드는 이상 현상이 발생해도 인식하지 못하고 그냥 흘려보내기 쉽다.

도널드 설 교수는 기업이 활동적 타성에 빠지지 않기 위한 처방의 하나로 '민첩성'을 말한다. 전략적 민첩성과 조직 운영의 민첩성, 포트폴리오의 민첩성을 포괄하는 개념이다.

전략적 민첩성은 신규 사업 같은 중요한 기회가 나타났을 때 이를 알아차리고 활용하는 능력이고, 포트폴리오의 민첩성은 성장 속도가 빠른 사업으로 자원을 신속하고도 효과적으로 재배치하는 능력을 말한다.

지금 한창 불붙는 기업 넷플릭스는 조그만 비디오 가게에서 출발했다. 처음에는 비디오를 빌려주다가, DVD를 거쳐 현재는 온라인으로 영화를 볼 수 있는 온라인동영상서비스(OTT)를 개시하고 눈부시게 성장해 순식간에 세계적 기업으로 올라섰다.

총 4200만 장의 영상물을 보유하고, 스트리밍 이용 가입자가 2018년 3분기에 전 세계에서 1억3700만 명을 넘어섰다. 미국에서만 6000만 명이 넘는다. 2019년에는 전 세계 동영상 스트리밍 시장의 30%를 점유했다. 2009년에 5.67달러이던 주가가 2020년 12월 534.45달러에 달했다.

넷플릭스 때문에 미국에서 케이블 TV 구독자가 감소하고 있을 정도라고 한다. 미국 TV 역사에서 NBC, ABC, CBS, FOX 등 지

상파 방송사가 주도한 첫 번째 물결, CNN, MTV, HBO, ESPN 등 케이블 채널이 주도한 두 번째 물결에 이어 OTT 서비스가 주도하는 세 번째 물결을 상징하는 기업으로 21세기 엔터테인먼트 산업에서 시장 판도를 가장 크게 바꾼 회사다.

시가총액이 2018년 1000억 달러를 넘긴 후, 코로나 19로 스트리밍 붐이 오면서 가장 큰 수혜주가 되어 2020년 6월에는 2000억 달러 벽을 돌파했다. 이 해에 1분기 매출과 영업이익이 27%와 108%로 증가했다. 코로나 19로 이용자가 급증한 것이다.

코로나 19로 인해 사람들이 공유하지 않고 스스로 고립하게 되어 한창 떠오르던 공유경제는 침체에 빠졌다. 하지만 공유경제는 살아남을 것이라고 이 책의 저자는 주장한다.

인터넷과 모바일, 업무에 필요한 각종 기기를 들고 시간과 장소에 구애받지 않고 돌아다니며 일할 수 있는 '디지털 노마드'의 삶을 살아가는 사람이 많아지면서 앞으로 원격 근무가 촉진될 수 있기 때문이다.

이제 홈족, 홈루덴스, 홈코노미, 홈스케이프족 과 같은 '홈'이 대세인 세상이 다가오고 있다. 집은 이제 단순히 누워서 휴식만 하는 장소가 아니라, 충분한 구매력을 바탕으로 소비하며 생산 활동도 가능한 일터가 되었다. 포스트 코로나 시대의 비즈니스 콘셉트와 집의 역할 변화에 따라 재택근무가 변화의 대세가 될 것이라고 보았다.

이 책은 정기적으로 싱글 앨범을 제작하거나 글을 써서 독자들에게 전하는 '월간 윤종신', '월간 정여울', '일간 이슬아' 등의 구독 서비스를 이야기하며 구독경제에 관해서도 설명한다.

요즘 코로나 19로 많은 사람이 경제적 위기를 겪고 있다. 하지만 새로운 세상으로 변하는 과도기에 아무 노력도 하지 않는 것은 더 큰 위기를 초래한다. 생각을 바꾸고 보면 우리는 지금 엄청난 기회를 맞이하고 있다.

더 맛있는 치킨을 튀기려는 노력보다 더 경쟁력 있는 일은 사람들의 소비패턴을 파악하는 것이다. 필자는 며칠 전 햄버거 전문가게에서 맛있는 햄버거를 먹었다. 코로나 19로 인해 손님이 뚝 끊겨 있었다.

하지만 근처에 있는 맥도날드 드라이브 스루에는 줄이 길게 서 있었다. 아무리 생각해도 맥도날드가 더 맛있고 좋다는 생각은 들지 않았다. 비즈니스는 어떤 업종이든 시장의 변화에 능동적으로 대응하며 위기를 기회로 받아들여야 한다.

새로운 파이를 얻기 위해서는 오래된 파이를 내려놓아야 한다. 손에 들고 있던 작고 오래된 파이를 내려놓고 싶지 않아 버티다가는 결국 그 파이를 상하게 만들고 만다.

기술이 좋아지면서 우리는 방에 앉아 전 세계로 마케팅을 넓힐 수 있다. 더 좋은 커피를 내리는 사람은 조그만 골목을 벗어나 넓은 세계로 나가야 한다. 이제 굳이 비싼 가게가 필요하지도 않다.

이런 변화의 초입에는 실력도 있어야 하지만 빠른 자가 이길 수 있다. 바로 도널드 설 교수가 말한 그 민첩성이 필요하다. 빠르게 마케팅을 선점해 번창할 기회는 우리 앞에 넓게 펼쳐져 있다.

트렌드 분석가이자 경영컨설틴트인 저자는 언택트와 관련된 국내외 수많은 자료를 분석해, '홈 블랙홀', '핑거 클릭', '취향 콘텐츠', '생산성 포커스'라는 변화의 키워드를 만들고, 각 키워드와 연결되는 뉴 비즈니스 모델을 소개한다.

또 언택트 비즈니스 시장에서 빠르게 성장하는 기업들을 분석하며 한발 앞서 나아갈 수 있는 사업적 통찰력을 제시한다.

제3장

인간을 배우면
돈의 미래가 보인다

"인간은 처음 만난 사람과 10분
대화하는 동안 평균 세 번은 거짓말을
한다. 미국 트럼프 대통령은 취임 이래
'거짓이거나 오해를 유발하는 주장'을
1만796건이나 했다. 우리는 매일같이
허튼소리나 반 토막 진실, 새빨간
거짓말에 둘러싸여 산다. 말하는 것도
거짓말, 듣는 것도 거짓말이다. 우리가
옳은 경우는 거의 없고, 틀린 경우는
무한에 가깝다."

톰 필립스
영국 언론인이자 베스트셀러 작가, 비영리 팩트체크
기관 '풀팩트' 대표, 《진실의 흑역사》 저자

앞으로 엘리트는 혁신가를 이길 수 없다

야마구치 슈 《뉴 타입의 시대》

《철학은 어떻게 삶의 무기가 되는가》를 쓴 일본 최고의 전략 컨설턴트인 저자는 변동성(volatility)과 불확실성(uncertainly), 복잡성(complexity), 모호성(ambiguity)을 모두 합친 '뷰카(VUCA)'라는 새로운 키워드를 뉴 타입 시대의 대표 특질로 제시한다.

'지금은 문제는 적고 해결 능력은 과잉인 시대다.'

저자가 뉴 타입 시대를 이야기하며 내세운 전제다. 지금까지 필자는 단 한 번도 생각해보지 못했던 명제다. 이 책을 만나기 전까지 필자는 너무도 오래된 타입의 사고방식에 길들어있었다는 것을 절감했다.

문제 해결 능력이 뛰어난 영웅들의 일화를 읽으면서 그들의 능력을 동경하던 필자에게, 새로운 시대에는 문제 해결이 아닌 문제를 찾는 능력이 중요하다는 것을 확실히 깨닫게 해주었다.

앞으로 인간은 문제를 해결하지 않는다. 이제는 문제를 일으키는 사람들이 적어지면서, 문제를 잘 찾는 사람들이 높은 희소성을 가지고 다음 세상을 이끌어 간다. 무엇이 불편하고, 무엇이 나쁜지 찾지 못하는 사람은 발전에 한계를 느낄 것이다.

대학에서 배운 전공을 믿지 말라는 이야기도 참신하다. 애플의 스티브 잡스는 미국 오리건주 포틀랜드의 리드대학교에 입학해 1년간 철학과 물리학을 배웠다. 마이크로소프트 빌 게이츠의 전공은 법학이고, 알리바바 창업자 마윈은 전공이 영어다. 한국 재벌들도 전공이 사업과는 무관하다.

성공한 기업인들 대부분이 철학이나 역사 같은 인문학을 전공했다는 사실도 재미있다. 그들의 목표가 '돈'이나 '이윤추구'보다 자신의 활동에 의미를 부여하는 것이라는 접근도 그럴듯하다.

요즘은 힘들게 일하고 많이 버는 것을 그리 훌륭하게 보지 않는 경향이 있다. 얼마 전만 해도 많이 번다고 하면, 조금 바쁘더라도 능력 있는 사람으로 대우해 주었으나 요즘은 조금 일하고 덜 벌어도 재미있게 사는 사람이 좋다고 생각한다. 사회의 가치관이 변해가고 있다.

이 책에서 언급한 '슬픈 연대'의 원주민들은 정글 속에서 무언가 발견하면 언젠가 필요할지 몰라 자루에 넣어두는 습관이 있다는 이야기 또한 마음에 와닿았다. 성공의 길은 우연과 직감, 운의 만남이라는 다소 무책임해 보이는 말도 현실적으로 들린다.

이 책은 강조한다.

"정답만 찾는 엘리트는 과감한 구상과 다양한 시도를 일삼는 혁신가를 이길 수 없다. 예측과 논리가 통하지 않는 미래에는 '문제를 발견하는 자'가 기회를 움켜쥔다. 앞으로는 성실하고 논리적인 엘리트보다 자신만의 철학과 직감에 따라 왕성한 호기심으로 문제를 찾아내는 혁신가가 시대를 이끌 것이다. '기업의 해결사'로 불리던 MBA 출신 컨설턴트들이 급속히 가치를 잃어가고 있다. 인공지능이 인간의 노동을 대체하는 시대에 규정 준수와 효율적 해결만을 고집하는 '올드 타입'은 갈수록 도태된다. 그들은 순종적이고 논리적이며 책임감이 강하다. 그러나 '뉴 타입'은 경험에 가치를 두지 않고, 기존의 교양과 지식을 계속해서 '리셋'해나간다."

저자가 주목하는 뉴 타입의 경쟁력은 쓸모없는 계획과 예측을 제쳐두고, 의미가 있다고 판단한 일을 수없이 시도하며 '도전'과 '탈출'을 반복하는 데서 나온다.

IBM을 비롯해 20세기를 주도하던 수많은 거대 기업이 IT 전쟁에서 참패한 역사를 되돌아보면, 최근 GAFA(구글, 애플, 페이스북, 아마존) 등 스타트업에서 시작한 주자들이 수많은 실패 사례를 뒤엎고 성장한 것은 그 자체로 '뉴 타입'의 상징이라는 것이다.

"올드 타입들이 '그건 어디에 도움이 되는가'를 묻고 제동 걸 때, 세상을 바꾼 위대한 혁신은 '이건 어쩐지 대단할 것 같다'하는 직감에 이끌려 시작되었다는 사실을 잊지 말아야 한다."

이때 중요한 것은 그 직감의 밑바탕에 깔린 철학과 윤리다. 구글은 업무 시간에 '놀이'를 권장하는 자유분방한 기업이지만 '악해지지 말자(Don't be evil!)'라는 철학이 임직원 모두에게 깊게 자리하고 있다. 이것이 어떤 돌발 상황 속에서도 불안정한 원칙과 규율을 뛰어넘어 경영상의 중대한 오류와 실수를 피할 수 있는 안전장치 역할을 한다는 것이다.

"2015년 다국적 컨설팅 그룹인 딜로이트가 29개국의 밀레니얼 세대를 대상으로 조사한 결과, 응답자의 60% 이상이 직장을 선택하는 기준으로 급여나 제품이 아닌 '해당 기업의 사업 목적'을 중시한다고 대답했다. 또 영국 <가디언>지가 밀레니얼 세대를 대상으로 한 조사에서는 높은 연봉을 받기보다는 인류에 도움이 되는 일을 하고 싶다는 대답이 44%, 근무하는 회사가 사회에 공헌할 때 일할 의욕이 커진다는 대답이 36%로 나타났다. 밀레니얼들이 직업 선택의 기준으로 '의미'를 매우 중시한다는 사실을 알 수 있다."

그 예로 저자는 구글 직원들의 가치관이 경영상의 중대한 의사결정을 바꾼 사례를 들었다. 구글이 미군의 무인항공기 드론의 화상인식 프로젝트에 협력하기로 하자 사내에서 항의 운동이 벌어져, 직원 4600명이 미군과 협력 중단을 촉구하는 탄원서에 서명했다. 사표를 내는 사람도 속출했다.

구글 직원들은 법률이나 업계의 규칙이 아닌, 자발적인 윤리와 도덕 규범에 비추어 경영진에게 의견을 피력한 것이다. 경영진은 직원들의 항의를 진지하게 받아들여 인공지능을 무기에 이용하지 않겠다는 원칙을 공표했다.

저자는 다시 강조한다.

"지금까지는 '경험이 많은가 적은가'를 한 사람의 우수성을 정하는 중요한 척도로 이용해왔다. 하지만 이제 경험이 곧 유능함을 증명하는 지표가 되지 않는 시대가 다가오고 있다. 풍부한 경험에 의존하려는 사람은 올드 타입이어서 머지않아 가치를 잃을 것이다. 반대로 경험에 의존하지 않고 새로운 상황을 계속 공부하는 인재는 뉴 타입으로 높이 평가받을 것이다. 과거의 지식과 습관을 모두 잊고 새롭게 시작하는 '언런(unlearn)'이 인재 요건으로 부상한다는 의미다."

스티브 잡스는 혁신과 창의성으로 많은 사람에게 영향력을 미쳤다. 그에게 '혁신'은 세상과 기술에 대한 폭넓은 이해를 바탕으로 끊임없이 '변화'와 '다름'을 추구하는 행위였다. 잡스는 혁신의 첫 단계로 주변의 것을 배우고, 모방하고, 훔치라고 주장했다.

"나는 위대한 아이디어를 사회적으로 용인받은 범위 안에서 적극적으로 훔치거나 모방했다."

그는 한 방송 인터뷰에서 말했다. 피카소의 말을 인용하며, 뛰어난 예술가는 모방하고, 위대한 예술가는 훔친다고 했다.

그는 <포천>지 인터뷰에서도 말했다.

"혁신과 창의성은 열심히 사색하고 고민하고 탐구하는 과정에서 나온다. 여러 가지 요소들을 새로운 방법으로 연결하려는 깊은 연구 속에서 탄생한다."

인간의 본질과 경험에 대해 폭넓게 이해할수록 더욱 기발한 창의성이 발현된다고 했다.

전 세계도
목성에서 보면
점 하나일 뿐

유발 하라리 《사피엔스》

하노 벡의 《인플레이션》, 칼 세이건의 《코스모스》, 재러드 다이아몬드의 《총, 균, 쇠》, 유발 하라리의 《사피엔스》는 필자가 책의 마지막 뚜껑을 덮으면서 '다른 차원'이라고 생각한 책들이다.

얄팍한 자기계발서나 알맹이 없는 일기장 같은 책들과 비슷한 가격이라는 것이 놀라울 만큼 이런 책들에는 위대한 진실과 사고가 묵직하게 녹아들어 있다. 누구나 2만 원 안쪽으로 이런 책들을 사서 읽을 수 있다는 것은 현대 문명의 기적이다.

우리가 알고 있는 서점은 19세기 후반이 되어서야 등장했다. 가까운 조선 시대만 해도 책은 국가에서 비영리 목적으로 발행했고, 책을 구하는 것은 쉬운 일이 아니었다. 인쇄술이 발전하지 못한 중세에서는 가난한 사람들이 책을 구하지 못해 독서를 못 하는 것은 당연한 일이었다.

다음은 부산대학교 한문학과 강명관 교수의 저서 《조선 시대책과 지식의 역사》에 나오는 대목이다.

"나는 <중종실록>에서 희귀한 내용을 보았다. 대사간 어득강(魚得江)이 말했다. '외방의 유생 중에는 비록 학문에 뜻이 있으나 서책이 없어 독서를 하지 못하는 사람이 많습니다. 궁핍한 사람은 책값이 없어 책을 사지 못하고, 혹 값을 마련할 수 있다 해도《대학》이나《중용》 같은 책은 상급 면포 3~4필은 주어야 합니다. 값이 이토록 비싸니 살 수가 없는 형편입니다.' 상급 면포 3~4필은 어느 정도 가치인가? 성종 대에 완성된《대전속록》에 의하면, 풍년 흉년을 막론하고 면포 1필은 쌀 7말로 환산하게 되어있다. 3~4필이면 쌀 21말에서 28말이다. 20세기에는 보통 한 마지기 논에서 산출되는 쌀이 대개 한 섬, 즉 열 말이었다. 그렇다면 두세 마지기 소출에 해당하니 엄청난 값이다."

지금 20kg짜리 쌀 한 포대가 5~6만 원이니 쌀값이 비교적 저렴한 현대의 가격으로 보더라도 50만 원은 넘게 주어야 한다. 당시의 물가 상황으로 보면 대단한 가격이다.

태종 13년에는 임금이 서장관에게《삼국지》와《소자고사》를 구해오라고 명한다. 이처럼 외국 서적을 들여오는 것은 임금이 직접 나서야 할 만큼 중요한 일이었다. 세종 8년에는 명나라 황제가《사서대전》과《오경대전》,《성리대전》,《통감강목》을 하사했다는 기록이 있다.

이런 책이 있었다고 해도 조선 말의 문맹률은 90~95%에 달했다. 글을 읽는 것은 돈만 있어서 되는 게 아니어서, 그럴만한 배경과 시간, 소양을 갖춘 5~10% 지배층의 전유물이었다. 우리나라 문맹률은 80년 전까지만 해도 80%에 달했다. 1959년이 되어서야 겨우 22%대로 떨어지고, 책과 서점이 보급되었다.

필자가 유발 하라리의 《사피엔스》를 한국어 번역본과 함께 원서까지 읽은 이유는 독서가 주는 묘한 승리감 때문이었다. 책을 쓴 사람의 문자를 통해 저자의 감성을 읽는 것은 지금에 와서는 크게 의미가 없으나 당시에는 굉장히 의미 있는 일이라고 생각되었다.

이 책을 한국어 번역본으로 처음 읽을 때가 잊히지 않는다. 책의 분량이 많아도 너무 재미있어서 빠르게 읽혔기 때문이다. 휴일 이틀을 밤낮없이 읽었다. 이처럼 두꺼운 책을 마음속으로 아껴가며 읽은 기억이 지금도 생생하다.

원서는 처음에는 겁이 좀 났으나 생각보다 어휘가 어렵지 않았다. 어려운 단어도 일일이 찾아보지 않고 문맥으로 이해가 가능했다. 필자는 이 책이 너무 좋아서 한국어 종이책, 영어 종이책, 한국어 전자책, 영어 전자책, 한국어 오디오북, 영어 오디오북, 이렇게 6권을 구해 소장하고 있다. 전자책은 아이디가 다른 전자책 디바이스에서 따로 구매해 2권이 더 있다.

인류의 역사를 객관화시켜 '사피엔스 종'의 역사로 기술하는 서술법이 굉장히 흥미롭다. 인류의 수백만 년 역사가 한 권의 책으로 요약 가능할까 싶었는데, 분녕하게 가능했다. 놀랄 만큼 다양한 스펙트럼을 다루었는데도 그랬다. 종교, 철학, 과학, 산업 등 거의 모든 분야를 꼼꼼하게 기술했는데, 믿을 수 없을 정도로 연계가 잘 이루어져 있다.

이 책은 분명히 인류 역사의 연대기적 기술이다. 하지만 읽다 보면 우리가 흔히 생각하는 커다란 이슈도 그저 하나의 점에 불과한 것처럼 아무것도 아니게 보인다.

예를 들어, 우리가 아는 '돈'이나 '빚'은 인간 생활에 중대한 역할을 하지만 따지고 보면 인간이 사회체제 유지를 위해 인위적으로 만들어 놓은 '상상의 매개체' 말고는 아무것도 아니라는 것이다.

국가, 경제, 종교를 비롯해 우리 사회를 지탱하는 개념 또한 대부분이 인간의 상상 속에서만 존재할 뿐 실제로는 어디에도 존재하지 않는 허상이라는 것이다. 이런 사회질서와 위계를 위한 산물들은 사람과 사람 간의 약속일뿐이며 실제로는 허구라고 단언한다.

그런데도 인간 세계에서는 기독교와 이슬람교가 맞서서 갈등과 전쟁이 일어나고, 현실에 존재하지 않는 빚 때문에 스스로 목숨을 끊기도 한다. '돈'이라는 보이지 않는 허상을 찾아 일생을 허덕이기도 한다.

이 책의 저자 유발 하라리는 이스라엘 하이파에서 태어나 영국 옥스퍼드대학에서 중세 전쟁사로 박사 학위를 받았다. 전공은 중세 역사와 전쟁이지만 역사와 생물학의 관계, 역사와 정의의 의미, 역사가 흐르면서 인간은 더 행복해졌는지 등 넓은 눈으로 인간의 역사를 보려고 한다.

인간 역사의 시작부터 오늘까지 수만 년을 관통하며 역사의 진로를 개척한 것은 세 가지 혁명이라고 주장한다. 약 7만 년 전에 있었던 '인지 혁명', 약 1만2000년 전에 일어난 농업혁명, 그리고 약 500년 전에 시작된 과학혁명이 그것이다.

10만 년 전 지구상에는 호모사피엔스뿐 아니라 네안데르탈인, 호모 에렉투스 등 최소 6종의 인간이 살고 있었다. 그런데 호모사피엔스 종만이 유일한 승자로 살아남아 이제 신의 영역까지 넘보고 있다.

어떻게 그런 일이 가능했을까? 그 비결을 '인지 혁명'이라 이름 지은 변화에서 찾는다. 그것은 약 7만 년 전부터 3만 년 전 사이에 출현한, 사피엔스의 새로운 사고와 의사소통 방식이다. 이런 방식으로 50명에서 150명씩의 무리를 만들고, 거짓말과 허구로 상상의 질서를 만들어 무리를 확장해 나갔다.

저자는 농업혁명도 거대한 사기라고 규정한다. 사피엔스가 빠진 '함정'이라는 것이다. 농업혁명으로 먹을 것이 안정되자 인구가 증가했고, 그 증가한 인구를 먹여 살리기 위해 농업을 멈출 수가 없었다는 것이다.

농업혁명이 동물과 지구를 병들게 하고 인류도 그다지 행복하지 않았다는 설명이다. 본격적으로 지배계층과 피지배계층을 분화시켜 앞날의 투쟁을 조장했다고도 한다.

하지만 농업의 발달로 농산물이 먹고 남게 되면서 소수의 엘리트인 왕, 정부 관료, 학자, 사제, 예술가 등 생산 활동에 참여하지 않는 인구가 발생하게 되었고, 이들은 기술과 문화 발달에 이바지하게 되었다.

과학혁명은 여전히 계속되고 있는 역사의 한 부분이고, 농업혁명은 새로운 사실들이 계속 밝혀지고 있으나 '인지 혁명'은 여전히 많은 신비에 싸여 있다. 끝나지 않은 발견과 빈약한 사료들을 근거로 저자가 펼쳐내는 상상의 사고는 놀랍도록 이성적이다.

저자는 역사 발전을 가능하게 한 일곱 가지 촉매로 불, 언어, 농업, 신화, 돈, 모순, 과학을 든다. 불을 발견해 먹이사슬의 정점에 올라선 인간은 언어를 통해 사회적 공동체를 형성하고, 수렵채집으로 어렵게 살아가다가 농업혁명을 일으켜 기하급수적인 인구 증가를 초래한다. 늘어난 인구를 통제하는 강력한 무기는 종교, 계급, 권력 등 허구의 신화들이었다.

농업 발달은 생활을 풍족하게 해주며 정착사회로 이어졌다. 그 후 인간은 돈을 맹신하게 되어 사회적 모순을 일으킨다. 그러다가 500년 전 과학혁명으로 이전 시기와는 완전히 다른 세상으로 들어섰다.

이런 오랜 과정에서 발생하는 수많은 모순의 순간을 통해 저자는 역사에 결코 자비가 없음을 보여 준다. 호모사피엔스만 남은 평원에는 인간의 발길이 닿는 곳마다 대형 동물군들이 홍수에 쓸리듯 사라진다.

인간에게 강제로 사육당하는 소, 돼지, 양, 개 등 몇 종은 겨우 살아남아 개체 수를 늘릴 수는 있었으나 삶이 잔인하고 비참하기 그지없다, 지금도 그렇듯이.

유럽인에게 돈은 목숨을 건 쟁취 목표였다. 더 많은 돈을 벌기 위해 신대륙을 찾아 떠난 유럽인은 아메리카 원주민을 학살하고, 아프리카 토착민을 노예로 끌고 가 돈을 받고 팔았다.

유럽인이 기본적으로 악해서 그랬다고는 할 수 없으나 무감각하고 무지한 행위였다. 이런 자본은 서구사회의 과학과 문화 발전에 밑거름이 되었다.

저자는 이런 과학과 문화의 발달이 인류 모두에게 공평한 것은 아니라고 예견한다. 돈이 있으면 영원히 살고, 돈이 없으면 죽어야 하는 세상이 머지않아 올 것이라고 말한다.

"앞으로 몇십 년 지나지 않아, 유전공학과 생명공학 기술 덕분에 인간은 생리 기능, 면역계, 수명뿐 아니라 지적, 정서적 능력까지 크게 변화시킬 것이다. 유전공학이 천재 생쥐를 만들 수 있다면 천재 인간을 만들지 못할 이유가 어디 있는가? 우리가 일부일처제 밭쥐를 창조할 수 있다면 평생 배우자에게 충실하도록 유전적으로 타고난 인간을 왜 못 만들겠는가?"

가진 것은 없지만 기대는 높았던 옛날 사람과 가능성은 열려 있지만 만족할 줄 모르는 현대인 중 누가 더 행복한가, 이런 철학적 논의는 더욱 흥미롭다.

"인간이 지금보다 더 강력했던 적은 없지만, 우리가 선조보다 더 행복하지는 않다."

저자는 이것이 이 책의 주요 메시지 중 하나라고 인터뷰에서 밝혔다. 지나간 시기에는 타인의 폭력에 의해 죽는 사람이 많았으나 이제는 인간이 스스로 자신을 죽이고 있다는 것이다.

"순수한 과학적 관점에서 볼 때, 인간의 삶은 절대 아무런 의미가 없다. 인류는 목적이나 의도 같은 것 없이 진행되는 눈먼 진화 과정의 산물이다. 우리의 행동은 뭔가 신성한 우주적 계획의 일부가 아니다. 내일 아침 지구라는 행성이 터져버린다 해도 우주는 아마도 보통 때와 다름없이 운행될 것이다. 그 시점에서 우리가 아는 바로는 인간의 주관성을 그리워하는 존재는 어디에도 없을 것이다. 사람들이 자신의 삶에 부여하는 가치는 그것이 무엇이든 망상에 지나지 않는다."

인류 문명의
불균형은
총, 균, 쇠 때문이다!

재러드 다이아몬드 《총, 균, 쇠》

인류의 역사를 여러 방식으로 해석하는 책들이 많지만 《총, 균, 쇠》는 필자가 가장 공감하는 책이다.

'왜 어떤 민족들은 다른 민족들의 정복과 지배의 대상으로 전락하고 말았는가?'

'왜 각기 대륙마다 문명의 발달 속도에 차이가 생겨났는가?'

'인간사회의 다양한 문명은 어디에서 비롯되었는가?'

영국의 권위 있는 정치 잡지 〈프로스펙트〉와 미국 최고의 국제문제 전문지 〈포린 폴리시〉가 공동 선정한 '세계를 이끄는 최고의 지식인' 중 아홉 번째 인물로 선정된 세계적인 문명연구가인 저자 재러드 다이아몬드는 이런 의문을 명쾌하게 분석한다.

1945년 패망 후 일본은 40년 만에 세계 경제 대국으로 부상했다. 1953년 한국전쟁 이후 한국은 50년 만에 세계 10대 경제 강국에 올랐다. 위도가 비슷한 국가 둘이 똑같이 경제 강국이 된 데에는 여러 정치적, 문화적, 역사적 이유가 있겠으나 가장 근본적인 해답은 인간 문명이 자연과 똑같다는 것이다.

인간은 특별하지 않다. 어떤 면에서는 특별하다고 볼 수도 있으나 인간은 위대한 자연의 아주 작은 부속물일 뿐이다. 지진이 나면 피해를 줄일 수는 있어도 예방할 수는 없다. 태풍이 오면 대비할 수는 있어도 진로를 바꿀 수는 없다. 이렇게 인간과 자연을 하나로 보면 맞추어지지 않던 여러 퍼즐이 일순간에 들어맞는다.

이 책 《총, 균, 쇠》는 모든 퍼즐을 다 경험한 독서가들의 마지막 퍼즐과도 같은 책이다. 세상은 우연을 가장한 필연의 집합이다. 우연처럼 보이는 사소한 일에도 필연적인 이유가 있다.

지구는 가운데가 볼록한 공의 형태다. 그래서 위도에 따라 태양과 거리가 다르다. 지구는 또 23.5도로 약간 기울어져 공전한다. 그래서 사계절이 구분되고 남반구와 북반구의 계절이 다르다.

이런 계절과 기온의 차이는 재배 작물 종류에 영향을 주고 인간이 기르는 동물 종류에도 영향을 미친다. 어떤 지역은 야생동물의 가축화가 빠르게 진행되고, 어떤 지역은 재배 작물의 확대로 더 많은 인구를 부양할 수 있다.

농사와 가축 사육이 쉬운 환경 구조는 말(馬)을 타고 이동할 수 있는 기동력의 차이와 문명의 차이를 발생시킨다. 이에 따라 같은 위도의 문명 간에는 필연적으로 활발한 교류가 일어난다.

하지만 위와 아래, 즉 위도가 다르면 이야기도 조금 다르다. 위와 아래는 같은 거리를 오르고 내려도 기온이 다르다. 이에 따라 교류를 이어가기 힘들고 고립하기 쉽다.

아쉽게도 지구의 탄생 과정에서 대륙의 생김새는 각기 다르게 태어났다. 남과 북으로 이루어진 대륙이 있고, 동과 서로 뻗은 대륙이 있다. 남과 북으로 이루어진 대륙은 아프리카와 남북아메리카가 있다. 이 대륙은 비슷한 위도에서 동물이나 식물이 교류하기 어렵다. 이런 이유로 사람의 이동 또한 자유롭지 못하다.

유라시아와 같이 길게 옆으로 뻗은 대륙에서는 옆으로는 이동이 쉽지만 조금만 밑으로 내려가면 아메리카와 아프리카, 오세아니아는 대양이 가로막고 있다. 그래서 유라시아의 같은 위도에 있는 문명들은 다른 지역보다 더 빠르고 효율적인 문화융합을 일으킬 수 있었다.

제아무리 '만물의 영장'이라 자칭하는 인간이지만 현재 강대국이라는 G7이 모두 같은 위도에 머물러 있는 걸 보면, 21세기에도 우리는 아직 지리적 이점을 극복하지 못한 자연의 부속물로 남을 수밖에 없다.

세상은 생각보다 그 근본을 원시적인 곳에 두고 있는 경우가 많다. 그 근본은 지리와 기온 등 자연적인 부분에서 찾을 수 있다. 물론 이를 극복한 사례도 많이 찾아볼 수 있지만, 순리를 따르는 것과 아닌 것은 그 에너지가 분명하게 다르다.

동남아시아의 부국 싱가포르는 경제 강국이 분명하지만, 그들만의 분명한 애로가 있다. 공항에서 시내로 바로 연결되는 지하철을 타고 도시 안으로 들어가 전철을 내리면서 깨닫게 된다. 동남아 특유의 습하고 더운 날씨 때문에 국가 전체의 에어컨 가동률이 상상을 초월하는 것이다.

도시국가 전체를 냉방으로 만들기 위해 엄청난 에너지를 쏟아부어야 한다. 적도에 자리 잡은 지리적 약점을 극복하기 위해 다른 나라에서는 불필요한 에너지를 추가로 사용하는 것이다. 순리를 극복하는 일은 영웅으로 보일 수도 있지만 쉬운 일은 아니다.

이 책은 모든 인류가 수렵과 채집으로 살아가던 1만3000년 전 석기시대로 거슬러 올라간다. 그때부터 각 대륙에 살고 있던 인류 사회는 서로 다른 길을 걷기 시작했다.

'비옥한 초승달 지대(Fertile Crescent)'는 현대 이집트 북동부에서 레바논, 이스라엘, 팔레스타인, 요르단, 시리아, 이라크에서 이란고원까지 이어지는 지역을 일컫는다. 이어진 모양이 초승달과 비슷한데, 땅이 비옥해 농경과 목축업이 발달할 수 있어서 고대 문명과 도시가 시작되었다.

이 지역과 중국, 중앙아메리카, 미국 동남부와 그 밖의 다른 지역에서 일찍부터 야생 식물을 농작하고, 동물을 가축화한 사실은 그 지역 민족들이 다른 민족들보다 앞설 수 있는 중요한 요소가 되었다.

왜 밀과 옥수수, 소와 돼지, 그리고 현대의 주요 작물이 된 농작물과 가축들은 특정 지역에서만 작물화, 가축화되었을까, 이 책은 그 원인이 관습도, 인종 차이도 아닌 환경임을 밝힌다.

수렵과 채집 단계를 넘어 농업으로 정착한 사회들은 문자와 기술, 정부, 제도뿐만 아니라 무서운 병원균과 강력한 무기들도 만들어 낼 수 있었다. 이들은 질병과 무기의 도움으로 다른 민족들을 희생시키며 삶의 터전을 새로운 지역으로 확장했다.

지난 500여 년간 유럽인이 자행한 비유럽 정복은 이런 과정을 극적으로 보여주는 예다. 유럽인이 아메리카 대륙에 들어가고 나서 질병과 전쟁으로 원주민 95%가 죽었다.

일단 시작부터 앞서게 된 유라시아 대륙은 지금도 세계를 경제적, 정치적으로 지배하고 있으며, 앞으로 이러한 상황이 뒤집힐 가능성은 희박하다고 저자는 말한다.

이 책에서는 현대 일본인의 조상에 대해서도 추적한다. 일본인의 기원에는 세 가지 학설이 있다. 이 지역에 살던 고대 조몬 인의 진화라는 설, 한국인의 대규모 이동으로 형성된 야요이 인의 후손이라는 설, 한국인의 이주는 소규모였다는 설 등이다. 저자는 규모는 명확하지 않으나 한국인의 이주가 현대 일본인에 막대한 영향을 미쳤다고 생각한다.

현대 일본인의 유전자를 분석해보면 한국인과 야요이 인의 비율이 조몬 인 유전자보다 우세하다는 것이 첫 번째 근거다. 두 번째는 언어다. 일본어와 한국어는 큰 차이를 보이지만, 고대 삼국 시대의 한국어는 현재보다 훨씬 다양했으며, 일부 전해지는 고구려 단어는 한국어보다 오히려 일본어와 비슷하다는 것이다.

이런 사실들에 비추어 한국과 일본은 성장기를 함께 보낸 쌍둥이와 같다고 말한다. 동아시아의 평화는 한국과 일본이 고대에 쌓았던 유대를 다시 발견할 때 비로소 찾을 수 있다고 저자는 조언한다.

인간은
입만 열면
거짓말을 한다

톰 필립스 《진실의 흑역사》

사람들은 진실보다 흥미에 더 많은 관심을 보인다. 진실한 사람보다 흥미로운 사람에게 더 큰 호감을 느끼고, 진실한 이야기보다 재미있는 이야기에 더 큰 반응을 나타낸다.

"A 씨는 어제 별일 없었대. 점심 식사로 김치찌개를 먹고 오후에는 영화 한 편 봤대."

이건 진실이다.

"A 씨는 어제 단 하루 만에 30억 가까운 투자 수익을 올렸대."

이건 거짓이지만 더 흥미롭고 더 많은 사람이 귀를 기울인다. 우리는 가끔 스타강사들이나 연예인들이 진실성 문제로 추락하는 것을 본다. 하지만 애초에 스타를 만들어 내는 것 자체가 거짓이나 허풍의 힘이 더 강하다.

거짓과 허풍은 사회통념으로 분명 '악'의 부류에 속한다. 그러나 이순신 장군이 적에게 아군의 수를 부풀리기 위해 사용한 여러 전술은 분명 거짓이지만 '악'이라고 할 수 없다. 하기야 전쟁에서는 선악을 따질 수 없고 이기는 것이 최고의 선이다.

우리가 아는 성공한 사람들은 대부분 거짓말에 능하다. 이는 사람을 기만하는 행위일 수 있다. 하지만 더 많은 사람에게 영향력을 행사하고 권력과 부를 창출해내는 전략의 도구로서 거짓말은 매우 유용하다.

아이에게 산타할아버지의 존재를 속이는 부모의 말이나 걱정하는 친구에게 '걱정하지 마'라는 친구의 말 또한 거짓이다. '언제 술 한잔하자'라는 지인의 말도 거의 진실이 아닌 경우가 많다.

모두가 정직하기를 바라는 세상에 수많은 거짓과 허풍이 날아다닌다. 일본 소프트뱅크 손정의 회장은 허풍의 아이콘이다. 스스로 자기 말은 대부분이 허풍과 거짓이라고 고백한다. 하지만 그 허풍과 거짓에서 끝내는 진실한 결실을 만들어 냄으로써 거짓을 진실로 바꾸는 힘을 가진다.

빌 게이츠와 스티브 잡스 같은 시대의 거인들도 마찬가지다. 그들이 오늘날 전 세계 경영대학원 수업 자료에 이름이 올라가 있는 이유는, 먼저 '우긴' 다음에 '되게' 만들었기 때문이다. 할 수 있다는 생각으로 먼저 직감적으로 결단을 내리고, 뒤에 실제로 해내는 것이다.

인간은 거짓말을 참 많이 한다. 사람마다 어떤 목적을 위해서든 밥 먹듯이 거짓말을 사용한다. 우는 아이를 진정시키기 위해 '홍콩 할매 귀신'을 만들어 내기도 하고, 면접자리에서 자신을 과대 포장해 면접관의 관심을 받으려 하기도 한다.

물건을 팔 때는 근거도 없이 '이 가격 어디서도 보기 힘듭니다' 라는 말이 자연스럽게 튀어나온다. '차가 막혀서 지각했다'라는 변명은 직장인의 기본 매뉴얼이다. 성공한 이들이 사용하는 '다수의 진실과 단 한 번의 거짓말'이 게임의 판도를 바꾼다.

크리스토퍼 콜럼버스는 문헌에 '아랍 마일'로 적혀 있는 거리 단위를 '로마 마일'로 착각해 지구 둘레를 잘못 계산했다고 한다. 그 결과 아시아가 실제보다 가깝다고 생각하게 되었고, 그렇게 해서 우연히 아메리카 대륙을 발견하게 되었다.

우리가 거짓이라고 생각하는 것들도 대부분은 불순한 의도에서 나온 것이라기보다는 무지해서 그런 경우가 많다. 그런 거짓은 우연히 좋은 결과를 만들어 내기도 한다. 거짓은 이처럼 잘 이용하면 큰 이득을 주기도 하는데, 그 거짓의 행위보다는 그 결과로 얻게 된 영향력의 크기로 죄책의 무게가 달라지기도 한다.

미시시피의 한 연구 시설에서 사육하는 돌고래는 생선을 주면서 풀장 바닥의 쓰레기를 집어오도록 훈련했다. 그랬더니 쓰레기를 돌 밑에 숨겨 놓고 배가 출출하면 물고 떠올라 생선을 받아갔다.

이 거짓의 모델을 사람에게로 돌리고 금액을 수백억 단위로 바꾼다면, 이와 같은 거짓 행위에 엄청난 비난이 쏟아질 것이다. 그렇다면 주인공이 돌고래이고, 거짓의 도구가 값이 싸기 때문에 우리가 웃으며 받아들일 수 있는 걸까. 콜럼버스처럼 우리는 무지하기에 거짓에 대해 무감각하고, 알면 하지 못할 일을 하게 되는지도 모른다.

필자는 스무 살에 군에 입대했다. 그때 아버지가 말씀하셨다.

"군대에 대해 아무 두려움이 없고 정보를 모를 때 후딱 갔다 오는 게 좋아."

'매도 먼저 맞는 게 낫다'는 속담도 불필요한 공포를 모를 때가 더 좋기 때문일까.

영국 유명 신문 <더 선>에서 달에 사람이 살고 있다는 거짓 기사를 게재한 적이 있었다. 이 거짓 기사는 대흥행을 이루었고, 이 흥행은 구독자를 늘리는 대박을 쳤다. 단 한 번의 거짓이 큰 성공이 되고 권력이 되었다. 이 권력은 나중에 이상하게 왜곡되는데, 거짓 기사를 진실이라고 주장하는 사람들이 나오기 시작한 것이다.

그러자 거짓을 진실로 믿기 시작하는 사람들이 늘어나서 웬만한 지식인들도 믿기 시작했다. 거짓이 기정사실이 되는 어처구니없는 해프닝이 일어났다.

거짓을 적절히 이용하는 사람들은 더 큰 기회를 잡을 수 있었고, 거짓 뒤에 올 비난을 감내할 자신감을 키우며 앞으로 진보했다. 그리고 그것을 진실로 만들어가며 자신과 인류의 발전을 꾀했다.

이 책의 저자 톰 필립스는 영국 인터넷 뉴스 미디어 <버즈피드>에서 편집장으로 일했고, 현재는 비영리 팩트체킹 기관 '풀팩트'를 이끄는 언론인이자 베스트셀러 작가다. 인간의 화려한 실패사를 지적이고도 유머러스한 필치로 다루어, 전 세계 30개국에 출간된 베스트셀러 《인간의 흑역사》 저자다. 이 책은 그 후속작이다.

이 책에서는 역사상 가장 놀랍고 경이로운 거짓말들을 조명한다. 읽다 보면 자연스럽게 '정말 이런 말에 속아 넘어갔다고?'라며 놀라게 된다. 하지만 이 책의 이야기는 모두 실제로 많은 사람이 믿었던 것들이다.

그는 우리가 왜 이토록 거짓말을 하는지, 왜 진실보다 거짓에 잘 휘둘리는지 역사 속에서 해답을 찾는다. 이 책의 숨은 주인공 이기도 한, 미국 역사상 가장 다재다능한 인물이라는 벤저민 프랭 클린은 말했다.

"인류가 저지른 오류의 역사는 인류가 이룬 발견의 역사보다 더 값지고 흥미로운 것일지도 모른다."

이 책은 인류가 쌓아 올린 영광의 역사 아래 드리운 검은 거짓 의 그림자를 파헤친다.

심리학자들의 연구에 따르면, 우리는 처음 만난 사람과 10분 대화하는 동안 거짓말을 평균 세 번은 한다고 한다. 또 다른 연구 에서는 우리가 하루 한 번 이상은 반드시 거짓말을 한다고 한다.

미국 〈워싱턴 포스트〉 팩트체킹 팀에 따르면 트럼프 대통령은 취임 이래 '거짓이거나 오해를 유발하는 주장'을 1만796건 했다 고 한다. 하루 평균 10건이 넘는 허위 사실을 말했다는 것이다. 요 즘은 거짓으로 조작된 '페이크 뉴스'가 너무 많아서 언론사마다 팩트체킹 팀을 운영한다. 거짓을 걸러내기 위해서다.

"우리는 매일같이 허튼소리나 반짜리 진실, 아니면 새빨간 거짓 말에 둘러싸여 산다. 말하는 것도 거짓말, 듣는 것도 거짓말이다. 유사 이래 진실과 거짓의 본질을 파헤친 사람들은 모두 한 가지 핵심적인 원리를 거듭 발견했다. 우리가 옳을 수 있는 경우의 수 는 극히 제한되어 있지만, 틀릴 수 있는 경우의 수는 무한에 가깝 다는 것이다."

"거짓말이란 진실이 무엇인지 본인이 안다고 확신해야만 할 수 있다. 개소리는 그런 확신이 전혀 필요치 않다. 거짓은 진실보다 수적으로 우세할 뿐 아니라, 몇 가지 구조적인 이유로 진실보다 유리할 수밖에 없다."

둘 다 저자의 말이다. 이는 개인뿐 아니라 '진실의 사도'라고 떠드는 언론도 마찬가지다.

"언론이란 서로 마구 베끼는 습성이 있어서 '개소리 순환고리'를 형성하게 된다. 그릇된 정보가 한번 어느 신문에 실리면, 그것을 잘 아는 누가 신속히 반박하지 않는 한 다른 신문에도 모두 실리는 게 보통이다. 옛말에 '오늘 신문은 내일 튀김 포장지'라고 했다. 그런데 그렇지 않다. 한번 언론을 탄 이야기는 사라지지 않고 살아남는 경향이 있다. 또 다른 옛말에 '저널리즘은 역사의 초고'라고 하지 않던가. 문제는 세월이 흘러도 그 초고를 고쳐 쓸 생각을 아무도 안 하는 경우가 허다하다는 것이다."

우리는 사기꾼, 협잡꾼, 야바위꾼 같은 사람들 이야기라면 사족을 못 쓰곤 한다. 그들이 약자와 호구를 착취하는 파렴치범으로 그려지건, 부당한 체제의 허점을 찌르는 서민 영웅으로 그려지건 간에 사기꾼 이야기라면 아무리 들어도 질리지 않는다.

"우리는 '탈진실 시대(post-truth)'에 들어섰다."

옥스퍼드 사전은 '2016년 올해의 단어'를 '진실 이후 시대(post-truth)'로 선정했다. 정치인은 기만하고, 장사꾼은 사기 치고, 언론은 가짜 뉴스를 퍼뜨리고, 의사 중에는 돌팔이도 많다. 인터넷을 통해 우리는 검증되지 않은 정보를 쉽게 얻고, 쉽게 공유한다. 무엇이 진실인지 가늠할 수 없는 시대가 되었다.

그런데 좀 이상하다. '진실 이후 시대'라고 하면 언젠가는 '진실 시대'가 있었다는 말이 아닌가? 그러나 안타깝게도 인간은 '진실 시대' 비슷한 것도 살아본 때가 없다. 인간은 가보지 않은 땅을 가보았다고 허풍떨고, 세상에 있지도 않은 나라를 지도에 은근슬쩍 그려 넣는다.

검증되지 않은 정보를 자신만만하게 인용하고, 자신의 입맛에 맞게 정보를 과장하거나 축소해 사람들을 기만한다. 또 아무런 근거 없이 특정한 대상을 매도해 그야말로 마녀사냥을 벌인다. 우리 역사 곳곳에 수없이 존재했던 이야기들이다.

구글이 밝혀낸 인간의 충격적 욕망

세스 스티븐스 다비도위츠《모두 거짓말을 한다》

　애써 부정하지만 우리는 모두 거짓말쟁이다. 위선과 체면으로 사회적 지위와 관계를 유지한다. 모두 각자에게 맞는 페르소나(가면)를 하나 이상씩 가지고 있다. 필자도 그렇다. 기술이 밝혀 놓은 인간의 내면은 발가벗겨진 것처럼 수치심이 느껴진다.

　모두 사실이다. 인정하고 싶지 않지만 우리는 인종차별적이거나 성차별적인 생각을 하고 살며, 자신의 잣대로 종교적, 정치적 프레임을 지니고 세상을 바라본다. 이런 정신적 구조물은 위선과 체면에 의해서만 가까스로 가려진다.

　그러다 우리는 혼자일 때, 자신조차 속이던 거짓말을 성찰이나 고백이 아닌 다른 절차를 통해 털어놓는다. 그 대상은 가톨릭 사제가 아닌 구글이다.

　이 책은 너무나 현실적이고 논리적이다. 사회과학이 현대 사회에서 어떻게 작동하는지 명확하게 알려준다. 우리나라만의 문제점이라고 여겼던 다양한 사항들이 따지고 보면 다른 나라들에도 각기 비슷한 문제점으로 작동하고 있다.

사람들은 언론사들을 보수와 진보, 이분법으로 나눈다. 언론이 정치 파벌이나 거대자본과 결탁해 이해관계에 부합하는 주도권을 달성하려 한다고 생각한다. 대중을 선동하고 세뇌한다고 욕한다.

이런 논리에 대해 저자는 반대한다.

"진보 혹은 보수 편향 언론사들은 고위층 간의 결탁이 아닌 신문 독자층의 평균적 정치 성향에 따라 독자들이 보고자 하는 견해를 실어준다. 거대한 음모 따위는 없다. 그저 자본주의가 존재할 뿐."

정확한 문구로 근거가 불분명한 언론 음모론에 일침을 가한다. 두 개의 반대되는 의견이 충돌할 때, 우리는 근거를 가진 쪽의 주장을 합리적이라고 말한다.

책은 그동안 불분명했던 '존재'와 '현상'들에 대해서도 인간의 내면을 들여다보며 말해준다. '존재'와 '현상'은 사용하기에 따라 분명하게 위험할 수 있다. 객관적이라는 믿음을 주는 '통계자료'가 사용하는 사람의 의도에 따라 얼마든지 다른 해석과 응용으로 진전할 수 있는 것처럼.

책은 카지노의 예를 들며 이런 인간 심리를 활용한 사회과학이 얼마나 위험할 수 있는지 설명한다. 이는 과학이다. 10년간 꾸준히 담배를 피워온 사람이 내일도 담배를 피울 것을 맞히는 것은 생년월일이나 혈액형을 가지고 사람의 미래를 맞히는 것과는 다르다.

태어날 때 머리 위의 별자리가 어떤 위치에 있었는지로 사람의 앞날을 맞히거나, 무작위로 섞은 카드 중 어떤 카드를 집어 드는지로 앞날을 예고하는 것과는 다른 방식이다. 이처럼 수많은 시간과 기록은 빅데이터가 되어 앞날을 예측하거나 과거와 현재를 진단하는 데 매우 유용하게 쓰인다.

다만 이런 다수의 빅데이터가 소수에 의해 이용되고, 이것이 잘못 이용되었을 때 일어날 일은, 영화 <마이너리티 리포트>와 같이 '일어날 법한 일'에 대한 예방 차원의 선제조치가 어떤 결과를 만들 수 있는지에 대한 철학적, 도덕적 문제로 제기될 수 있다.

책은 초반부에서, 정신분석학의 창시자 지그문트 프로이트를 예로 들며 인간의 내면세계를 당돌하게 뒤집어엎고 들어간다. 프로이트는 200년 동안 가장 유명한 사람을 선정하는 구글 엔그램 뷰어에서 아돌프 히틀러와 카를 마르크스에 이어 3위로 선정되었다. 그런 그의 논리를 같은 식구인 구글이라는 빅데이터를 기반으로 뒤집어엎는다는 것은 재미있기도 하고 놀랍기도 하다.

구글은 우리 모두를 알고 있다. 각자 어떤 음식을 좋아하고, 어떤 성향의 정치인을 선호하는지를 말이다. 최근 어떤 연예인에 관심을 가지며, 어떤 노래를 주로 듣는지, 어떤 영화를 선호하고 어떤 책과 어떤 뉴스를 보는지까지.

유튜브를 보다 보면 알고리즘에 의해 여러 추천 영상이 뜨곤 한다. 필자가 자주 보던 영화 위주로 재추천하면, 이런 메커니즘은 분명 편리하기도 하지만 어떤 경우에는 섬뜩하기도 하다. 내 아이디로 로그인한 유튜브 추천 영상이 내가 아닌 다른 사람 눈에 보이기가 부끄러울 때도 있다.

이처럼 입을 닫고 있을 때는 언제라도 숨길 수 있었던 속마음이 인터넷상에서 튀어나오며 대기업의 마케팅 용도로 사용된다는 것은 매우 복잡한 감정을 느끼게 한다. 우리는 어디까지 거짓말을 하고 있는가? 진짜 나에 대해서는 나보다 구글이나 IT 대기업이 더 잘 알고 있는지도 모른다.

책을 읽으면서 가장 많이 든 생각은 나에 대한 진지한 내부 성찰을 심리상담사나 정신과 병원보다 구글로 확인해보고 싶다는 것이었다.

또 책의 제일 마지막 부분에서 완독한 독자에게 보내는 마지막 조크까지 이 책은 분명 흥미롭고 재미있다.

저자 세스 스티븐스 다비도위츠는 전 세계가 주목하는 데이터 과학자로 〈뉴욕타임스〉 칼럼니스트다. 하버드대학교 경제학과 박사과정에 있을 때 특정 검색어의 추세를 보여주는 '구글 트렌드'를 연구해, '흑인 후보가 인종차별 때문에 선거에서 손해 본 표는 얼마나 되는지'를 밝혀냈다.

실제로 버락 오바마는 노골적인 인종주의만으로 4%의 유권자를 잃었는데, 스스로 자신이 인종주의자라고 말하는 유권자는 거의 없었다. 그래서 여론조사 전문기관도 이 사실을 알아채지 못했다.

미국에 인종주의자가 이렇게나 많다는 사실은 받아들여지기 어려웠으나 이 연구는 뒤에 도널드 트럼프의 지지층이 누구인지 설명하는 자료가 되면서 더 큰 신뢰를 얻었다. 스티븐스 다비도위츠는 검색어를 통해 사람들의 숨은 생각을 읽어내면서 단숨에 학계의 슈퍼 루키로 떠올랐다.

그는 구글에서 데이터 과학자로 일하면서 펜실베이니아대학교 와튼스쿨에서 학생들을 가르쳤다.

매일같이 사람들이 웹을 돌아다니면서 남기는 디지털 발자국을 뒤쫓는 저자는 이 책에서 빅데이터가 사람의 심리를 엿보는 아주 새로운 방법임을 보여 준다.

키보드로 얻는 익명성 덕분에 사람들은 인터넷 검색창에서 매우 이상한 것들도 자유롭게 고백한다. 이런 디지털 흔적은 엄청나게 많은 문자로 방대한 조합을 만들어 내면서 축적과 분석이 쉬운 형태로 저장된다.

이와 같은 빅데이터 분석으로 일반적인 설문조사에서는 감추어졌던 사람들의 솔직한 생각을 파악할 수 있다. 저자는 단순히 개념을 증명하는 데 그치지 않고 21세기 사회과학의 새로운 길을 정의한다.

구글 트렌드는 특정 단어가 지역별, 시간별로 얼마나 자주 검색되는지를 알려주는 서비스다. 2008년 11월, 오바마가 대통령에 당선된 날, 일부 주는 '최초의 흑인 대통령'보다 '깜둥이 대통령'을 더 많이 검색했다. '오바마'가 들어간 검색어 100개 중 1개에는 'kkk'나 '깜둥이'가 포함되어 있었다.

백인 국수주의자들의 사이트 '스톰프런트'의 검색과 가입도 평소보다 10배 늘었다. 설문조사에서는 아닌 척 숨겼으나 사람들은 사적 공간에서 흑인을 조롱하는 마음을 드러냈다. 저자는 지역별 검색률을 토대로 미국의 인종주의 지도를 만들었는데, 놀랍게도 트럼프 지지율 지도와 똑같았다.

지금 학계는 미국 대선과 브렉시트를 예견한 유일한 데이터인 구글 트렌드가 앞으로도 국제적으로 중요한 사건들을 예견할 것으로 주목하고 있다.

구글 검색이 그토록 중요한 이유는 데이터가 많아서가 아니라 사람들이 솔직한 생각을 내놓기 때문이다. 사람들은 다른 사람에게는 하지 않을 이야기를 구글, 네이버, 다음과 같은 거대 검색엔진에는 한다.

구글로 드러난 결혼생활의 가장 큰 불만은 무엇일까? 섹스하지 않는 것이다. '섹스 없는 결혼생활'이 '불행한 결혼생활'보다 3.5배 많이 검색되었고, '사랑 없는 결혼생활'보다 8배 많이 검색되었다.

그리고 대화하지 않는 배우자에 대한 불만보다 성관계를 원하지 않는 배우자에 대한 불만이 16배 많았다. 결혼하지 않은 커플도 마찬가지다. 문자메시지에 답하지 않는 애인보다 성관계를 원하지 않는 애인에 대한 불만이 5.5배 많았다. 그 불만은 놀랍게도 남자친구보다 여자친구 쪽에서 두 배나 많았다. 모두 전통적인 설문조사에서는 감추어져 있던 모습이다.

데이터 과학이 앞으로 무한정 활용될 수 있는 분야가 바로 사회과학이다. 데이터 과학은 사회과학 이론을 검증할 수 있게 한다.

스티븐스 다비도위츠의 연구가 처음부터 쉽게 받아들여졌던 것은 아니다. 인종주의에 관한 그의 박사 논문은 학술지 다섯 곳에서 거부당했다. 그렇게 많은 미국인이 인종주의자일 리는 없다는 논리였다. 하지만 세계적인 학술지 〈퍼블릭 이코노믹스 저널〉이 최종적으로 이 논문을 실었고, 스티븐스 다비도위츠는 많은 학자에게 충격을 주며 스타로 떠올랐다.

"미국인 대다수가 개인적으로 내밀한 사항을 구글에 털어놓는다. 예를 들면 미국인들은 '날씨'보다 '포르노'를 더 많이 검색한다. 남성 25%와 여성 8%만이 포르노를 본다고 인정한 공식적인 설문조사 데이터와는 거리가 멀어도 한참 멀다."

기계가 인간을 이기지 못하는 이유

홍성원《생각하는 기계 vs 생각하지 않는 인간》

'기술의 진보가 인간의 삶에 어떤 영향을 미치는가?"

이런 주제에 관해서는 여러 가지 많은 책이 있다. 이런 책들의 주제는 대부분 '인간의 일자리를 빼앗는 기계'에 맞추어져 있다. 그러나 필자 개인의 의견을 말해보라면 이것이다.

"기계는 인간의 일자리를 강탈하지 못한다."

인간의 사회와 문화에 기술이 받아들여지기 위해서는 '능률'만으로는 정답이 될 수 없다. 사업성이 있어야 한다. 기술력의 핵심은 사업성이다.

일본 아이치현의 산업용 로봇개발업체 '덴소 웨이브'와 IT업체 '히타치 시스템', '히타치 캐피탈' 등 3개 회사가 2019년 일본 언론을 통해 자동으로 도장 찍는 로봇을 개발했다고 발표했다.

이 괴상망측한 로봇은 두 팔을 가졌는데, 팔 하나로 서류를 넘기며 날인란을 식별하고, 다른 팔로 도장을 들어 인주를 묻히고 종이에 찍는다. 이 로봇이 가져올 미래의 변화는 서류에 찍어야 할 도장을 자동으로 찍어준다는 것이다.

날인란을 스캔해서 찾아내는 기술, 인감을 들어 인주에 묻히고 찍는 기술을 비롯해 일본이 자랑하는 최첨단 기술이 다량 녹아 있는 집합체였다. 그런데 고작 할 수 있는 역할이 도장 찍는 일이라니.

이런 기술이 테스트용도 아닌 상업용으로 개발되었다는 것에서 기술 발전이 우리 사회에 끼칠 문화적 변화에 대해 회의를 느끼게 했다. 더욱이 이 기계는 종이에 인감 한 번 찍는 데 2분이나 걸렸다.

이 로봇이 말하는 바는 무엇일까. 무엇보다 먼저 초 선진국이자 기술 강국이라는 일본이 아직도 '도장 결제' 문화를 바꾸지 못했다는 점이다. 기계가 도장 찍는 일을 대신해 돈을 벌 수 있을 것이라는 기대감에서 3사가 공동개발에 나선 것이다.

코로나 19가 확산하자 일본에서도 재택근무제를 도입했다. 그런데 일본의 많은 근로자가 '인감'을 받기 위해 회사에 출근해야 하는 '웃기는' 상황에 빠졌다.

처음에 인간은 생활문화와 기술의 발전 속도가 비슷했다. 그러다 점차 기술 발전 속도가 빨라지면서 인간이 문화를 받아들이는 속도를 넘어서기 시작했다. 지구 위에서 기술에 가장 민감하게 반응한다는 한국을 빼면, 이런 일은 세계 어디에나 존재한다.

해외와 국내에서 송금 속도와 수수료에 혁명적 변화를 가져다주는 '암호화폐'는 기술의 문제가 아니라, 법률과 문화적 문제의 벽을 넘지 못해 일상 속으로 스며들지 못한다.

컴퓨터 네트워크상에서 만들어지는 공간의 변화는 코로나 19라는 기회에도 불구하고 아직 보편적 문화로 자리 잡지 못했다. 코로나 19를 기회로 오프라인 공간 이용이 줄고 사이버공간 이용이 늘어나는 문화적 이동이 일어났어야 함에도, 2020년 인터넷을 이용한 신규 사업자는 고작 15.4%가 늘었을 뿐이다. 부동산업 28.9%, 소매업 19.2%, 음식점업 10.8% 순이다.

인터넷으로 집을 알아보고, 물건을 사고, 배달시켜 먹을 수 있는 기술이 발전했음에도 사람들은 인터넷 시장의 사업성을 바라보며 더 넓은 오프라인 공간에 투자했다.

어째서 기술이 발전했는데도 사람들은 그 기술을 사용하지 않는 것일까. 여기에는 꼭 이성적인 문제로만 해결되지 않는 모순들이 존재한다.

선진국들은 젊은 층 인구 비율이 빠르게 감소하고 있다. 새로운 기술에 호기심을 가지는 젊은 층의 급속한 감소는 기술의 시장성 감소를 의미한다. 세상을 움직이는 데는 기술의 진보도 분명히 필요하지만, 사업성 동반이 필수적이다.

최첨단 핸드폰을 예로 들어보자. 반으로 접히는 폴더 폰은 우리 시대 최고의 혁신적인 기술이다. 그런데도 많은 이들이 이 기술을 사용하지 않는다. 이유는 가격에 있다.

200만 원이 넘는 금액을 핸드폰에 투자할 수 있는 소비자와 그렇지 않은 소비자의 비율을 보면, 더 많은 소비자가 있는 시장은 새롭고 혁신적인 기술 쪽이 아니라, 경제적이고 합리적이며 적당히 효율적인 기술 쪽이다.

또 인공지능이 우리 일자리를 빼앗게 되었을 경우를 보자. 일자리를 빼앗긴 인간은 소비력이 떨어지게 된다. 소비력이 떨어지면 시장의 경쟁력이 떨어진다. 경쟁력 없는 사업은 지속할 수 없다.

이렇게 되면 인간은 앞서나가려는 기술을 문화와 사회, 법률을 이용해 적당히 끌어당기며 보편적이고 합리적인 선에서 받아들이려 할 것이다. 인간의 직업을 인공지능이 빼앗아갈까 봐 겁을 먹을 필요는 전혀 없다.

그렇더라도 인공지능에 의해 현재의 직업 행태와 구조가 변화할 수 있고, 이에 적응하지 못하는 인간은 가난해지거나 도태할 수밖에 없다.

아무리 바둑을 잘 두어도 이세돌 9단을 이기기는 쉽지 않았다. 그런데 구글의 딥마인드가 개발한 인공지능 바둑프로그램 '알파고'가 이세돌 9단을 4대 1로 이겼다. 그렇다고 인간이 바둑이라는 정신 스포츠를 모두 인공지능에 빼앗기지는 않았다.

인간끼리 대결하는 바둑 기사는 사라지지 않을 것이다. 인간은 누구도 가장 똑똑한 인공지능 둘이서 대국하는 바둑을 관전하려 하지 않을 것이다. 사업성 없는 기술발전은 도태되기 마련이다.

알파고는 이제 더는 바둑 기사와 대국하지 않는다. 일부 대국에서는 인공지능이 이겼지만, 바둑계에서 인간의 자리를 빼앗지는 못했다.

우리는 더 빠른 자동차가 있어도 마라톤 경기에서 1위로 들어오는 선수에게 박수를 보내고, 정확히 목표물을 연사하는 기관총이 발명되어도 올림픽에서 활로 과녁을 맞히는 인간에게 환호한다.

세상은 기술로만 움직여지지 않는다. 아무리 기술이 발전하더라도 인간의 사회와 문화가 받아들일 충분한 시간이 필요하다. 자율주행 자동차가 주행 중 어린이와 노인을 칠 수밖에 없는 상황에 부딪힌다면 어느 쪽을 선택해야 할까? 그 판단은 인공지능의 몫이 아니라 도덕적 관념에 따른 '프로그래머 인간'의 몫이다. 이에 대한 대중의 인정이 중요하다.

이런 여러 가지 요소로 본다면 통제되지 않고 무한대로 발전하는 기술이란 있을 수 없다. 기술이 발전할수록 '인간다움'은 더욱 중요시될 것이다.

지금껏 뒷전으로 밀려있던 철학이나 인문학 등이 전면으로 나서면서 논리력이나 암기력이 아닌 직관력이나 통찰력 같은 인간만의 능력이 인간에게 더욱 요구될 것이다.

이런 인간다운 인간들만이 발전된 기술력과 더불어 빛나는 삶을 살아가는 훌륭한 생산자이자 좋은 소비자로 남게 될 것이다. 아무쪼록 그렇게 되기만을 필자는 빌고 또 빈다.

저자 홍성원은 고려대 경영학 석사, 명지대 경영학 박사로 기아자동차에서 인재개발 업무를 담당하고, 경기대, 중원대 등 여러 대학에서 강의하며 인사관리 컨설팅 조직을 운영하고 있다.

2027년이면 자율주행 자동차가 상용화될 것이라고 한다. 그렇게 되면 택시와 버스, 화물차 기사 등은 전화 교환원이나 톨게이트 요금 수납원처럼 사라질 확률이 아주 높다. 미래학자들의 전망에 의하면 세무사, 변리사, 의사, 약사, 변호사, 번역가 등의 전문직도 AI가 대체할 확률이 높다.

이 책은 빠르게 발전하는 기술에 개인이 어떻게 대응해야 하는지 직종별로 접근한다. 일의 미래가치와 더불어 기계에 대체되지 않기 위해 어떤 능력을 키워야 하는지 함께 고민한다. 그중에 중요한 한 가지는 인간만의 영역인 '생각하는 힘'을 키우라는 것이다.

"생각하는 기계가 직업의 세계를 바꿔놓을 것은 분명하다. 틀에 박힌 고정적인 일은 기계로 대체된다. 그러나 인간의 감성과 사고력이 요구되는 일은 기계가 따라오지 못한다. 창의적 발상은 연구 개발직의 필수 요소이지만 인공지능 AI는 이 영역까지 공략하고 있다. 기사를 쓰고, 그림을 그리고, 소설을 집필한다. 아직은 빅데이터에서 추출한 결과물이지만 앞으로 어떻게 발전할지 아무도 모른다. 인간이 여기에 맞서려면 최대한 자신의 경험과 지식을 높이는 것이다."

본질 꿰뚫어 보는
선각자의
마음공부

진규동 《다산의 평정심 공부》

조선 시대 정조 임금이 죽고 노론이 천주교를 탄압하면서 내린 왕명에는 이런 내용이 적혀 있다.

"코를 베어서 죽이고 씨가 남지 않도록 하라."

이 일로 주변 사람들이 능지처참을 당하고 친구들이 죽으며, 다산(茶山) 정약용(丁若鏞, 1762~1836)과 둘째 형은 유배를 가게 된다.

나라와 임금을 위해 정치에 몸을 담았다가 당파의 패배로 다산은 집안이 망하고 가족이 흩어진다. 이런 일을 겪으면서도 그는 두 아들에게 마음속 깊은 곳에서 우러난 가르침의 편지를 보내고, 자신을 다잡으며 긍정의 마음가짐이 흔들리지 않게 한다.

이것은 오늘날 불확실한 미래를 마주한 우리 젊은이들에게 주는 가르침으로서도 손색이 없다. 삶은 꼭 밝은 방향으로만 움직이지는 않는다. 인생을 한 걸음, 한 걸음 나아가다 보면 꽃길뿐 아니라 진흙 길도 만나는 법이다. 이 모든 길은 지나가는 것에 불과하다.

꽃길을 만났다고 좋아할 필요도 없고, 진흙 길을 만났다고 걱정할 필요도 없다. 이 길은 우리의 최종 목적지가 아니며 단순히 지나가는 과정에 불과하다. 이처럼 눈앞에 마주하는 현실을 있는 그대로 담담하게 맞이할 수 있는 것은 자신이 가고 있는 길에 대한 확신이 있기 때문이다.

무엇이 다산을 그토록 확신에 찰 수 있게 만들었을까. 불확실하고 어두컴컴한 미지의 목적을 향해 나아가는 그의 앞길을 비추어 등불이 되었던 것은 다름 아닌 독서였다. 그는 두 아들에게 항상 말했다.

"독서는 어두운 미래를 비추는 등불이다."

어느 길로 가든 원하는 목적지에 도달할 수 있다면 지나온 길은 그저 스쳐 간 작은 기억에 불과하다. 이미 과거가 된 군대 시절 행군의 길은 그것이 오르막이었건 내리막이었건 지금 내 인생에 크게 중요하지 않다.

당시 숨을 헐떡이며 더 가파른 오르막이 나오지 않기를 바라던 간절한 소망은 인생 전체에서 보면 작디작은 하나의 흔적일 뿐이다.

불행한 과거와 미래는 어디에도 존재하지 않는다. 모든 것은 지금 이 자리에서 해석하고 상상하기에 따라 긍정과 부정의 양극 중 어느 한쪽으로 나타나기도 하고 사라지기도 한다.

우리는 언제든 이 양극을 긍정적으로 해석할 수 있다. 긍정인 것을 굳이 부정으로 해석할 필요는 없다. 일흔이 넘은 나이에 입안의 치아가 모두 사라진 것을 알고 '치통이 사라졌네'라고 긍정의 말을 할 수 있는 사람은 다산 말고 얼마나 더 있을까.

이런 다산의 일화를 읽으며 그룹 '부활'의 리더, 기타리스트 김태원의 말이 떠올랐다.

"시력을 잃자 큰 병을 고쳤다."

그는 아주 작은 먼지에도 신경이 쓰이는 결벽증 환자였다고 한다. 하지만 어둠침침해지는 눈 때문에 먼지가 안 보여 자신을 괴롭히던 결벽증이 저절로 치유되었다는 것이다.

우리는 자신에게 닥친 일에는 어두운 면만 가득할 거라는 착각에 빠지곤 한다. 그러나 아무리 생각해보아도 도무지 좋을 게 없는 바로 그 상황에도 분명히 좋은 일은 존재한다.

예전에 김대중 전 대통령은 어떤 상황을 객관적으로 보기 위해 종이를 반으로 접었다고 한다. 한쪽 면에는 그 일로 얻게 된 나쁜 일을 적고, 다른 쪽에는 '그래도 있을 수 있는 좋은 일'을 생각해내 적었다고 한다. 이렇게 좋은 면과 나쁜 면의 균형을 정확하게 맞추고 나면 현상과 사물의 본질이 뚜렷해진다는 것이다.

어떤 상황에서도 좋은 면을 바라볼 수 있다는 것은 본질을 파악할 수 있음을 의미한다. 이는 다산의 행적에서도 알 수 있다. 그는 기존의 편협한 사고와 관습에서 벗어나 새로운 시선으로 상황과 사물을 보는 데 아주 익숙했다.

다산에게 주어진 여러 묵직한 의미와 업적에 가려서 그의 긍정적인 성격은 지금까지 몹시 축소되어 있었다. 이제 시간이 오래되어 의미가 많이 희석되기는 했으나 다산에게는 우리가 잊지 말아야 할 중요한 업적과 행동이 아주 많다. 그중에서도 우리가 가장 크게 받아들여야 할 것은 다산이 지니고 있던 본질 파악 능력이다.

다산은 상황과 역사의 본질을 꿰뚫는 눈뿐 아니라 자신의 삶을 꿰뚫는 통찰력이 있었다. 그 능력이 어디서 나왔는지는 알 수 없으나, 그는 책을 좋아하고 자신이 얻은 지식과 생각을 나누고자 503권이나 되는 책을 남겼다. 그의 인생은 전체가 곧 책이었으니 독서가 본질 파악 능력을 키웠을 가능성이 제일 크다.

이 책은 책 좋아하는 선비의 긍정적인 인생 자세를 배우는 저서다. 쉽게 쓰여서 읽기도 좋다. 다산이 쓴 시들은 벌써 200년이 넘었으나 아직도 우리에게 여러 가지 감동을 준다.

저자는 사회에 나와 처음부터 KBS에서 일을 시작해 정년퇴직한 언론인으로 '다산등불지기'를 자처하는 교육학 박사다. 다산 유배지였던 강진의 다산박물관에서 다산교육전문관으로 2년간 일하며 다산을 연구하고 배웠다. 현재 '다산미래원' 원장으로 있으면서 다산정신의 실천을 통한 새로운 사회적 가치 창출에 노력하고 있다.

저자는 '다산의 평정심 공부'를 크게 6가지 철학으로 정리했다.

첫째, '긍정으로 지켜내라.'

다산은 유배지에 도착하자 고요히 앉아서 '이제야 여가를 얻게 되었구나' 생각하며 긍정의 힘을 키웠다. 그 힘은 유배지에서 쓴 《소학지언》과 《심경밀험》에 잘 나타나 있다.

둘째, '자신을 계발하라.'

유배 시절에도 딱딱한 방바닥에 앉아 학문에 열중하느라 세 번이나 복사뼈에 구멍이 났다고 한다. 이 이야기는 다산의 제자 황상의 문집 《치원유고》에 실려 있다. 다산은 제자들에게도 끊임없이 자신을 계발하라고 당부했다.

"부지런하고, 부지런하고, 부지런하라."

셋째, '나눔을 실천하라.'

《목민심서》에서 관리들이 어려운 백성을 구제하기 위해 어떤 정책을 펴야 하는지 6조로 나누어 설명했다. 그중 흉년에 관내의 부자들이 돈과 곡식을 헌납하거나 대여해 주기를 권하는 '권분'은 오늘의 노블레스 오블리주라 할 수 있다.

넷째, '가족과 함께하라.'

'가화만사성(家和萬事成)', 집안이 화목하면 만사가 술술 잘 풀린다는 말이 있다. 비록 가족이 흩어졌으나 다산은 늘 편지에 자신의 마음을 담아 가족에게 보냈다. 사치와 나태를 경계하고 화목과 공경을 강조하는 4가지 훈계, '태잠', '사잠', '목친잠', '원세잠'을 지어 아들들이 실천하도록 당부했다.

다섯째, '저것보다 이것을 즐기라.'

지금 내 앞에 있는 '이것'을 즐기라고 강조했다.

"내가 이미 지닌 것이 나의 바람에 미치지 못하면 마음은 내가 만족할 만한 것을 선망해 바라보고 가리키면서 '저것'이라고 말하기 마련이니, 이런 일은 천하의 공통된 병통이다."

여섯째, '책임을 다하라.'

다산은 조정의 부패를 탄식하며 국가개혁서 《경세유표》를 저술했다. 자신이 죽은 뒤에라도 실현되기를 바라는 마음으로 정조 임금의 못다 편 꿈을 이루고자 했던 다산은 끝까지 자신의 책임을 미루지 않았다.

"다산은 유배 18년을 서두르지 않고 견디며 새로운 마음가짐과 평정심으로 소망을 이루어, 마침내 유배에서 풀려 고향으로 돌아왔다. 처절한 절망에까지 갔다 왔다 했으나 결코 좌절하거나 아무런 소망 없이 죽음만을 기다리지는 않았다. 소소한 것에 얽매이지 않고 그 시련과 고난 속에서도 현실을 수용하며 더 어렵고 힘든 나라와 백성을 긍휼의 마음으로 바라본 다산, 그것은 유배를 절호의 기회로 승화시킨 위대한 인간 승리였다."

상처받은
영혼을 위한
가르침

미구엘 세라노 《헤세와 융》

기독교 신약성서는 예수가 직접 쓴 책이 아니다. 유교의 최고 경서 《논어》도 공자의 저서가 아니며, 불교 경전 《반야심경》 또한 붓다의 글이 아니다. 그리스 최고 철학자 소크라테스도 저서를 남긴 바 없다.

《데미안》과 《싯다르타》, 《수레바퀴 아래서》 등의 저서가 있고, 《유리알 유희》로 1946년 노벨문학상을 받은 헤르만 헤세와 '분석심리학'의 개척자인 칼 구스타브 융의 이야기를 그들 스스로가 아닌 다른 사람의 시선을 통해 들여다볼 수 있다는 것은 매우 흥미로운 일이 아닐 수 없다.

이 책의 저자는 칠레 출신 작가이자 외교관, 정치가로 스위스에서 말년의 헤세와 융을 만났다. 만남은 수차례 계속되었고 1965년에 두 인물과 만남을 기록한 《헤세와 융의 비밀 클럽》을 출간했다. 스페인어로 쓰인 책은 다음 해에 영어로 번역되어 독자들의 큰 관심을 받았다.

저자는 1953년부터 10년간 인도에 외교관으로 체류하는 동안 힌두교에 많은 관심을 가졌고, 그 후 유고슬라비아와 오스트리아에서도 대사로 있었다. 1970년 칠레에 사회주의 정권이 들어서자 잠시 공직에서 물러났으나 3년 후 다시 복귀했다.

이 책은 인간과 세계에 관해 탐구하던 청년 미구엘 세라노가 노년의 헤르만 헤세와 칼 융을 만나 이야기를 나누고 이를 기록한 것이다. '영혼의 닮은꼴'이라는 말을 들은 헤세와 융은 1917년에 처음 만나 깊게 교유하며, 서로의 작품과 학문에 영향을 끼쳤다.

'진정한 나 자신으로 사는 것'을 삶의 의미이자 최종 목적지로 여겼던 두 사람은 노년에 이르러 깨달은 바를 영적인 대화로 풀어낸다. 두 사람과 정신적으로 누구보다 깊게 교감한 저자는 꼼꼼한 기록으로 두 지식인의 무르익은 지혜를 생생하게 전해준다.

동양(인도)과 서양(유럽)의 사상에 대한 남아메리카 사람의 시선은 헤세와 융의 이야기를 제3의 시선으로 담아내는 것처럼 객관적이고 신비롭게 보이게 한다. 인간의 내면에 대해 깊게 고민하는 두 거장의 이야기를 담은 이 책은 노년에 무르익은 대 작가와 대 심리학자의 사상을 심도 있게 비추어준다.

이 두 사람을 이야기하면서 동양철학을 빼놓을 수는 없다. 서양의 천재들이 늘 동양의 고전에 관심을 보이는 이유는 동양철학이 그만큼 깊이가 있기 때문이 아닐까. 칼 융의 '인간 무의식'에 관한 연구는 주역의 '8괘'에서 꽤 많은 영향을 받은 것으로 알려져 있다.

마치 '진화론'이 당시의 지식인들 사이에서 상식과 같은 이론으로 보편화 되어가던 도중에 '자연선택설'이라는 근거를 내놓아 진화론의 창시자로 알려지게 된 찰스 다윈처럼, 동양철학의 모호함 속에서 현대적 해석의 근거인 '동시성의 원리'를 이용해 무의식을 관찰하는 칼 융의 모습을 이 책에서 만나볼 수 있다.

어떠한 우연의 일치가 심리적, 현실적으로 변화를 맞이하는 시기에 일어난다는 사실을 발견한 칼 융은 우리가 새롭게 맞이하는 세계는 단순한 우연이 아니라 개인의 의식과 무의식에 연관이 깊다고 믿었다.

이런 '동시성의 원리'는 과학과 철학의 경계선에 아슬아슬하게 걸쳐져 있다.

"인간의 생애는 무의식적인 자기실현의 역사다. 무의식 속에 있는 모든 것은 삶의 사건이 되고 밖의 현상으로 나타난다. 무의식이 전하는 삶의 방향이 곧 운명이다."

칼 융의 이 이론은 현대에 와서 많은 이에게 '마음 챙김'을 실현해야 할 명분으로 사용되고 있다. 내면을 다스리는 일은 현실의 근원적인 문제를 해결하는 일이며, 이런 일들은 물리학이나 심리학, 운명학 등과 공통분모로 사용된다.

양자역학이 대두됨에 따라 철저하게 분리되어있던 철학과 물리학이 연결되고, 여기에 칼 융의 '동시성의 원리'가 합해지면서 심리학과 물리학, 철학이 어떤 접점에 이르는 현대과학의 새로운 장이 열린 것은 아닐까 생각된다.

여기에 칼 융과 비슷한 생각과 철학을 가지고 있던 작가 헤르만 헤세의 관점이 소개되어, 책의 주제는 철학, 물리학, 심리학, 운명학에 이어 문학으로까지 넓혀진다. 같은 철학에 뿌리를 둔 사상이 서로 다른 분야에서 각자의 방향으로 뻗어가는 과정을 따라가면서 제3의 눈으로 관찰하는 것은 참으로 오묘한 매력이 된다.

사유와 사건이 동시에 일어나는 일을 보노라면 필자가 어린 시절 유행하던 '끌어당김의 법칙'이 떠오르곤 한다. 한때 유행처럼 번지다가 사이비 취급을 받기도 했으나, '끌어당김의 법칙'에 사람들이 열광했던 이유는 그 이론의 뿌리에 칼 융의 '동시성의 법칙'이 존재했기 때문이다.

실제로 무의식과 정신과학의 영역은 역사가 짧다. 그래서 칼 융과 프로이트는 사이비 과학의 근원으로 자주 거론되기도 한다.

과학이 철학의 깊은 부분으로 스며들면서 점차 심오해지던 시기에 대중들에게 이를 문학으로 설득한 작가가 헤르만 헤세다. 그의 작품은 전 세계적으로 60개 이상의 언어로 번역되어 전부 1억5000만 부가 넘게 팔렸다.

현대 문학에서 엄청난 히트작품으로 알려진 '해리포터 시리즈'는 10년간 총 67개의 언어로 번역되어 4억 부가 팔렸다. 그러나 헤르만 헤세는 이미 100여 년 전에 살던 인물이고, 당시만 해도 지금처럼 독서 인구가 많지 않았으니 그의 영향력이 얼마나 컸던지 알 수 있다.

이 책은 200쪽 겨우 넘는 얇은 분량이다. 그런데도 이 책을 읽는 데 상대적으로 오래 걸렸다. 한 문장, 한 문장이 쉽게 넘어가지 않았다. 깊이 생각하지 않고 문자만 읽어서는 책의 가치를 제대로 평가하기 어렵다.

쉽게 이해하기 어려운 문장을 곱씹고 곱씹으며 신중하게 이 책을 마무리하고 나면 인간에 대해서 보다 심오한 고찰을 하게 될 것이다.

헤세와 융은 둘 다 1870년대에 태어나 1960년대에 세상을 떠났다. 두 사람은 깊게 교유하며 서로의 작품과 학문에 영향을 미쳤다. 헤세는 심각한 신경쇠약과 우울증을 앓았는데 융 심리학의 도움을 받아 정신적 문제를 극복한 것으로 알려져 있다. 그는 실제로 융에게 직접 심리 분석을 받기도 했다.

저자와 두 거장은 수차례의 만남과 서신을 통해 사랑, 죽음, 자기완성, 종교, 집단 무의식 등 인간과 세계에 관한 깊은 대화와 토론을 펼친다. 두 거장의 작품이나 이론에 대한 생각을 그들의 입으로 직접 듣는 것 또한 이 책에서만 얻을 수 있는 귀중한 경험이다.

말년의 헤세와 융이 전하는 이야기는 그 깊이와 농도만큼이나 이해하기 쉽지 않을 수도 있다. 하지만 인간과 세계를 관조하는 두 사람의 시선을 따라가다 보면 어느새 나 자신의 영혼을 돌아보게 된다.

이 책에서 헤세는 말한다.

"나에게 우주나 자연은 다른 사람들이 말하는 신과 같은 것이다. 자연을 인간의 적, 정복해야 할 대상으로 생각하는 것은 잘못이다. 우리는 자연을 어머니로 보아야 하고, 우리 자신을 신뢰하면서 자연에 맡겨야 한다. 그런 태도를 지니게 되면 다른 존재들이나 동물, 식물처럼 우리 역시 우주로 되돌아간다는 것을 쉽게 느낄 수 있다. 우리는 모두 전체의 작은 일부분일 뿐이다. 거부하는 것은 의미가 없다. 우리는 이 거대한 흐름에 몸을 맡겨야 한다."

융도 충고한다.

"인간은 자신의 본성에 따라 살아야 한다. 자기 인식을 얻기 위해 노력해야 하고, 그런 뒤에는 자신에 대한 진리를 따라야 한다. 사람은 본래의 자신이어야만 하고 자신만의 개체성, 즉 의식과 무의식 사이의 한가운데 있는 개인성의 중심을 발견해야만 한다. 우리는 이런 이상적인 지점을 향해 달려가야 한다. 자연이 우리를 인도하려는 것처럼 보이는 그런 지점으로 말이다. 오직 그 지점에서부터만 인간은 자신의 욕구를 만족시킬 수 있다."

매우 심오하더라도 한마디 한 문장 꼭꼭 씹어서 자신의 것으로 만들면, 분명 영혼에 큰 울림을 주는 미덕들을 찾을 수 있을 것이다.

'1951년 6월, 33세 청년 작가 미구엘 세라노는 스위스 몬타뇰라에 있는 헤세의 집 복도에 앉아 있었다. 잠시 후 옅은 백단향의 향내가 나더니 문이 열렸다. 흰옷을 입은 호리호리한 사람이 어둠 속에서 나타났다. 헤세였다. 그는 일어나서 헤세를 따라 커다란 창문이 있는 방으로 들어갔다. 헤세는 갸름한 얼굴에 밝고 빛나는 눈을 하고 있었다. 위아래로 흰옷을 입은 그는 세라노의 눈에 고행자나 고해자처럼 보였다. 세라노는 존경하는 사람과 만남에 전율하며 긴장한 와중에도 헤세의 작품과 동양의 지혜에 관해 이야기를 나눈다.'

이것이 세라노와 헤세의 첫 만남이었다. 그때 헤세는 이미 70 대였다. 세라노를 만난 뒤 헤세는 부인 니논에게 말했다.

"어떤 사람이 찾아왔는데 내가 알던 사람, 친구 같은 사람이야. 칠레에서 온 젊은 친구였어."

이후 세라노는 스위스에 머무는 융과도 만나 인연을 맺는다. 융의 말년을 함께 보낸 루스 베일리도 세라노에게 이렇게 전했다.

"제 생각에 융 박사님과 당신 사이에는 엄청난 유대관계가 있는 것 같습니다. 박사님은 당신을 만나면 늘 아주 쾌활하세요. 오늘도 당신이 오기를 기다리셨어요."

헤세와 융을 존경하고 배우려 했던 세라노는 두 사람을 충실하게 이해하려 했다. 그는 헤세의 말을 따서 세 사람의 관계를 '비밀 클럽'이라고 부르며 우정을 다졌다.

월간 잡지처럼 책을 펴내는 《월간 정여울》을 출간하는 인기 작가 정여울은 이 책을 추천하면서 썼다.

'나는 이런 책이 좋다. 서로 다른 존재들을 따스한 마음 하나로 이어주는 책. 헤세와 융은 살아온 환경과 국적과 출신이 모두 달랐으나 영혼의 쌍둥이처럼 닮은 운명을 가졌다. 수많은 사람을 영적으로 이끄는 삶, 인류의 지혜를 한 차원 높이 끌어올리는 삶, 글쓰기의 힘으로 인류를 더 나은 곳으로 데려다주는 지적 모험. 그들은 그렇게 닮은 운명으로써 서로의 친구가 되었다. 이 책은 헤세와 융을 읽고 사랑하고 마침내 그들과 만남으로써 자신의 삶을 바꾼 작가의 이야기이기도 하다. 이들은 서로 아무리 멀리 있어도 서로에게 영감의 빛을 던져 주는 사이였다. 이 책을 읽으면 머나먼 스위스의 호숫가에서 나룻배를 타며 책을 읽는 융이 떠오르고, 알프스가 병풍처럼 둘러쳐진 작은 마을에서 《데미안》과 《나르치스와 골드문트》를 그려내던 헤르만 헤세의 다정다감한 일상이 떠오른다. 두 사람과 나란히 아름다운 산책길을 걸으며 인간의 마음이 해낼 수 있는 그 모든 기적 같은 치유와 창조의 힘을 발견하게 된다.'

감염병 근절이
인류에게
진짜 이로울까?

야마모토 타로 《사피엔스와 바이러스의 공생》

인간도 자연의 작은 부분일 뿐이다. 그런데도 신의 선택을 받은 유일한 생물이라는 듯 아무 거리낌 없이 자연을 이용하고 파괴했다. 아무렇지 않게 땅속에 들어있는 광물을 캐내어 변형하고, 화석연료를 태우고, 땅과 숲을 훼손하고, 오염물질을 하늘과 바다로 마구 뿜어냈다.

인간은 다른 동물보다 우월해 보이기 위해 수행하는 더 많은 '자연의 악행'을 당연하게 여긴다. 다 먹지도 못할 음식을 만들기 위해 수많은 동물과 식물을 죽이고, 더 많은 생물이 살아가는 생존의 터전을 자신들의 것인 양 빼앗는다. 그러나 그렇게 자연을 파괴하는 인간 또한 자연에서 살아가는 하나의 '종'에 불과하다.

이 책 《사피엔스와 바이러스의 공생》 저자 야마모토 타로는 실제로 바이러스는 오래전부터 인간의 역사에 침투해 있었다고 말한다. 봄이 오면 새싹이 돋아나고, 여름이 되면 풀어지다가, 가을

이 되면 시들해지고, 겨울이 되면 지고 마는 자연의 섭리에서 크게 벗어나지 못하는 미물이라는 것이다.

인간에 침투하는 바이러스의 역사는 농업혁명과 함께 시작된다. 그리하여 '고귀한' 인간도 동물과 함께 병에 걸리고 죽어간다. 농업혁명이 시작되고 여분의 생산물로 동물을 키우면서 한 곳에 정착하기 시작한 인간은 동물과 함께 섭취하고 배설한다. 그러다 보니 인간도 동물과 다르지 않은 방식으로 전염병을 확산하고 죽어갔다.

이렇게 해서 인간의 다양한 역사는 바이러스의 흔적을 지울 수 없게 되었으며, 바이러스는 인간과 떼려야 뗄 수 없는 관계를 맺게 되었다. 문명은 인간의 요람이었던 것처럼 바이러스의 요람이기도 했다. 피할 수 없는 재앙이었던 전염병은 인간의 역사를 크게 위협했는데, 이것이 곧 문명을 발달시키는 중요한 원인이 되기도 했다.

중국에서 시작된 흑사병은 14세기에 실크로드를 따라 유럽으로 전염되어 인구의 3분의 1을 죽이고 끝을 본다. 대략 2000만~3500만 명이 희생되는데, 이 과정에서 유럽은 봉건제도가 무너진다. 영주를 비롯해 기사계층과 성직자 계급이 지배하던 중세 유럽의 사회 구조를 이 전염병이 확 바꾸어버린다.

사람이 많이 모인 곳에서는 희생자가 많이 나올 수밖에 없는 전염병 특성상 성직자가 희생되는 일이 빈번했고, 전염 확산이 본격화되자 추기경이나 주교 같은 고위 성직자들이 다투어 도망가는 모습을 교인들에게 보여주게 된다. 결국, 교회에 대한 불신이 깊어지고 이는 이슬람 문화의 확대로 이어진다.

유럽 경제의 기반이었던 농노제 또한 큰 타격을 받는다. 흑사병으로 도시 인구가 절반으로 줄자 노동력 품귀 현상이 일어난다. 임금이 두 배 이상 폭등하자 농민이 도시로 이주하기 시작한다. 농촌의 일손이 부족하게 되니 농노가 사라지고 소작농이나 자작농이 늘면서 그 권리가 향상된다.

일손이 줄어들자 비교적 노동력이 덜 필요한 작물 위주로 농업 양상이 바뀌어 포도와 감자 같이 손이 덜 가는 농사가 발전하고, 노동력과 비교해 고소득을 올릴 수 있는 목축업이 발달한다.

사회에서 갑자기 너무 많은 노동력이 사라지자 남자만 감당하던 노동시장에 본격적으로 여성 노동력이 투입되고, 여성의 역할이 신장하기 시작한다.

흑사병으로 초래된 사회 변화는 결국 부족한 노동력으로 충분한 생산물을 획득해야 하는 유럽에 산업혁명이라는 소용돌이를 가져올 수밖에 없었다. 흑사병이 인류를 쇠퇴하게 한 것이 아니라 진보하게 한 것이다.

여러 가지 바이러스나 전염병을 인간의 힘으로 극복한 예는 극히 드물다. 왜 갑자기 흑사병이 사라졌는지 현대의 과학자들도 의문을 갖는다.

그 병이 사라진 배경으로 어떤 이들은 '환경의 변화'를 든다. 칭기즈칸이 몽골 초원을 달려나가 유럽을 정벌하던 시기에 지구는 소빙하기로 접어든다. 소빙하기에는 전반적으로 기온이 낮아져 초원지대가 확산하면서 말을 운송수단으로 제국을 확장하던 칭기

즈칸에게는 최상의 카펫을 깔아주었다. 이 시기의 기온 변화가 몽골의 팽창과 함께 바이러스 축소로 이어진다.

숨도 쉬기 어려운 고산 지대에 터를 잡은 여타 문명들이 어째서 그런 고원을 택했는지에 대한 의문도 이 책은 해결해준다. 간단하다. 고산 지대는 낮은 기온으로 바이러스 창궐이 어렵고, 다른 이민자들과의 접촉에서도 보호가 된다. 문명의 발달로 보면 바이러스는 이미 오래전부터 '사회적 거리 두기'를 실천하고 있었다.

인도의 카스트 제도도 바이러스로부터 시작되었을지 모른다는 재미있는 추론을 따라가다 보면, 지나간 역사가 현재 우리가 처한 세상과 얼마나 비슷한지 소름 끼치게 깨달을 수 있다.

'기업'이라는 형태로 묶인 거대 생산 공동체들이 전염병 확산으로 인한 임금상승을 이기지 못해 무너지고, 그에서 떨어져 나온 개인들이 각자 살아가는 시대가 온다고 한다. 개인들은 현재 흔히 접하는 유튜브나 인플루언서, 프리랜서 같은 개인사업자로 이어질 수 있게 된다.

바이러스 피해가 비교적 적었던 국가를 중심으로 학문과 문화가 번성했다는 연구 또한 현대 우리가 바이러스를 극복해야 할 중요한 이유이기도 하다. 사람들과 격리되어 자신을 보호하면서도 스스로 경제 활동을 해야 하는 우리는 4차 산업혁명을 앞두고 벌어지는 팬데믹 시대의 역할을 깊이 생각해야 한다.

단숨에 세상을 뒤집어엎는 바이러스에 대응하지 못한 지주들이나 기득권층은 세상의 변화를 따라잡지 못해 사라졌다. 한 세대도 걸리지 않은 이런 변화에 우리는 오늘 우리와 자녀 세대를 무방비로 드러내놓고 있다.

"수만 년 동안 대결해 온 인간과 질병 앞에 놓은 길은 공생 아니면 공멸뿐이다"

저자 야마모토 타로는 30년 동안 전 세계를 돌며 유행병 예방과 치료에 전념해온 바이러스 의사다. 도쿄대학 의학연구 박사과정을 수료하고 짐바브웨 감염증 대책 수석 고문, 코넬대학 감염증 내과 객원교수, 외무성 국제협력국 등을 거쳐 나가사키대학 열대의학연구소 교수로 있다.

이 책은 인류가 역사 속에서 홍역, 페스트, 천연두 등 온갖 감염병을 어떻게 극복했는지 알려준다. 그러면서 감염병 전문의인 저자는 이런 의문을 제기한다. 모든 감염병을 근절하는 것이 진정 인류에게 이로운 것인가?

"감염병 없는 사회를 만드는 노력은 인류의 파멸을 부르는 준비 작업이 될지도 모른다."

절대 허황한 주장이 아니다. 감염병을 연구해온 저자는 끊임없이 이어져 온 병과 인류의 관계가 결코 제로섬 게임이 아님을 증명한다.

인간이 병에 적응하듯 병도 인간에 적응한다. 인간의 생명과 건강을 파괴하지 않는 것이 병의 존속에 유리하다는 걸 깨달은 바이러스도 있다.

인류가 코로나 19를 퇴치한다 해도 미지의 감염병이 계속 등장할 것은 확실하다. 그렇다면 코로나 19를 비롯해 미지의 감염병과 함께해야 하는 삶이란 어떤 것일까?

말라리아의 일종인 열대열 말라리아는 주로 아프리카 서부에서 기승을 부렸다. 임산부와 유아에게 특히 치명적인 이 병으로 이 지역은 생존이 위태로웠다. 치료제도 없던 시절에 인간은 어떻게 대응했을까?

　당시 그곳 사람들은 '낫 모양 적혈구 빈혈증'이라는 병을 앓고 있었다. 동그란 모양이어야 할 적혈구가 초승달 모양이 되면서 신체 각 부위에 산소를 제대로 공급하지 못하는 병이다. 중증은 온갖 합병증을 앓다가 제 명을 못 마치고 죽지만 경증은 가벼운 빈혈 정도로 끝난다.

　그런데 신기하게도 '낫 모양 적혈구 빈혈증' 환자들은 말라리아에 걸려도 증세가 가볍고 생존율도 높았다. 기능을 제대로 못 하는 적혈구 때문에 말라리아 병원균 증식까지 억제되었다는 것이다.

　조사해보니 서아프리카 지역 주민 중 '낫 모양 적혈구 빈혈증' 환자의 비율이 다른 지역보다 높았다. 말라리아로 생존의 위기에 처한 인체가 다른 병으로 돌파구를 마련했다는 뜻이다. 이로써 해당 지역 사람들은 빈혈증과 함께하는 삶, 그리고 말라리아와 함께하는 삶을 이루어냈다.

　이 책은 19세기 외딴 섬에서 유행한 홍역 이야기로 시작한다. 홍역이 계속 유행하려면 일정한 장소에 수십만 명 이상의 사람이 몰려 있어야 한다. 인류 최초의 문명이 감염병과 함께 시작된 건 그 때문이다.

　이후 여러 질병이 숱한 생명을 앗아갔고, 역사의 흐름은 몇 번이나 굽이쳐서 전혀 생각지도 못한 곳에 이르렀다. 인류는 질병과 맞서 부단히 노력했다. 항생제와 백신을 개발하며 치명적인 질병들을 퇴치했다. 20세기 냉전기에 동서 양 진영이 손잡고 천연두를 퇴치한 일은 인류사에 길이 남을 것이다.

마침내 감염병을 이겨냈다고 생각한 시절도 있었다. 하지만 뒤를 이어 에볼라, 에이즈, 사스 등이 계속 등장했고 이제 코로나 19가 다가왔다.

성인 T세포 백혈병 바이러스는 잠복 기간이 50~60년으로 감염자의 약 5%만이 발병한다. 사실상 해가 없다고 할 수도 있으나 완전히 없애는 편이 낫다고 생각할 수도 있다.

그렇다면 이런 사실을 알아야 한다. 바이러스는 비슷한 지위의 다른 바이러스와 경쟁한다는 것이다. 일단 체내로 들어온 위험하지 않은 바이러스는 몸 안에 자리를 잡고서 다른 위험한 바이러스가 들어올 자리를 없애버린다.

만일 성인 T세포 백혈병 바이러스가 완전히 박멸된다면 어떻게 될까? 이 바이러스에 대항하기 위해 우리 몸이 오랜 시간 이룩한 면역체계는 쓸모가 없어지고, 이 바이러스가 사라진 자리에 다른 바이러스가 침투할 가능성도 있다. 그것은 덜 위험한 전임자와는 비교도 안 될 만큼 치명적일 수도 있다.

인간이 질병에 적응해 살아가면 질병 역시 자기 방식대로 인간에 적응하며, 공존의 길을 발견할 수 있다. 바로 이 길을 찾아내는 것이 인류가 나아가야 할 길이라고 저자는 말한다.

"유럽에서 결핵 환자가 증가하면서 한센병 환자가 감소한 것은 확실해 보인다. 생물학적으로 그 원인을 설명하려는 이들은 교차면역을 거론한다. 결핵균이 일으키는 면역반응과 한센병 병원균이 일으키는 면역반응이 서로 영향을 끼쳐, 한쪽의 병원체에 감염되면 다른 쪽 병원체에 대한 저항성을 얻게 된다는 것이다."

모든 것은
후추로
시작되었다

이나가키 히데히로 《세계사를 바꾼 13가지 식물》

후추가 대양의 시대를 열고, 아메리카 대륙을 발견하게 했다는 것은 이제 일반화된 상식이다. 중세 유럽 역사는 후추 구하기로 이루어졌다고 해도 과언이 아니다.

중세 이전에도 후추는 남인도로부터 이집트와 로마 제국까지 퍼져나가 널리 쓰였다. 후추의 영어 이름 '스파이스(spice)'의 어원인 라틴어 '스페시스(species)'는 토산물이라는 뜻이다. 기원전에는 향신료보다는 의약품 용도였다. 후추가 식용으로 쓰이지 못한 이유는 값이 너무 비싸서 구하기가 어렵기 때문이었을 것이다.

'카르페 디엠(현재에 충실하라)'이라는 유명한 말을 남긴 고대 로마의 시인 호라티우스는 남부 이탈리아 베네치아의 해방 노예 아들로, 후추 사업에 뛰어들어 큰돈을 벌었다. 대(大) 플리니우스는 저서 《박물지》에서 후추를 사려고 금 궤짝이 오가는 후추 열풍에 불만을 토로하기도 했다.

로마 시대와는 다르게 홍해 무역의 교두보인 이집트가 이슬람 세계로 넘어간 이후에는 후추를 파는 이슬람 상인과 후추를 독점하려는 유럽 상인 간의 알력이 그칠 줄 몰랐다.

후추는 서로마가 무너지자 공급이 중단되었다가 십자군 전쟁 이후 유럽에 후추를 이용한 요리가 널리 보급되고, 북유럽 등에서도 후추 수요가 늘어나면서 10세기를 전후해 공급이 재개되었다. 그리고 바로 가격이 폭발적으로 뛰어올랐다. 가격을 올려 엄청난 이득을 취한 주인공은 셰익스피어 4대 희곡 가운데 하나로 유명한 '베네치아 상인'들이다.

베네치아는 5세기에 동서 로마의 분열로 발생한 난민들이 모여, 작은 섬과 갯벌을 간척해 세운 도시다. 농사를 지을 수가 없어서 지리적 이점을 활용한 소금 장사로 시작해, '베네치안 글라스'라는 뛰어난 유리 공예품을 아랍 지역에 수출하는 무역을 직업으로 삼았다.

그러다가 십자군 전쟁이 일어나자 성지로 향하는 순례자들과 기사, 병사들을 높은 뱃삯을 받고 데려다주고, 그 배로 아랍과 이집트의 향신료와 진귀한 물품을 실어와 엄청난 이윤을 챙기면서 세계적인 상인으로 날아올랐다.

기록을 보면 이집트에서 향신료인 육두구를 실어와 3~5배의 이윤을 남겼다. 베이루트를 비롯한 레반트 항구에서 후추도 독점했다. 아랍 상인으로부터 240파운드를 25~40두카트에 사서 유럽에 가져가 50~100두카트로 팔았으니 2배 이상을 남겼다.

이때 유럽 끝에 있던 포르투갈과 카스티야 같은 변방국은 베네치아 후추에 지급하는 엄청난 웃돈을 견디다 못해 국가 주도로 독자적인 해양 산업에 투자하기 시작했다. '항해 왕자' 엔히크 등 왕족들까지 후추가 나오는 미지의 땅을 향해 바다로 뛰어드는 것을 마다하지 않았다. 이들의 열정과 노력으로 대서양 너머 신대륙과 희망봉 너머 인디아스를 발견해 차지하게 된다.

향신료 사업은 배 10척을 띄워 1척만 돌아와도 원금을 건지고 남는 황금 시장이었지만, 배 9척을 잃는 게 일상인 도박이었다. 더욱이 포르투갈은 인도에서 얻은 부를 자국 산업에 투자하지 않고 전부 다시 해양에 재투자하는 욕심을 부렸다.

이로 인해 재력과 인력이 고갈되어 곧바로 네덜란드나 잉글랜드 같은 후발주자들에게 밀려나게 된다. 그리고 곧 암흑기로 접어든다.

이런 식물의 역사를 보면 인간은 아무리 훌륭한 가치를 덧칠해도 한낱 동물에 지나지 않는다는 사실을 알 수 있다. 결국은 식량이다. 4차 산업혁명이든 5차 산업혁명이든 인간은 먹을 것이 없으면 살 수 없는 동물일 뿐이다.

미국과 중국의 군사력이 아무리 강하다 해도 식량보다 더 강한 무기는 없다. 고성능 미사일로 일주일을 폭격하는 것보다 더 강력한 공격은 일주일간 물과 식량을 차단하는 것이다.

세계 최강인 미국은 군사 강국이기에 앞서 세계 최대 식량 생산국이다. 인간의 DNA는 옥수수와 굉장히 닮아서, 실제로 인체의 절반이 옥수수로 이루어져 있다고 해도 과언이 아니라고 이 책의 저자는 말하는데, 미국은 옥수수 대국이다.

맥도날드에서는 옥수수 사료로 키운 소를 옥수수기름으로 굽고, 옥수수로 만든 액상 당 음료와 옥수수기름으로 튀긴 감자를 먹는다.

식물이 인간의 욕망을 자극하고 충동질해 만들어 낸 인류 역사를 담은 이 책의 저자는 일본에서 최고 권위를 인정받는 농학 박사이자 식물학자다. 오카야마대학을 졸업하고 동 대학원에서 농학 박사 학위를 받았다. 농림수산성과 농림기술연구소 등을 거쳐 시즈오카대학교 농학부 교수로 있다.

이 책에서는 후추와 함께 초강대국 미국을 만든 '악마의 식물' 감자, 인류의 식탁을 바꾼 새빨간 열매 토마토 등 모두 13가지 식물 이야기를 통해 식물과 인간이 어우러져 빚어내는 뚜렷하고도 의미 있는 발자국을 살펴보게 한다.

감자는 오늘날의 미국을 만드는 데 중요한 역할을 했다. 19세기 아일랜드는 감자 역병으로 인한 대기근이 휩쓸어 100만 명이나 죽었다. 운 좋게 살아남은 사람들은 고향을 떠나 신천지 미국으로 건너갔다. 그 수가 무려 400만 명이었다.

이들은 본격적인 공업화 단계에 들어선 미국에서 대규모 근로자 집단이 되어 공업화와 근대화에 크게 이바지했다. 미국은 이들의 노동력을 바탕으로 부와 에너지를 축적해서 최강대국 영국을 앞질러 세계 최고의 공업국이 되었다.

그때 대기근을 피해 미국으로 이주한 사람 중에는 달 탐사 계획을 추진한 35대 대통령 J. F. 케네디의 할아버지가 있었다. 미국과 세계 현대사를 만든 주역 중 한 명인 레이건과 클린턴, 오바마의 선조들도 행렬에 끼어 있었다. 월트 디즈니와 맥도날드 형제 또한 아일랜드 이민자의 후손이다.

달콤한 사탕수수 또한 세계 역사를 바꾸는 데 이바지했다. 이탈리아 출신인 문제의 인물 콜럼버스가 스페인 여왕의 지원을 받아 아메리카 대륙을 발견하고 탐험했으나, 여왕이 간절히 원하는 후추는 발견하지 못했다. 그가 오랜 항해 끝에 다다른 땅은 후추가 자라는 아시아의 남인도가 아니라 엉뚱한 아메리카 대륙이었다.

콜럼버스는 부하들을 이끌고 후추를 찾아 헤매며 땀을 비 오듯 쏟았으나 끝내 발견하지 못하고 대신 '고추'만 찾아냈다. 콜럼버스는 고추를 후추로 속여 스페인에 보냈다. 그래서 중남미 카리브해의 섬들은 '서인도제도'가 되고, 후추(pepper)와 전혀 관계없는 고추는 영어로 '레드 페퍼', 피망은 '그린 페퍼'가 되었다.

후추 확보에 실패한 콜럼버스와 스페인 사람들은 서인도제도에서 다른 돈줄을 찾아 나섰다. 그들의 머리를 때린 것이 사탕수수였다. 당시 설탕은 유럽의 일부 상류층 입에만 들어가던 값비싼 사치품이었다. 사탕수수는 아열대기후인 동남아시아에서 자라는데, 온난한 카리브해 섬들도 재배에 적합해 보였다.

콜럼버스는 이 작물을 서인도제도에 들여와 막대한 돈을 벌었다. 그런데 사탕수수는 엄청난 노동력을 요구했다. 모종을 심는 일부터 수확까지 모든 과정에 사람이 필요했다. 서인도제도의 사탕수수 농업은 대규모 농장으로 발전했고, 여기에 필요한 노동력을 충당하기 위해 잔인하고 끔찍한 노예무역이 시작되었다.

17세기 중국에서 유럽으로 차가 전해지면서 설탕은 가치가 크게 높아졌다. 차 고유의 쓴맛을 즐길 줄 모르는 유럽인들이 설탕을 넣어 마시면서 홍차는 대중문화가 되고, 설탕 수요는 팽창을 거듭했다. 이로써 설탕 원료인 사탕수수는 세계사를 다시 한번 크게 흔들었다.

이밖에도 내용이 아주 재미있다.

종교재판정에서 유죄 판결을 받고 화형당한 불운의 감자, 200년간 유럽인에게 배척당하는 수모를 겪었으나 지금은 이탈리아를 대표하는 음식 재료로 자리 잡은 토마토, 거대한 피라미드를 떠받친 양파의 약효, 인류의 의복문화를 혁명적으로 바꾼 새하얗고 부드러운 목화, 씨앗 한 톨에서 문명을 탄생시킨 인큐베이터 볏과 식물 밀, 고대 국가의 탄생 기반이 된 벼, 대공황의 위기를 극복하게 해준 콩, 전 세계적으로 가장 많이 재배되는 농작물 옥수수, 인류 역사상 최초로 거품경제를 일으킨 욕망의 알뿌리 튤립 등 13가지 작물의 역사와 뒷이야기가 모두 흥미롭다. 이런 식물 없이는 못 사는 인간에 대해서도 생각할 수 있게 해준다.

주먹도끼가
진정 아름다운
이유

최경원《한류 미학》

'초등학생이 만들어도 이것보다는 잘 만들겠다.'

국사책에 나오는 한국의 유물들을 보며 솔직하게 그런 생각을 했던 적이 있다. 누구든 유럽의 멋진 건축양식이나 유물들을 보면서 부러워해 본 적이 없다면 거짓말일 것이다. 전혀 화려하지 않은 역사와 닮은 소박한 유물들이 내 나라 문화라는 사실에 어디서부터 자부심을 느껴야 하는지 의문을 가졌던 적도 있다.

이 책은 꾸준히 그렇지 않다고 말한다. 말 그대로 '단순함이 최고다(Simple is the best)'라고 조곤조곤 설득한다. 그 말이 마치 전쟁에서 패하고 돌아온 병사가 변명을 늘어놓듯 비겁하고 구차해 보인다고, 처음에는 그렇게 생각했다. 책을 넘겨 가면서 생각이 달라졌다. 저자의 말이 옳다. 화려함이 반드시 문명 수준을 반영하지는 않는다.

스티브 잡스는 단순함이 최고의 디자인이라고 생각했다. 그래서 CD롬을 포함해 불필요해 보이는 기능과 디자인들을 과감하게 생략해버렸다. 다소 복잡해 보이는 핸드폰의 물리 키보드도 과감하게 없애버렸다. 여러 가지 덧붙이고 복잡하게 만드는 것이 최고라면 우리는 지금 컴퓨터 역사상 최고의 비문명 사회를 살고 있는지도 모른다.

이 책은 단순함이 가장 실용적이라는 것을 알려준다.

언젠가 외국에서 외국인 친구와 함께 한국식 고기 뷔페를 간 적이 있다. 음식과 함께 나온 가위를 보며 그 친구가 감탄했다.

"원더풀, 한국인다운 발상이다!"

굳이 어렵게, 잘 잘리지 않는 '나이프'로만 고기를 썰어 먹어야 할 필요가 어디 있을까? 고기가 잘 썰리면 그만이다. 한국인은 실용적이다. 쌈 채소와 함께 쟁반 위에 놓인 '천이나 자르는 가위'를 본 외국인 친구의 말처럼 우리는 실용적인 것을 좋아한다.

우리는 '왜 그래야 하지?'를 생각하는 민족이다. 우리는 '왜 그래야 하는지'에 대해 항상 의심하며 살아간다. 채소와 밥을 따로 먹을 거라면 섞어 먹는다는 비빔밥처럼, 어차피 자를 거면 잘 잘리는 것이 좋다는 냉면 가위처럼, 어차피 마실 커피라면 편하게 먹으면 된다는 커피믹스처럼, 우리는 없어도 되는 것들은 과감하게 없애기를 바라고, 있어야 할 것들은 과감하게 있기를 바란다.

그런 생각은 불필요한 에너지를 줄여 새로운 방향으로 나아가는 방향성이 된다. 거추장스러움은 그것에 오랫동안 머물도록 한다. 단순함이란 언제든지 다음을 받아들일 비워둠이 된다.

한류에 있는 '여백의 미'는 채우지 못했음에 대한 변명이 아니다. '열린 결말'은 마무리 짓지 못한 무능함이 이유가 아니다. 사용자에게 스스로 역할을 부여하는 일이다.

주먹도끼는 이런 모양일 수도 있고 저런 모양일 수도 있다. 이런 식으로만 사용하라고 시키는 듯이 세세한 사용법은 사용자의 사고와 상상력을 가로막는다. 모든 것은 사용자의 몫이다. 누구든지 자기 좋을 대로 사용해도 좋다는 배려와 존중이다.

우리가 긴 막대기에 '지팡이'라는 이름을 붙이면 막대기는 역할을 제한당한다. 누구도 그 막대기를 지팡이 이외의 역할로 사용하지 않는다. 하지만 막대기에 역할을 규정하지 않으면 막대기는 지렛대가 되기도 하고 빨랫줄이 되기도 하며 운동기구가 되기도 한다.

우리 한국 유물의 일관적인 특징은 단순함이다. 최대한으로 간단하다. 이것을 보고 처음에는 필자처럼 '뭐야? 초등학생이 만들어도 이것보다 낫겠다'라는 생각이 들 수도 있다. 필자는 피카소의 그림을 처음 보았을 때도 이런 생각이 들었다. 고차원적인 사고를 필요로 한다는 현대 미술 역시 비슷한 맥락이다.

그렇다면 스티브 잡스의 디자인 미학이나 현대 미술 역시 차원을 역행하는 발상일까? 그렇지 않다. 우리 실용적인 유물들은 자신의 역할에 충실했으며, 미래를 받아들일 자리를 비워두었다. 다음 사용자에게 창의적인 상상력을 열어둔 것이다.

가야의 갑옷은 멋진 서양 갑옷과 비교하면 구멍이 숭숭 나 있고 이음새가 깔끔하지 못하다. 그 이유는 '모듈' 구조 때문이다. '모듈'은 전체에서 독립된 하나하나의 단위를 말한다.

통판으로 만들어진 서양 갑옷은 손상되면 통째로 버려야 하고, 무엇보다 무겁다. 움직임도 둔하다. 동작도 느리고 입고 벗기도 힘들어 전투에 나갈 때도 하인을 대동해야 한다.

하지만 가야 갑옷은 단순한 기본 단위를 여러 개 엮어 만든다. 그래서 손상된 부분만 교환할 수 있고 움직임도 편하다. 탈착용도 쉽다. 제작도 저렴하다. 어떻게든 적을 이겨야 하는 전쟁에서 좀 멋스럽지 않으면 어떤가? 군복이 전투에 도움이 되면 그만이지, 우리다운 결단이다.

우리 유물은 대량 생산 흔적들이 남아 있다. 대량 생산을 위해 섬세함을 포기하는 것은 경제적인 결정이다. 불필요한 문양을 만들어 넣기 위해 힘을 쏟아붓는 일은 경제적이지 않다. 실용적이 아니다. 화살촉 같은 무기가 그렇다.

쉽고 빠르게 더 많은 무기를 생산하는 것은 국가 안보에 중요한 일이다. 무기에 문양을 새기는 것은 국가 안보에 도움이 되지 않는다.

하나의 역할을 하나로만 규정짓는 것은 현명하지 못하다. 우리는 하나를 여러 개로 쪼개도 결국 하나로 돌아가려고 애를 쓴다. 주먹도끼가 그런 도구다. 그냥 날카롭기만 한 돌멩이가 무슨 철학이 있나 싶지만 그렇지 않다.

그 돌멩이를 물건을 찍기 위해서만 사용한다면 그것으로 활용할 수 있는 수많은 다른 기능을 없애는 일이다. 그러면 그 돌멩이 하나로도 가능한 일을 위해 다른 도구를 만드는 불필요한 작업이 필요하게 된다.

우리는 흔히 도구가 세부적으로 구분되어야 문명화되었다고 생각하기 쉽다. 수프를 담는 접시와 샐러드를 담는 접시를 구분하고, 고기마다 올리는 접시를 모두 구분해야 문명이라고 생각한다. 과연 그러한가? 그것이 비효율로 보이지는 않을까?

이제 누구도 스마트폰의 기능을 MP3와 카메라, 전화 등으로 구분해 쓰기를 바라지 않는다. 하나의 아이템을 여러 개로 활용하는 것은 언제나 효율적이다. 종이는 접을 수도 있고, 적을 수도 있으며, 읽을 수도 있다. 태울 수도 있고, 찢을 수도 있으며, 둘둘 말 수도 있다.

이런 종이에서 '읽는 기능'만 떼어낸 전자책은 결코 종이책을 이길 수 없다. 설령 기술이 더욱 발전해, 접을 수 있고, 읽을 수 있으며, 태울 수 있고, 찢을 수 있고, 둘둘 말 수 있는 전자책이 개발된다면, 과연 그것이 종이책과 무엇이 다르겠는가? 과연 무엇을 위해 온 힘을 다해 기술을 개발하는가?

우리 선조들은 먼 과거부터 알고 있었다. '명상'은 채워져 있는 생각을 차분하게 비우는 일이다. 복잡한 생각을 내려놓는 것은 매우 중요한 일이다. 알록달록한 세계의 여러 민족의상 중에 가장 심심해 보이는 '백의'는 '색을 못 만들어서'가 아니라 가장 편안한 '여백의 미'다.

'어른인 척'하는 사람은 어른이 아니다. 아이들은 어른 흉내를 내려고 열을 올리지만, 진짜 어른은 다시 아이가 되기를 바란다. 최대한 화려해지고 싶은 사람은 자신이 할 수 있는 능력을 다 끌어대지만, 이미 달성한 사람은 굳이 그러지 않는다. 최대한 비우려고 노력한다.

많이 아는 사람일수록 입을 다무는 경우가 많다. 중요한 순간에 내놓는 한 마디의 묵직함을 알기 때문이다. 진짜 부자는 허세를 부리지 않는다. 정말 필요한 순간이 아니면 자신의 부를 드러내지 않는다. 진짜는 가치를 주목받기 위해 힘쓰지 않는다. 조용히 자신의 역할을 다하는 사람일수록 진짜일 가능성이 크다.

이 책 《한류의 미학》은 우리의 철학이 진짜라는 것을 알려준다. 모든 국가가 역사와 민족을 자랑한다. 멀리 아프리카나 아시아의 소수민족들도 자신들이 우주의 중심이고 하늘의 자손이라고 믿는다. 옆 나라 일본은 태양의 자손이며, 반대편의 중국은 세상의 중심이라고 믿는다.

우리만 자신을 너무 평가절하하는 게 아닌가 하는 의문이 들기도 했다. 지나친 겸손은 자기 비하이고 자존감 결여라는데 말이다. 우리는 비극적인 근현대사로 인해 민족과 역사의 자존감이 많이 빠져있는지도 모른다. 일제의 강점으로 인해 자존감을 강제로 빼앗겼을 수도 있다.

이 책은 그런 의문이 얼마나 잘못된 것인지 말해준다. 어깨를 활짝 펴라고 한다.

저자 최경원은 서울대학교 미술대학 산업디자인과에서 공업디자인을 전공하고 지금은 '현 디자인 연구소'의 대표로 있다. 한국문화를 현대화하는 디자인 브랜드 '홋 컬렉션'을 운영하면서 서울대, 연세대, 이화여대, 성균관대, 국민대 등에서 강의한다. 대학 때부터 디자인을 생산이나 판매를 위한 수단이 아니라 대중들의 삶을 위한 문화 인류학적 성취로 파악하고, 식민지와 산업화 과정에서 소외되었던 우리 전통을 새롭게 해석하는 일을 목표로 많은 연구를 해왔다.

"신라 금귀걸이는 전문가들이 누금세공에만 관심을 기울인다. 이 아름다운 귀걸이가 얼마나 디자인이 뛰어난지, 양식이 얼마나 독창적인지, 이것을 만들기 위해 어떤 기법들을 창조했는지 같은 이야기는 어디에서도 찾아볼 수 없었다. 한국 아이돌인 방탄소년단이 세계적으로 큰 인기를 얻고 있는데, 아이돌 문화가 미국 대중문화에서 먼저 시작되었다고 해서 방탄소년단을 미국 아이돌을 따라 만든 그룹이라고만 할 수 있을까? 이것처럼 금판을 둥근 구 모양으로 가공해 귀걸이의 몸체를 만든 것은 신라의 독창적인 디자인으로 추정된다. 아마도 판을 오목한 형틀에 맞추어서 두 쪽을 각각 만든 다음 양쪽을 결합해 둥근 고리 모양으로 만든 것으로 보인다."

이제는 글쓰기가 실력인 시대다

윤희솔 《하루 3줄, 초등 글쓰기의 기적》

하버드대학교 로빈 워드 교수가 하버드를 졸업한 40대 1600여 명에게 물었다.

"하버드에 다니면서 어떤 수업이 가장 도움이 되었나요?"

응답자의 90% 이상이 '글쓰기 수업'이라고 대답했다. 대학에서 혹독하게 글쓰기를 배우지 못했더라면 사회생활에서 더 큰 어려움을 겪었을 것이라고 덧붙였다. 그러면서 나이가 들고 승진할수록 글쓰기 능력이 더 중요하다는 것을 절감한다면서 글쓰기는 무엇을 하든 성공의 관건이라고 했다.

하버드대학교 신입생들은 글쓰기 수업을 필수로 이수해야 한다. 학생 한 명이 입학부터 졸업까지 쓰는 글의 양을 종이 무게로 따지면 50kg이 넘는다고 한다. 그만큼 강도 높은 글쓰기 훈련을 시킨다.

제주 표선고등학교는 지금 IB 교육과정을 진행 중이다. IB 교육

과정은 국제학사학위(International Baccalaureate)를 줄인 말로, 스위스 제네바의 국제학위협회가 인증하는 교육 프로그램이다. 이 교육과정은 논술, 서술형으로 문제가 출제되고 시험을 통과하면 디플로마 학위를 받는다.

오랫동안 오지선다형 출제 형식을 선호하던 일본도 2021년 1월 대입공통시험을 논술형 문제로 바꾸었다. 앞으로 AI가 더 정확한 정답을 찾아낼 것이라는 미래 세대를 대비한 것으로 생각된다.

근래 토익 학원에서는 영어를 '기술'로 가르친다. 어떤 문제의 유형은 어떤 방식으로 접근해야 하는지 기술적인 요령을 알려주는 것이다. 대입학원에서도 마찬가지다.

"수능 외국어 영역의 내용 일치 문제 정답은 역대로 4번과 5번이 많다. 통계에 관한 문제 또한 4번, 5번이 많고, 1, 2, 3번은 나온 적이 거의 없다."

이처럼 답을 '찍는' 기술만 가지고도 일정 점수를 맞을 수 있는 교육은 분명하게 잘못되어 있다. 본질과 상관없는 가르침은 본질을 벗어나도 좋다는 최악의 교육을 하는 것이다.

IB 교육과정의 논술형 교육이 앞으로 대세가 된다는 것은 일본의 입시변화를 통해 알 수 있다. 토론과 논술은 읽고 쓰는 장기간의 학습을 통해서만 평가할 수 있다. 더는 꼼수가 통하지 않는 교육이 비로소 우리에게 찾아온 것이다.

독서와 글쓰기는 교육에서 매우 중요하다. 우리 아이들에게 가장 필요한 것은 '족집게 강사'가 아니라 독서와 글쓰기 능력이다. 그런데도 우리나라 대학입시에서는 논술 시험을 폐지하는 추세다. 평가에 대한 신뢰와 공정성에 대한 의문 때문이라고 한다.

그러나 교육은 백년대계라고 하지 않던가. 단순 반복을 통해 일정의 규칙을 찾아내는 알고리즘의 학습 방식을 인간이 따라가기는 쉽지 않다. 요령과 패턴을 찾아내는 지금까지의 평가 방식은 분명 미래 시대에 맞지 않을 것이다. 우리 교육제도가 바뀌지 않는다고 해도 우리 아이는 그런 방식으로 교육을 받아서는 안 된다.

노래를 잘하려면 노래를 많이 듣고 많이 불러야 한다. 그림을 잘 그리려면 그림을 많이 보고 많이 그려야 한다. 논술실력이 늘어나려면 당연히 많이 읽고 많이 써야 한다.

많이 읽고 쓰려면 오래 계속해야 하고, 계속하려면 호기심과 흥미가 있어야 한다. 흥미와 호기심을 높이기 위해서는 발표 경험이 많아야 한다. 발표를 많이 하기 위해서는 무엇보다 가정환경이 필수적이다.

아웃도어 브랜드 '트렉스타' 권동칠 대표는 저서 《관찰의 힘》에서 강조한다.

"같은 것을 바라보되 다른 것을 발견하는 능력, 이것이 바로 '관찰의 힘'이다!"

그가 직원에게 최고로 강조하는 것은 독'다. 좀 과할 만큼 독서능력을 요구한다. CEO가 이처럼 독서능력을 강조하는 이유는 독서력이 사업 생산성 향상에 크게 도움이 된다고 보기 때문이다.

기업 대표들이 이처럼 독서의 중요성을 강조하는 것은 우리나라에서 결코 드문 예가 아니다. 《초격차》를 쓴 삼성전자 권오현 전임 회장은 삼성의 반도체 신화를 만들어 낸 일등공신이자 전문

경영인이다. 읽은 책의 분량이 엄청난 권 회장 또한 독서를 강조하곤 했다.

"사람들은 편한 상태에서는 절대로 스스로 변화시키지 않으려 한다. 그게 더 편하기 때문이다. 강제적인 요소가 일부 동원되어야만 변화가 일어난다. 리더는 이런 강제적인 부분을 과감히 추진할 수 있는 사람이어야 한다. 그런데 호기심이 많은 사람은 외부의 강제력이 없어도 스스로 변화를 도모하는 모습을 보인다. 주로 책을 많이 읽은 사람이다. 이런 사람을 만나는 것은 리더에게는 큰 행운이다."

1981년 6월, 교보문고 신용호 회장이 광화문점을 열며 세계최대규모의 대형서점을 선보였을 때, 삼성그룹 창업주 이병철 회장이 찾아와 신 회장의 손을 잡고 고마워했다.

"고맙다. 나는 생각만 하던 일을 신 회장이 이루어주었다."

이병철 회장은 신용호 회장과 친분이 깊고, 평소 인문학에 조예가 깊었다. 두 회장은 일본에 갈 때마다 사람들로 북적이는 대형서점들이 그렇게 부러울 수가 없었다고 한다. 젊은이의 물결로 꽉 찬 서점은 나라의 진정한 미래를 보여 준다고 생각했다.

독서력이 생산성과 직결된다는 것은 사업가들에 의해 증명되었다. 생산성을 높여줄 직원을 채용하지 않을 사업가가 어디 있겠는가. 취업이 잘되는 학교는 명문이 되고, 명문 학교가 되려면 독서력과 글쓰기 능력을 가르쳐야 한다.

학교에서 가르치지 못하면 학원에서라도 가르쳐야 하고, 학원에서 가르치지 못하면 동아리라도 만들어 가르쳐야 하며, 동아리도 찾기 힘들다면 가정에서라도 힘써 가르쳐야 한다. 독서는 능력이다.

세상은 우리를 뒤로하고 빠르게 앞서 나간다. 그 교육의 근본인 독서와 '문해력'은 달라지지 않고 있다. 교육과정이 어떻게 바뀌어도 흔들림 없는 교육을 위해서는 본질이 중요하다. 그 본질은 읽기와 쓰기다.

저자 윤희솔은 한국교원대학교를 졸업하고 영국 리즈대학교에서 교육공학 석사 학위를 받았다. 현재 대전광역시교육청 소속 초등학교 교사로 근무하며 초등학교 1학년 한글 지도 자료, 초등학교 신입생 안내 자료 등을 개발했다.

교육 현장에서 직접 학생들을 가르치며 기초 교육이 부실함을 안타까워했다. 글쓰기와 읽기를 제대로 배우지 않고 교과 점수만 올린 아이들은 고등학생이 되면 심각한 읽기 부진을 겪는다고 한다.

그제야 뒤늦게 독서와 글쓰기 교육을 받는다고 해도 큰 효과를 보지 못한다. 저자는 이런 교육 현실을 보완하기 위해 국내외 글쓰기 공부 사례를 살피고 연구한 끝에 '하루 세 줄 글쓰기' 방식을 고안했다.

이 책에서는 저자가 학교 현장에서 직접 글쓰기 지도를 하면서 아이들이 어떻게 변화하는지 보여 준다. 베테랑 초등 교사답게 아이들이 글쓰기 숙제를 의무로 하는 것이 아니라 흥미를 붙여 재미있게 참여할 수 있도록 바꾼다. 특히 초등학생들의 주요 과제인 '일기 쓰기'와 국어 교과 시간에 진행하는 '받아쓰기' 시간을 크게 활용하는 것이 특징이다.

"아이가 자신의 말을 글로 옮겨 적기 전에 아이와 대화한 내용을 녹음하는 것도 좋다. 아이는 자기 목소리가 녹음된 것을 들으면 즐거워한다. 녹음된 내용을 그대로 받아 적기만 하면 되니 글쓰기가 한결 수월해진다. 엄마가 대신 아이가 말한 내용을 받아 쓴 후 아이에게 읽어보게 하는 방법도 있다. 아이들은 자기가 한 말이 그대로 글로 완성되는 경험을 통해 글쓰기가 어렵지 않다는 생각을 하게 된다."

"아이가 글이 막혔을 때 부모의 역할이 시작된다. 아이가 쓸 내용을 떠올릴 수 있게 질문도 하고, 부모의 경험도 이야기하면서 아이 속에 있는 말을 꺼내는 거다. 아이와 대화를 나눈 내용을 그대로 글로 옮기면 일기가 된다. 이 과정에서 부모가 자녀에게 어떻게 말하고 경청하는지에 따라 아이의 글뿐 아니라 삶도 바뀔 수 있다. 생각보다 평소에 아이와 깊이 대화를 나눌 기회가 많지 않다. 하지만 일기를 쓰기 위해 대화를 나누다 보면 자연스럽게 아이가 가진 마음의 소리에 귀를 기울이게 된다."

놀라지 마라,
짧은 명상이
행운을 부른다

에밀리 플레처《아무것도 하지 않는 하루 15분의 기적》

심장이 내 의지와 관계없이 뛰듯이 뇌 또한 내 의지와 관계없이 작동한다. 사람들은 자기 생각을 스스로 제어하고 있다고 믿는다. 큰 착각이다. 심장을 '천천히 뛰어라', '조금 빠르게 뛰어라' 하고 명령할 수 없듯이 우리 생각 또한 임의로 조절할 수 없다. 우리가 의식하지 못하는 동안 엄청나게 많은 감정과 생각이 뇌 속을 제멋대로 떠다닌다.

맑은 물속에 온갖 부유물과 침전물들이 떠오르지도, 가라앉지도 않고 돌아다니며 물을 혼탁하게 만든다고 생각해보라. 그런 물속에서는 아무리 좋은 물안경을 쓰고 있어도 원하는 목표물을 제대로 볼 수 없다. 사람의 뇌 속도 다르지 않다. 침전물과 부유물이 많아서 깨끗한 뇌 따위는 애초부터 존재하지 않는다.

그렇다면 인간은 모두 혼탁한 뇌 속에서 흐릿한 눈으로 세상을 바라보는 것일까. 그렇지 않다. 물살이 잔잔한 뇌와 세찬 뇌는 부유물과 침전물의 양이 같더라도 혼탁함의 차이가 크다. 출렁임이 큰 물결을 정기적으로 잔잔하게 다스려준다면 침전물은 가라앉고 부유물은 떠오르지 않을 것이다.

그 다스림이 바로 명상(瞑想)의 역할이다.

명상의 방법은 많다. '마음 챙김'과 '명상' 그리고 '명시(明視)'가 있다. 몸과 의식을 '바로 지금'에 집중하는 마음 챙김은 쉴 새 없이 과거를 되돌아보거나 미래를 예견해보는 습관을 버리게 돕는다. 모든 의식을 현실에 집중시켜, 지나간 일과 일어나지 않은 망상을 걷어내는 작업을 한다. 그것이 마음을 챙기는 일이다.

그런 다음 명상을 통해 제대로 된 뇌의 휴식을 얻고, 마지막으로 깨끗해진 머릿속을 통해 명시의 단계로 넘어간다. 명시는 자신이 가진 것에 감사하고, 목표를 분명하게 하며, 원하는 것에 접근해 가는 것을 상상하는 단계다. 그리고 그 결과를 초연하게 받아들이는 훈련을 한다.

명상은 이런 다양한 방법의 수행이다. 많은 사람이 생각하는 명상은 가부좌를 틀고 허리를 꼿꼿하게 편 뒤, 두 손을 무릎 위에 올려 엄지와 중지를 오므리고 눈을 감는 수행자의 자세를 떠올린다.

하지만 명상은 자세가 본질이 아니다. 혼탁한 물을 깨끗이 하기 위해 차분하게 내부를 관찰하는 데에는 등을 꼿꼿이 펴거나 가부좌 따위는 중요하지 않다. 다리를 꼬고 있어도 좋고, 등을 기대고 있어도 좋다.

"명상에 능숙해지려고 명상하는 것이 아니라, 삶에 능숙해지려고 명상을 한다."

저자가 강조하는 말이다. 본질을 놓치고 겉치레를 흉내 내는 명상은 오래 유지하기 어렵다.

우리 뇌는 매우 복잡하게 작동된다. 온갖 감정과 잡생각이 떠다닌다. 명상은 이것을 없애기 위해 노력하는 것이 아니다. 떠다니는 것을 그저 바라보며 그 꼬리를 잡지 않고 마음껏 떠다니다 흘러가기를 기다리는 것이 명상이다.

우리가 명상을 수행하는 이유는 마음의 평화를 얻기 위해서기도 하지만 커다란 삶의 변화를 기대하기 때문이기도 하다. 당신이 원하는 것은 무엇인가. 부? 명예? 행복? 그 무엇이든 좋다. 그것을 원할 때는 우리가 가진 에너지 대부분을 거기에 쏟아부어야 한다.

하지만 오른손으로는 수학 문제를 풀고, 왼발로는 축구공을 튀기며, 머리를 세차게 흔드는 동시에 왼손으로 문자메시지를 보낼 수 있는가? 우리는 이처럼 다중처리능력이 불가능하다.

그것은 뇌의 작동도 마찬가지다. 원하는 목표와 꿈에 도달하기 위해서는 뇌의 에너지를 모두 그 한 방향으로 집중해 활용해야 한다. 차분하게 손과 발, 머리를 가만히 두고 문자메시지를 보내는 사람은 명상으로 마음을 다스리고 일에 집중하는 사람이다.

위협을 느낀 도마뱀은 왜 스스로 꼬리를 자르고 도망가는가. 여기에 대한 답은 우리 자신에게서도 찾아볼 수 있다. 우리 몸은 최선의 상황에 맞추어 설계되어 있지 않다. 우리는 최후의 순간에는 어쩔 수 없이 최악의 바로 아래 단계를 택하도록 프로그래밍 되어있다.

목숨을 잃느니 자신의 꼬리를 잘라내는 것과 같은 '차악'은 스트레스를 받으면 발생하는 독성과도 같다. 우리가 만일 맹수에게 위협을 받는다면 극도의 스트레스로 인해 체내에 엄청난 독성을 만들어 낼 것이다. 이것은 맹수에게 '나는 맛이 없는 고기입니다. 독성이 있어요'라고 말하는 것과 같다.

스트레스는 인체에 좋지 못한 것이다. 스트레스를 잘 해소해 주지 않으면 내부에서 발생한 독성이 인체를 노화시키고 병들게 만든다. 명상이 습관화된 사람들의 신체 나이가 훨씬 젊은 것은 이 때문이다.

우리의 목표와 꿈은 집중적인 돌봄이 필요하다. 주인의 정성과 에너지를 넘치게 받아도 피어나기 힘든 것이 목표와 꿈이라는 꽃이다. 정확히 꽃나무에 주어야 할 물을 주변에 들이부어서는 안 된다.

"옆의 잡초가 아니라 정확히 꽃에 물을 주어라."

이런 표현처럼 물을 주어야 할 곳을 분명하게 찾아 그곳에 에너지를 쏟도록 돕는 것이 명상이다. 그러면 에너지 소모가 크게 필요 없다.

하루 15분, 2회의 명상으로 우리는 더 쉽고 빠르게 꿈과 목표에 도달할 수 있다. 아직은 과학적으로 그 구조가 명확히 밝혀지지 않은 이런 뇌의 복합적인 활동으로 우리에게 '행운'이 찾아오게 된다. 우리가 잊고 있는 의식과 감각이 기민해지면서 스스로 유리한 방향으로 생각하고 행동하도록 우리를 유도하는 것이다.

1회에 15분, 하루 2회는 얼핏 지키기 쉬워 보이지만 그렇지 않다. 중요한 상담이나 꼭 필요한 약속처럼 철저하게 지켜야 하는 하루의 일정으로 고정해야 한다.

'물이 반이나 있다'라는 말과 '물이 반밖에 없다'라는 말처럼 우리는 상황을 바라보는 시선이 때에 따라 다르다. 같은 상황이라도 생각에 따라 달라진다. 우리에게 어떤 일이 발생했을 때, '어째서 나에게 이런 힘든 일이 생기는 거야?'하고 부정적으로 생각하는 사람이 있고, '어째서 나를 위해 이런 일이 생기는 거지?'하고 긍정적으로 생각하는 사람이 있다.

긍정적으로 작동하는 생각은 모든 일이 나의 긍정적인 변화를 위해 일어난다는 확신을 준다. 이런 이유 때문일까. 성공한 사람들은 대부분 신의 존재를 믿는다. 독실하게 믿는 사람들도 많다. 신이 인도하는 긍정적인 설계가 나를 좋은 방향으로 이끈다는 확신은 우리 뇌를 성공에 적합하도록 만든다.

우리는 우리만의 세력권 중심에 서 있다. 우리는 스스로 에너지를 만들어 내며 우리 환경을 비춘다. 우리는 이 세상에 영향을 미치고 있으며, 우리가 영향을 미치는 세상은 우리가 생각하는 것보다 훨씬 크다.

명상은 의식을 확장하게 한다. 자아를 단단하게 만드는 명상 수행은 감각을 빠르게 해준다. 주변 환경에 기민하게 대처하게 하고, 타인에 대해 관대하게 한다. 자신과 타인을 일치시킨다. 이 의식의 확장은 인간과 인간을 넘어 전 인류로 확장되고 자연계로도 확장된다. 그리고 우주로 퍼져나간다.

이런 이들의 특징은 쉽게 타인을 이해하며, 타인에게 매력 있는 사람으로 어필한다. 사람은 대부분 이익을 주는 사람에게 빠르게 반응한다. 이런 이타성은 이기적인 다수에게 주목받기 쉽다. 이것은 영향력을 발전시킨다. 요즘처럼 인플루언서가 힘이 되는 시대에는 적당한 이기심과 관대한 이타심이 성공의 발판이 된다.

우리는 지금 과연 어떤 세상을 바라보고 있는 것일까. 부유물과 침전물도 가라앉지 않은 물속에서 흐릿한 시야를 갖고 목표물을 향해 헤매고 있는 것은 아닐까?

유발 하라리, '금융계의 스티브 잡스'라는 별명을 가진 미국 투자가 레이 달리오, 오프라 윈프리, 미국 허핑턴포스트 미디어 그룹 회장 아리아나 허핑턴, 휴 잭맨, 엠마 왓슨 등등 세계 최고의 석학과 CEO, 셀럽들은 왜 바쁜 와중에도 반드시 명상할까?

저자 에밀리 플레처는 스트레스 제로와 성과 향상을 지향하는 명상 전문가다. 너무 바빠서 명상할 수 없다, 명상은 왠지 종교적인 수행 같다, 실제로 명상이 삶을 개선하는 데 얼마나 도움이 되느냐, 이런 문제를 가진 사람들을 위해 고유의 명상법 '제트 테크닉'을 개발했다.

이는 마음 챙김, 명상, 명시라는 세 가지 요소를 결합해, 직장이나 가정에서 언제라도 자신의 잠재력을 최대한 발휘할 수 있도록 고안한 기법이다. 세계 최초로 온라인 명상 프로그램도 개발했다.

그녀는 브로드웨이에서 10년 동안 뮤지컬 배우로 활동하면서 명상이 몸과 마음에 미치는 엄청난 영향을 경험한 뒤 본격적으로 명상을 수련한 후 수많은 강연과 인터뷰를 하고 있다.

미국의 운동선수나 연예인, 실리콘밸리 중역들 사이에서 시작된 명상은 구글 등 유명 기업들의 생산성 향상 프로그램으로 채

택되면서 세계적 대세로 자리 잡았다.

우리나라도 예외는 아니다. 포털과 SNS에서 명상 키워드로 검색량이 증가하고, 예능 프로그램에서 게임 회사 CEO가 명상을 삶의 중요한 일정으로 소개했다.

하버드 의과대학, 스탠퍼드대학교, 웨이크포레스트대학교에서는 명상이 바쁜 현대인의 생활에 어떤 효과를 가져오는지 연구하고 있다. 이 책에는 그런 최신 연구 결과들이 소개되어 있다.

"명상하는 사람의 뇌는 하지 않는 사람의 뇌와 다르며, 명상은 실제로 뇌의 구조를 바꾸고 좋은 호르몬을 증가시킨다."

하버드대학교 연구팀이 내놓은 결과다. 명상의 효과는 신체상 이익부터 정신력에 미치는 신경학상 이점에 이르기까지 다양하다.

명상하면 잠을 깊고 개운하게 잘 수 있어서 낮 동안 활력이 넘친다. 교감을 더 많이 느끼고 불안감이 줄어들며 예민한 반응이 감소한다. 힘든 상황에서도 침착할 수 있다. 더 바람직한 인간관계를 맺을 수 있으며, 심지어 더 만족스러운 성생활을 누릴 수도 있다.

언제 어디서든 '노!' 할 줄 알아야 한다

훙페이윈 《인간관계 착취》

세계 문화는 크게 두 권역으로 나뉜다. 적도를 따라 태평양을 끼고 있는 동쪽 문화권과 아프리카 대륙을 끼고 있는 서쪽 문화권이다.

이 둘은 지리적 특성 때문에 기후 특성이 다르다. 태평양을 끼고 있는 동쪽 대륙은 집중 호우가 쏟아지는 장마철이 있고, 서쪽 대륙은 상대적으로 강수량이 적다.

1년에 1000mm 이상의 비가 내리는 동쪽 지역에서는 벼를 재배하고, 강수량이 그 이하인 지역에서는 밀을 재배한다. 벼를 재배하는 지역은 농경지에 물을 대는 관개 사업이 필수적이다. 물을 가두는 보를 만들어야 하는 등 토목 공사도 중요하다. 그러다 보니 여러 사람의 노동력이 함께하는 집단사회가 필수적이다.

이런 이유로 벼농사 지역 사람들은 집단의식이 강하고, 반대로 건조한 땅에서도 잘 자라는 밀 농사를 짓는 지역 사람들은 집단으로 힘을 합칠 필요가 없으니 상대적으로 개인주의가 강하다. 오랜 기간 이어진 이런 생활방식으로 인해 동양은 집단의식이 강하고, 서양은 개인주의가 강하게 되었다.

쌀은 단위 면적당 생산량과 인구 부양력이 다른 곡물보다 높다. 밀이나 보리보다 2배 가까운 생산량을 보인다. 이런 이유로 동양은 과거 오랜 기간 서양보다 높은 문명 수준을 유지하고 있었고, 인간관계 형성이 더 복잡하게 세분되었다.

영어로 '시스터(sister)'는 그저 여자 형제 정도로 볼 수 있다. 하지만 동양에서는 여동생과 누나, 언니 등 부르는 사람에 따라 상하관계와 남녀 차이가 명확하게 구분된다. '브라더(brother)' 역시 부르는 사람에 따라 오빠, 형, 남동생 등으로 상하, 남녀 차이를 확실하게 구분했다. '안트(aunt)'는 고모, 이모, 숙모, 외숙모 모두가 된다.

이런 연유로 서양에서는 관계 형성에 큰 신경을 쓰지 않는다. 선생님, 오빠, 선배, 사장님 등의 호칭이 관계 형성에 크게 작용하는 동양과는 달리 서양은 일반적으로 모두 똑같이 이름으로 부른다. 이처럼 지리와 기후는 인간의 문화에 지대한 영향을 주었다. 이런 과정을 통해 인간관계는 동양에게 매우 큰 이슈가 되었다.

'개인심리학'을 수립한 오스트리아 정신의학자 알프레드 아들러는 단언했다.

"모든 고민은 인간관계의 고통 속에서 오고, 모든 기쁨 역시 인간관계를 통해 만들어진다."

그렇다면 인간관계 속에서 고통받는 이들은 서양보다 동양에서 더 많을 수밖에 없다. 어떤 이유에서든 2020년 한국의 행복지수는 61위이고, 일본은 62위, 홍콩 78위, 베트남 83위, 인도네시아 84위, 중국 94위를 기록했다. 반면 1위부터 25위까지는 모두 서양 국가들이 차지했다.

아들러의 말대로 모든 고민은 인간관계의 고통 속에서 온다는 사실이 이처럼 국가별 행복지수에 영향을 미친 것은 아닌지 궁금하다. 쌀 생산량이 많은 국가일수록 행복하지 않다는 것은 우리가 너무 많은 인간관계에 구속받고, 개인보다 집단의 이익을 우선시하는 사회통념에 얽매어있기 때문은 아닌지 염려스럽다.

우리는 모두 주관적인 세상에 살고 있다. 제주도에 높게 솟은 한라산은 남쪽에서 보면 북쪽 산이고 북쪽에서 보면 남쪽 산이다. 서울 남산은 조선왕조가 한양으로 천도한 1394년 이후 경복궁 남쪽에 있어서 남산이라고 불렸으나, 한반도 대부분 지역인 남쪽에서 보면 실제로 북산이나 다름없다. 또 남산과 북한산의 거리는 남북으로 10km밖에 차이가 나지 않는다.

이처럼 인간관계라는 것은 어느 쪽에서 보느냐, 어느 쪽을 보느냐의 관점에 따라 완전 반대가 되기도 한다. 사람은 시간이 흐른다고 저절로 성숙해지지 않는 것처럼 인간관계 형성 또한 나이가 들었다고 저절로 깨우쳐지지 않는다. 그에 맞는 적당한 경험과 배움이라는 훈련 과정이 필수적이다.

요즘 자주 쓰이는 용어에 '가스라이팅'이라는 말이 있다. 말 그대로 가스에 불을 붙인다는 뜻인데, 타인의 심리나 상황을 교묘하게 조작해서 그 사람이 스스로 자신을 의심하게 만들어 지배력을 강화하는 것을 뜻한다.

우리는 모두 개인적인 판단에 따라 사는 것처럼 보이지만, 인간 관계에 있어서 자유롭지 못하다. 타인에 의해 자신의 감정마저 지배되는 폭력에 노출되어 있다.

인간관계는 가족과 직장 등에서 형성되는데, 부모와 자녀, 사장과 직원들 사이에도 존재한다. 계속해서 자기가 원하는 대로 상대가 움직여주기를 바라는 것은 인간관계 착취다. 마르크스 이론에 의하면 착취는 근로자가 실제 가치보다 낮은 임금으로 자본가를 위해 일하고, 자본가가 근로자의 성과에 대한 잉여가치를 수탈하는 것을 가리킨다. 우리는 인간관계에 의해 너무 쉽게 착취당하면서 이것을 당연하다고 생각한다.

사회심리학에 '문간에 발 들여 놓기 기법'이라는 것이 있다. 처음에 작은 부탁을 해서 상대방이 수락하면 좀 더 큰 부탁을 해도 받아들일 확률이 높아진다는 것이다.

이런 식으로 계속되면 상대방의 아주 큰 요구에도 순종할 가능성이 커진다. 이처럼 인간에 대한 착취는 깨닫지 못하는 가운데 조금씩 스며들게 된다.

자녀나 친구에게 조언하는 일 또한 이와 비슷하다. 노벨 경제학상을 수상한 오스트리아 태생의 영국 경제학자 프리드리히 하이에크는 말했다.

"지옥으로 가는 길은 선의로 포장되어 있다."

사람들은 호의를 가지고 좋은 이야기를 해준다고 생각한다. 하지만 이런 선의는 따지고 보면 더욱 관계를 악화시키는 경우가 많다. 우리는 인간이 다른 동물보다 낫다고 말한다. 그러나 우리 사회에서 심심찮게 들리는 부모와 자식 사이의 갈등은 동물의 세계에서는 일어나지 않는 일이다.

부모의 잔소리나 자녀의 반항은 자연계에는 존재하지 않는다. 이런 것들은 자신의 기준으로 타인의 행동이나 감정을 착취하려는 행위라고 할 수도 있다.

미국의 심리학자 에이브러햄 매슬로가 발표한 '욕구의 단계이론'은 여러 가지 한계도 있으나 인간이 지닌 보편적인 동기의 많은 부분을 설명한다.

그는 인간의 동기를 생리적 욕구, 안전 욕구, 소속과 애정 욕구, 자기존중 욕구, 그리고 자아실현 욕구의 5단계로 구분했다. 각 욕구를 생리적 욕구부터 피라미드 순서로 놓았을 때 하단의 욕구가 충족되어야 상단의 욕구가 나타난다는 것이다.

사람들은 인간관계가 외부에 의해 결정된다고 생각할 수 있는데 사실은 그렇지 않다. '자기존중'을 할 줄 모르는 사람은 늘 다른 사람에게 무언가를 바란다. 반대로 '자기존중'을 할 줄 아는 사람은 자기 안에서 원인과 해결책을 찾는다. 진정한 자신감은 자신을 정확히 아는 것에서부터 시작된다고 한다.

중국 고대 철학자 노자(老子)는 말했다.

"남을 아는 사람은 지혜롭고, 자신을 아는 사람은 현명하다."

노벨 경제학상을 수상한 경제학자이자 심리학자 대니얼 카너먼은 '초점의 오류' 개념을 제시했다. 특정한 초점 하나에 꽂히면 다른 중요한 부분을 놓친다는 것이다.

사람과 사람 사이에 형성되는 인간관계에서 모든 원인이 상대에게 있다는 것은 '초점의 오류'와 같다. 모든 관계에서는 내가 바로 그 중심에 서 있으니 모든 문제는 나로부터 비롯되는 것이다. 그러므로 나를 살펴보는 것이 가장 중요하다.

하버드대학교 심리학 교수 대니얼 길버트는 자신의 상상과 판단력을 과대평가하기 때문에 항상 미래에 후회할 결정을 하게 된다고 말했다. 어쩌면 우리가 생각하는 인간관계의 착취란 상대의 잘못만 탓할 것이 아니라 스스로 자신을 잘 아는 것부터 시작해야 하지 않을까 생각한다.

사회문화 속에 존재하는 불공평과 '인간관계 착취'는 모두 불완전한 자아 때문에 발생한다. 우리의 불안전한 자아가 타인의 착취에 노출되다 보면 자기도 모르게 거듭되는 양보를 받아들이려는 습성이 생기게 된다.

우리 주변 어디에나 존재하는 '인간관계 착취'가 우리의 자존감을 갉아먹고, 타인과의 관계를 망가뜨리고 있는데도 우리는 그런 상황을 애써 무시하거나 참는 길을 선택하곤 한다. 우리 사회는 화합을 최우선으로 생각하며 모두가 좋은 사람이 되기를 바란다.

이런 사회적 분위기 속에서 인간관계 착취는 알면서도 거부하기 힘든 민감한 문제가 아닐 수 없다. 하지만, 희생과 인내는 해결책이 될 수 없다. 당신이 희생하고 인내할수록 상대는 그 틈을 더 파고들어 잇속을 차릴 뿐이다.

'인생의 주도권을 되찾아 줄 74개의 원칙'이라는 부제가 붙은

이 책의 저자 홍페이윈은 타이완에서 유명한 심리치료사이자 작가다. 그는 어떻게 해야 이런 독이 되는 인간관계를 끊어낼 수 있는지 알려준다.

"우선 자신이 느끼는 불편한 심기를 직시해야 한다. 희생과 인내는 해결책이 될 수 없다. 자신이 희생하고 인내할수록 상대는 더욱 그 틈을 파고든다. 그러니 '노(No)!'라고 말할 줄 알아야 한다. 상대방이 절대 침범할 수 없는 한계를 정해야 오래도록 좋은 관계를 유지할 수 있다."

타인을 착취한 사람 역시 건강한 삶을 살아갈 수 없다. 주변 사람들이 그에게서 계속 멀어지기 때문이다. 물리적 거리든 심리적 거리든 주변 사람들이 어떤 식으로든 그와 거리감을 두며 멀어져 간다.

가족이라고 해서 우리를 가장 잘 이해해줄 거라는 착각에서 벗어나야 한다. 그들 역시 자신의 관점과 인생 경험을 바탕으로 우리에게 조언해주는 것에 불과하다. 다만 누군가의 관점과 인생 경험도 결국은 한계나 맹점이 있기 마련이다.

만약 우리가 잔소리와 간섭 뒤에 가려진 가족의 진심 어린 호의와 배려를 알아채지 못하면 친밀한 가족마저 가장 가까운 적으로 변할 수 있다. 어쩌면 당신을 가장 사랑하는 사람이 당신에게 가장 깊은 상처를 주게 될지도 모른다.

- 끝 -